国家开放教育汽车类专业（本科）规划教材
全国汽车职业教育人才培养工程规划教材

汽车维修工程

国家开放大学汽车学院组织编写
刘祥凯　李慧梅　主编

人民交通出版社股份有限公司·北京
国家开放大学出版社·北京

内 容 提 要

本书为国家开放教育汽车类专业(本科)规划教材、全国汽车职业教育人才培养工程规划教材之一。主要内容包括：概述、汽车零部件损伤理论、汽车维修工程基础及分析技术、汽车维修工艺、汽车维修管理、汽车维修救援与事故维修。

本书可作为普通高等教育院校汽车服务工程和其他相关专业教材或教学参考书，也可供汽车服务行业和相关工程技术人员参考使用。

图书在版编目(CIP)数据

汽车维修工程 / 刘祥凯,李慧梅主编. —北京：人民交通出版社股份有限公司:国家开放大学出版社，2019.9

ISBN 978-7-114-15767-7

Ⅰ.①汽… Ⅱ.①刘… ②李… Ⅲ.①汽车—车辆修理—高等学校—教材 Ⅳ.①U472.4

中国版本图书馆 CIP 数据核字(2019)第 173355 号

书　　名：	汽车维修工程
著 作 者：	刘祥凯　李慧梅
责任编辑：	郭　跃
责任校对：	张　贺
责任印制：	张　凯
出版发行：	人民交通出版社股份有限公司 国家开放大学出版社
地　　址：	(100011)北京市朝阳区安定门外外馆斜街 3 号 (100039)北京市海淀区西四环中路 45 号
网　　址：	http://www.ccpress.com.cn http://www.crtvup.com.cn
销售电话：	(010)59757973 (010)68180820
总 经 销：	人民交通出版社股份有限公司发行部
经　　销：	各地新华书店
印　　刷：	北京市密东印刷有限公司
开　　本：	787×1092　1/16
印　　张：	15.75
字　　数：	354 千
版　　次：	2019 年 9 月　第 1 版
印　　次：	2019 年 9 月　第 1 次印刷
书　　号：	ISBN 978-7-114-15767-7
定　　价：	39.00 元

(有印刷、装订质量问题的图书由本公司负责调换)

总　序

　　国家开放大学汽车学院是在2004年北京中德合力技术培训中心与原中央广播电视大学(现国家开放大学)共同创建的汽车专业(专科)基础上,由国家开放大学、中国汽车维修行业协会、中国汽车文化促进会、北京中德合力技术培训中心四方合作于2013年11月26日挂牌成立。旨在通过整合汽车行业、社会现有优质教育资源,搭建全国最大的汽车职业教育平台,促进我国汽车行业从业人员终身教育体系建设,以及人人皆学、时时能学、处处可学的学习型行业的形成与发展。

　　在2003年颁布的《教育部等六部门关于实施职业院校制造业和现代服务业技能型紧缺人才培养培训工程的通知》中,汽车维修专业被确定为紧缺人才专业。国家开放大学为了满足从业人员业余学习的需要,从2005年春季学期起开办汽车专业(维修方向)(专科)、汽车专业(营销方向)(专科),至2018年春季学期,汽车专业(专科)在32个地方电大系统、汽车行业以及部队建立学习中心,基本覆盖了全国各地。累计招生103,531人,毕业41,740人,在籍57,470人,为缓解我国对汽车行业紧缺人才的现实需求和加快培养培训做出了积极贡献。

　　2017年,国家开放大学增设汽车服务工程(本科)专业,汽车学院随即开展了专业建设和教学模式探索,确定了全网教学模式资源建设方案。学生将利用国家开放大学学习网和汽车学院企业微信平台完成线上学习和考试,线下完成毕业实习和毕业论文。为适应全网教学模式的需要,汽车学院组织编写了本套国家开放教育汽车类专业(本科)规划教材、全国汽车职业教育人才培养工程规划教材。这为满足汽车行业从业人员提升学历层次和职业技能的时代要求提供了必要的现实条件,为最终建成全国最大的远程开放汽车职业教育平台奠定了基础。

　　本套教材具有如下特点:

　　第一,针对性强。教材内容的选择、深浅程度的把握、编写体例严格按照国家开放大学关于开放教育教材的编写要求进行,满足成人教育的需要。

　　第二,专业特色鲜明。汽车服务工程(本科)专业(专科起点)是应用型专业。教材主编均来自高校长期从事汽车专业本科教学的一线专家教授,他们教学和实践经验丰富,所选内容强化了应用环节,理论和实验部分比例适当,联系紧密,实用性强。

　　第三,配合全网教学模式需要。全套教材是配套全网教学模式需要编写的。在内容的选取上满足全媒体网络课件制作的需要。对传统教材编写是一突破。教材配合网上资源一起使用,增加了教材的可读性、可视性、知识性和趣味性。

　　第四,整合优质资源。本套教材由国家开放大学出版社、人民交通出版社股份有限公司联合出版发行的国家开放教育汽车专业(本科)规划教材、全国汽车行业人才培养工程规划教材,面向国家开放大学系统和全社会公开发行,不但适合国家开放大学的需要,也适合其他高等院校汽车服务工程(本科)专业的教学需要。

　　在本套教材的组编过程中,国家开放大学就规划教材如何做出鲜明行业特色做了重要指示,国家开放大学出版社做了大量细致的编辑策划及出版工作。北京中德合力技术培训中心承担了教材编写、审定的组织实施及出版、发行等环节的沟通协调工作。中国汽车维修行业协会积极调动行业资源,深入参与教材的组织编写,人民交通出版社股份有限公司积极提供各种资源。中国汽车文化促进会积极推荐主编人选,参与教材编写的组织工作。各教材主编、参编老师和专家们认真负责、兢兢业业,确保教材的组编工作如期完成。没有他们认真负责的工作和辛勤的劳动付出,本套教材的编写、出版、发行就不可能这么顺利进行。借此机会,对所有参与、关心、支持本套教材编辑、出版、发行的先生、女士表示衷心感谢!

  本套教材编写时间紧,协调各方优质资源任务重,难免存有不足之处,还请使用者批评指正,不吝赐教。

2019 年 1 月

前　言

　　《汽车维修工程》是国家开放教育汽车类专业(本科)规划教材、全国汽车职业教育人才培养工程规划教材之一。

　　通过对本书的学习,学生能够掌握汽车维修的基本概念,掌握汽车零部件损伤的基础理论、汽车维修工程基础与分析技术,熟悉汽车维修工艺过程卡、工艺卡、工序卡的编制方法,灵活运用汽车维修常用的零件修复方法,掌握汽车拆卸与装配作业、零件清洗、零件检验与分类的基本技能,熟悉汽车维修计划的编制方法,熟悉汽车维修质量管理的基本原理和常用工具等,具备本专业所必需的基础理论、专业知识和技能,成为高等职业教育应用型人才。

　　本书是根据专业培养目标和培养对象的认知水平及学习特点而编写,将汽车维修工程相关理论知识与技能要素结合起来,以"必需、够用、有效、经济"为原则,对教学内容进行整合优化和深度融合,内容编排突出理论与技能的有机结合,体现了专业学习中的基础性和实用性。

　　本书由刘祥凯教授、李慧梅讲师共同编写。在教材的编写过程中,得到了国家开放大学和兄弟院校及企业有关同志的大力支持,在此向他们表示衷心的感谢。在编写过程中,笔者参考了大量的文献资料,在此向原作者表示谢意。由于作者知识水平有限,书中难免存在疏漏之处,敬请读者批评指正。

编　者
2019 年 6 月

学习指南

0.1 学习目标

完成本门课程的学习之后,你将达到以下目标:

1. 认知目标

(1)了解维修术语的基本情况,汽车维修行业国内外现状。

(2)理解维修的基本术语,国内汽车维修标准体系。

(3)掌握维修和汽车维修的基本概念。

(4)了解摩擦的理论,掌握摩擦的定义、分类和润滑原理。

(5)掌握零件的失效机理。

(6)掌握故障的定义、模式及等级,理解失效分析的基本概念和意义。

(7)掌握典型零件的常见失效形式,了解失效原因。

(8)掌握可靠性的相关知识,包括:基本定义、可靠性函数、故障规律、寿命特征、常见的寿命分布及典型系统的可靠性。

(9)掌握维修性的定义、维修性函数及常用维修时间的估算。

(10)掌握可用性的定义、三种稳态可用度的计算和提高可用性的措施。

(11)掌握维修的分类,理解修复性维修和预防性维修。

(12)掌握维修方式的分类,了解维修方式的确定方法。

(13)理解故障模式影响及危害性分析、全寿命费用分析、以可靠性为中心的维修分析等工程分析技术的含义及目标,理解其分析过程。

(14)能够对汽车的可靠性、维修性提出合理的要求。

(15)了解整车修理工艺过程,以及入厂检验、车身修理、喷漆、磨合、汽车总装与修竣检验等作业的基本内容与方法。

(16)理解汽车日常维护、一级维护、二级维护的作业流程、作业项目与要求,典型维护作业及要求,汽车养护作业的内容与方法。

(17)理解汽车清洗与零件清洗的基本原理与技术,常用零件修复方法的基本原理与操作工艺,零件检验与分类的基本方法。

(18)掌握工艺、工艺过程、工艺规程及相关术语,工艺规程的内容以及工艺文件的内容与格式。

(19)掌握维护与修理的定义,汽车维修工艺规程设计的基本程序与方法。

(20)了解管理、质量、质量管理、质量控制、计划、控制等基本概念,MRP/MRPII、JIT 和 ERP 等现代企业管理技术。

(21)了解信息、数据的基本概念,汽车维修信息的分类。

(22)理解物料清单(BOM)、工作分解结构(WBS)、业务流程重组(BPR)、看板管理相关概念与技术。

(23)理解生产系统、生产过程、生产运作的基本概念,理解生产过程组织的基本内容与组织形式。

(24)理解维修人员需求确定方法,维修人员利用率和可用度计算方法。

(25)掌握维修计划管理、质量管理的基本程序与方法。

(26)熟悉汽车维修工艺过程卡、工艺卡、工序卡的编制方法。

(27)熟悉汽车维修常用的零件修复方法,并灵活应用。

(28)掌握汽车拆卸与装配作业、零件清洗、零件检验与分类的基本技能。

(29)了解汽车维修救援的基本概念与内涵。

(30)了解汽车事故维修的基本概念与内涵。

(31)理解汽车事故分级标准。

2. 技能目标

(1)识别汽车轮胎、润滑油、电刷镀液和清洗液。

(2)熟悉零件的失效原因,在使用中,能自觉主动从使用、维修等方面减少故障的发生率。

(3)能够利用维修工程分析技术解决修理地点的确定、维修工作类型的选择、全寿命费用计算等问题。

(4)熟悉汽车维修工艺过程卡、工艺卡、工序卡的编制方法。

(5)熟悉汽车维修常用的零件修复方法,并能灵活应用。

(6)掌握汽车拆卸与装配作业、零件清洗、零件检验与分类的基本技能。

(7)熟悉汽车维修计划的编制方法。

(8)熟悉汽车维修质量管理的常用工具,并灵活应用。

3. 情感目标

(1)提升收集、分析学习资料的能力,培养归纳、总结、关联知识点的能力。

(2)养成用工程思维分析问题、解决问题的思维习惯。

(3)初步养成用工艺设计与分析的方法,看待汽车维修工艺与维修作业。

(4)培养灵活运用汽车维修工艺知识,解决汽车维修工艺实践问题的能力。

(5)增强自觉从工艺角度分析汽车维修作业的能力。

(6)养成从系统工程角度,全系统、全寿命思想,理解维修工程实践问题。

0.2 学习内容

本教材包括以下内容:

1. 概述

本部分主要包括维修和汽车维修的基本概念、国内汽车维修行业现状、汽车维修工程的理论体系、汽车维修标准体系等内容。本章的学习内容力求使学生掌握维修的基本概念,了解汽车维修行业现状、汽车维修工程的理论体系和汽车维修标准体系,为继续学习相关章节打下坚实的基础。

2. 汽车零部件损伤理论

本部分主要包括摩擦与润滑、零件的失效机理、故障与失效分析以及典型零件失效分析等方面的内容,为正确判断故障模式,找出故障原因,进而预防故障的发生奠定基础。

3. 汽车维修工程基础及分析技术

本部分主要介绍了可靠性理论、维修性理论、汽车可用性、维修方式与策略、维修工程技术等内容。本章的学习内容力求使学生掌握维修工程的基础理论和相关分析技术,提高维修工程理论水平。

4. 汽车维修工艺

本部分主要包括汽车维修工艺与设计、汽车维护及维护工艺、汽车养护作业和汽车修理及修理工艺。为从事汽车维修工艺设计、管理、分析与运用等工作打下坚实的基础。

5. 汽车维修管理

本部分主要包括汽车维修管理概述、维修生产管理、维修计划管理、维修资源管理和维修质量管理。为从事汽车维修管理工作提供理论支持。

6. 汽车维修救援与事故维修

本部分主要包括汽车维修救援服务和汽车事故维修服务。通过本部分学习,重点了解汽车救援和事故维修服务的特点与内容,为开展相关业务提供基础知识。

0.3　学习准备

在学习本教材之前,你应具有数理统计和概率论、机械原理与机械设计、汽车构造与汽车理论的基础知识,以及使用计算机或手机进行网页浏览、专业文献查找与下载等能力。

目 录

第1章 概述 ... 1
1.1 汽车维修的概念 ... 1
1.2 汽车维修行业现状 ... 4
1.3 汽车维修工程的理论体系 ... 7
1.4 汽车维修标准体系 ... 9
本章小结 ... 13
自测题 ... 14

第2章 汽车零部件损伤理论 ... 15
2.1 摩擦与润滑 ... 15
2.2 零件的失效机理 ... 22
2.3 故障与失效分析 ... 40
2.4 典型零件失效分析 ... 47
本章小结 ... 62
自测题 ... 62

第3章 汽车维修工程基础及分析技术 ... 64
3.1 可靠性理论 ... 64
3.2 维修性理论 ... 80
3.3 汽车可用性 ... 92
3.4 维修方式与维修策略 ... 96
3.5 维修工程技术 ... 100
本章小结 ... 114
自测题 ... 114

第4章 汽车维修工艺 ... 116
4.1 汽车维修工艺与设计 ... 117
4.2 汽车维护及维护工艺 ... 127
4.3 汽车养护作业 ... 145
4.4 汽车修理及修理工艺 ... 153
本章小结 ... 197
自测题 ... 198

第5章 汽车维修管理 ... 199
5.1 汽车维修管理概述 ... 199
5.2 维修生产管理 ... 206

5.3 维修计划管理 …………………………………………………………… 211
5.4 维修资源管理 …………………………………………………………… 214
5.5 维修质量管理 …………………………………………………………… 219
本章小结 …………………………………………………………………… 228
自测题 ……………………………………………………………………… 229

第6章 汽车维修救援与事故维修 …………………………………………… 230
6.1 汽车维修救援服务 ……………………………………………………… 230
6.2 汽车事故维修服务 ……………………………………………………… 233
本章小结 …………………………………………………………………… 237
自测题 ……………………………………………………………………… 238

参考文献 ……………………………………………………………………… 239

第1章 概　　述

导言

本章主要介绍了维修和汽车维修的基本概念、国内汽车维修行业现状、汽车维修工程的理论体系、汽车维修标准体系等内容。本章的学习内容力求使学生掌握维修的基本概念，了解汽车维修行业现状、汽车维修工程的理论体系和汽车维修标准体系，为继续学习相关章节打下坚实的基础。

学习目标

1. 认知目标
(1) 了解维修术语的基本情况、国内外汽车维修行业现状。
(2) 理解维修的基本术语、国内汽车维修标准体系。
(3) 掌握维修和汽车维修的基本概念。
2. 技能目标
(1) 具备收集、整理汽车维修相关技术资料的能力。
(2) 能将汽车维修相关国家政策法规和标准应用到实际工作。
3. 情感目标
(1) 初步养成自觉遵守国家政策法规和标准的习惯。
(2) 培养和发挥收集、分析学习资料的能力。
(3) 增强对新知识的探索能力，提高学习兴趣。

1.1　汽车维修的概念

1.1.1　维修术语

1. 维修术语的基本情况

按照《维修工程手册》的主编莫布雷的说法，像其他任何建立在科学与技术之上的学科一样，研究维修也从其定义开始。关于维修的定义有很多错误的理解，这些理解不仅深深地扎根于管理人员中，也存在于很多维修实践人员中，其负面影响应当首先引起注意。

他进一步指出，维修不只是预防性维修，也不是润滑，或者是发疯似地修理一个损坏的零件。由于维修迟早要更多或全部依靠科学运转,所以,维修是一门科学。

实际上,在维修工程领域或维修行业,不同的国家、不同的组织和人员,给出了很多有关维修的术语及定义,比较常见的有:故障、失效、维修、维护、修理、维修制度、维修战略、维修原则、维修思想、维修策略、维修概念、维修方式、维修方法、零件修复方法、维修级别、修理级别、约定层次等,这些术语有些是可以互换使用的,有些内容易被误解。因此,理清这些术语是非常必要的。

由于维修作为一门科学出现的时间比较晚,因此,有关维修的术语是在可靠性与维修性或可信性术语标准中定义的,比较有代表性的有:

①国际电工协会标准 IEC 60050—192《国际电工词汇 第192部分:可信性》;
②美国汽车工程师学会标准 SAE ARP5638《可靠性维修性保障性术语与定义》;
③美军标 MIL-STD—721《可靠性维修性术语》;
④英国国防标准 DEF 00-49《国防部指南—需求中使用的可靠性与维修性术语》;
⑤GB/T 3187《可靠性、维修性术语》;
⑥GB/T 2900.99《电工术语—可信性》;
⑦GJB 451《可靠性维修性术语》。

考虑到各种因素,GB/T 3187已经被GB/T 2900.99替代,而该标准等同于IEC 60050—192。因此,如无特殊说明,本书中有关维修的术语均采用GB/T 2900.99—2016/ IEC 60050—192:2015中的相关术语。

2. 维修的基本术语

(1)维修的定义:为保持或恢复产品处于能完成要求功能的状态而进行的所有技术和管理活动的组合。该定义是最没有争议的概念之一,核心是"保持"和"恢复"。

(2)维修的分类:实际上是对维修活动的分类,以便于管理与作业,从不同的角度出发,维修有多种不同的分类方法。

①按维修的定义,分为维护与修理,其中,维护也称为保养。
②按维修目的与时机,分为预防性维修(PM)与修复性维修(CM),PM和CM是维修工程领域最重要的两个概念。
③按维修活动计划与否,分为计划维修与非计划维修。
④其他维修类别。改进性维修和现场抢修既不是PM也不是CM,有资料将其列为维修类型,不过,这显然超出了维修的定义所界定的范围。考虑实际维修业务需要,有关维修的分类,通常是根据业务需求、经费来源和惯例等分类,超过定义界定属正常现象。

(3)维护的分类:不同的产品有不同的分类,即便是同一类产品,不同的机构也会有不同的分类,如:

国内汽车行业将维护分为日常维护、一级维护和二级维护。

根据美国《联邦财产管理条例第38部分 汽车设备管理 复垦补充》,政府采用检查、润滑和预防性维修,维护政府用汽车(不包括战术车辆),以避免大的修理。其检查与维护分为3类:A类(定期维护)、B类(半年或6000英里检查,含A类项目)和C类(每年或12000英里检查,含A类和B类项目),而美国陆军则采用PMCS(预防性检查与维护)维护其包括战术车辆在内的各种陆军装备,PMCS由日、周、月、季度、半年、年和两年PMCS项目组成。

1.1.2 维修的基本概念

以下为《电工术语 可信性》(GB/T 2900.99—2016/ IEC 60050—192:2015)针对维修的几个定义,它们是整个维修工程"大厦"的基础性概念。

1. 维修

为保持或恢复产品处于完成要求功能的状态而进行的所有技术和管理活动的组合。其中,管理活动包含监督活动。

2. 预防性维修

为减少失效概率或减缓退化所实施的维修。

3. 修理

实施恢复的直接活动,包括故障定位、故障诊断、故障修复和功能检查。

4. 维修策略/概念

维修目标、维修作业线、约定层次、维修等级、维修保障以及他们之间的相互关系。用于描述一个产品的维修层次等级、约定层次和维修级别之间的内在关系。

维修策略提供维修方案的基础,确定保障性要求和开发后勤保障。这是一个关于维修的一揽子解决方案,涉及多个概念。

①维修作业线,也称维修场所等级,指在维修组织活动中,实施规定维修等级的场所。以维修人员技能、可用的设施和场所为特征,通常分为一线(现场)、二级(修理车间)和三线(生产商的生产线),军事部门通常分为基层级、中继级和基地级。

②约定层次,在系统分层中的细分层次,如汽车整车、发动机、润滑系等。

③维修等级,也称维修活动等级,在指定约定层次上实施维修活动的集合。

④维修保障,向产品维修提供资源,包括人力资源、保障设备、材料和备件、维修设施、文档和信息以及维修信息系统。

通俗地说,维修策略是一个由机构领导小组制定的书面声明,清楚地表达维修标准及标准所有人的正式承诺,其目的是承诺和指导。

5. 维修战略

维修战略是成功达到预定维修目标的一揽子管理过程,包括各维修场所等级的交互规划、具有特定维修任务的约定层次以及维修等级,可以在维修战略下的维修策略范围内描述。

这种从维修战略到维修策略间的逻辑关系,能显示在维修策略水平上的一个维修活动,定位到具体的维修目标,并与公司的商业目标直接关联,这就是商业驱动的维修战略。

6. 维修目标

维修活动被赋予和接受的目标,这些目标可能包括:可用度、费用降低、生产质量、环境保护和安全。

7. 维修哲学

维修组织与运行的系统性原则。

1.1.3 汽车维修的基本概念

汽车维修涉及一系列相互关联的概念,如无特殊说明,以下定义均采用《汽车维修术语》(GB/T 5624—2005)。

1. 汽车维修

汽车维修是汽车维护和修理的泛称。

2. 汽车维护

汽车维护是维护汽车完好技术状况或工作能力而进行的作业。同义词:汽车保养。

3. 汽车修理

汽车修理是恢复汽车完好技术状况(或工作能力)和寿命而进行的作业。按照现行的汽车维修体系,汽车维修分汽车维护和汽车修理两种,其中:汽车维护包括日常维护、一级维护、二级维护、季节性维护和走合维护;汽车修理包括汽车大修、汽车小修、总成修理、发动机检修、发动机大修、发动机再造和零件修理。

1.2 汽车维修行业现状

1.2.1 汽车维修行业概况

汽车维修行业也称汽车维修服务业,是交通运输业和工业的一个重要组成部分,为各种汽车提供维护和修理服务。

根据法国知名市场调研公司 Reportlinker 的《2019 年汽车维修市场研究报告》,在过去的 3 年里,汽车维修服务业年增长率为 4.7%,2018 年底全球汽车维修服务市场收益达 1980 亿美元。

1.2.2 国内汽车维修行业现状

1. 产业发展情况

国内汽车维修行业大致可分为三个发展时期:

私有小型化时期(20 世纪 50 年代初以前)。我国没有自己的汽车工业,在用汽车品种多、保有量少,汽车维修业规模很小,从事汽车维修的企业主要是小型私有企业,主要采用事后修理策略,即不坏不修。

国家标准化时期(20 世纪 50 年代至 20 世纪 80 年代中期)。以我国民族汽车工业诞生为标志,并随着汽车保有量增加而发展。主要特点是,在计划经济体制下,汽车集中使用、统一管理,维修厂的规划建设统一按计划和标准化实施,各级政府、部门和大企业都建立起了相应的汽车和拖拉机修理机构,强调计划维修,劳动组织形式和维修作业方式工厂化,维修策略也从事后修理逐渐转变成预防为主,汽车和总成大修、零部件修复、延寿得到普遍重视。

市场多元化时期(20世纪80年代中期至今)。随着改革开放,汽车保有量迅速上升,国外先进的维修理论、技术与管理理念不断涌入,汽车维修行业蓬勃发展,形成了国有、集体所有和私有等多元化维修服务体系,传统的计划体制下的大而全的传统维修企业迅速衰弱,专项维修机构、特约维修站迅速普及,4S店很快成为维修服务业主角。故障诊断、保修、换件修理、视情维修等新概念逐渐受到重视,伴随着强制报废等制度的实施,汽车产品大修、延寿和零部件修理逐渐受到冷落。

据中国产业调研网发布的《2016—2020年中国汽车维修行业现状分析与发展趋势研究报告》显示,私家车已经占据民用车辆保有量73%以上,汽车维修服务已经成为名副其实的最基本的民生服务业。在过去的30年中,汽车维修业的服务范围、生产经营模式及作业方式已经发生了根本性变化:汽车维修服务范围从为道路运输车辆服务、为企事业单位和政府工作用车服务变为为全社会民众服务;汽车维修生产经营模式从过去的旧件加工修复为主变为以养护为主,配合更换零配件;维修作业方式从过去定期修理、大拆大卸式的生产作业模式变为以不解体检测诊断、视情维修为主。

2. 管理体制

汽车属道路运输车辆,维修服务行业除了要按照国家、地方有关法令和制度合法经营外,还需要遵守道路运输管理和道路运输车辆技术管理有关要求。

《中华人民共和国道路运输条例》明确规定,交通运输部主管全国道路运输管理工作,县级以上地方人民政府交通运输主管部门负责组织领导本行政区域的道路运输管理工作,县级以上道路运输管理机构负责具体实施道路运输管理工作。上述部门也负责相应范围内的道路运输车辆技术管理监督。

机动车维修经营作为道路运输相关业务,属道路运输管理工作范畴。因此,汽车维修经营管理由各级政府交通运输主管部门负责,各级道路运输管理机构具体实施。

交通运输部令2016年第1号《道路运输车辆技术管理规定》明确规定,交通运输部主管全国道路运输车辆技术管理监督。县级以上地方人民政府交通运输主管部门负责本行政区域内道路运输车辆技术管理监督。县级以上道路运输管理机构具体实施道路运输车辆技术管理监督工作。

1.2.3 国外汽车维修行业现状

1. 美国

据美国全国职业研究舆论的说法,美国汽车修理、维护和类似产业,拥有超过130万工人,包括汽车服务技师和机械工、汽车车身修理工、汽车玻璃安装工以及客车、载货汽车和柴油机机械工。该行业主要由汽车代理商、特许经营的通用修理和专业车间以及当地拥有的修理设施组成,拥有 15000 家汽车修理和维护公司,超过 95% 是小商业公司,雇员不到 20 人。

如果算上汽车和配件销售经营者,美国汽车维修行业相关数据比上述数字更大些。据德国 Statista Inc 的数据,2016 年,美国市场销售了 1750 万辆轿车和轻型载货汽车,美国汽车和配件代理商从业人员 200 万人,其中,特许经销商 37645 个,从业人员 196100 人,轻型车代理商 18600 个。福特汽车是美国市场最成功的品牌,在美国经营着大约 3000 家福特和林肯店。近 10 年来,美国汽车维修机构的数量一直保持在 22 万个以上。2017 年第四季度数字表明,汽车维修机构总数约 22.9 万个,其中,私营企业占绝大多数,联邦政府、州政府和当地政府拥有的维修机构数量分别为 41 个、27 个和 598 个。

美国的主要汽车维修服务商包括 Firestone Complete Auto Care(普利斯通的一个子公司)、Jiffy Lube(捷飞络)、Meineke(马立可)、Midas(迈达斯)、Monro Muffler Brake 和 Safelite Group 等。

美国运输部及各州运输部主管汽车安全与维修政策。美国政府和州政府对汽车维修企业一般业务,虽然没有设置特殊的准入门槛,开展汽车维修服务并不需要特殊部门审查或批准,但是,与大多数国家一样,开展汽车维修作业的机构,必须有专业认证维修人员。

部分州对年度检查有严格要求。以宾夕法尼亚为例,州运输部《汽车设备与检查条例》要求汽车进入高速公路要通过检查认证,其中,校车和商用大型客车每半年必须做一次检查,其他车辆需要通过年检,同时,对官方认可的检查站提出要求。任何企业如果要开展年检作业,需要申请且获得经营许可证。

2. 日本

据日本工业新闻 2017 年的数字,日本最大的制造业是运输机械行业,而汽车相关制造业占该行业的 89%,汽车制造业占全日本制造业订单的 18%,从事汽车制造相关产业的雇员有 550 万人,占全日本总雇员的 8.7%。

据日本汽车协会统计,2016 年,日本生产汽车 920 万辆,全年注册新车 497 万辆,在用汽车总数 7780 万辆,每千人拥有量 611 辆。从事汽车生产、原料供应、销售、货运、维护及相关行业的从业人员达 534 万人,占全日本总雇员数的 8.3%,其中,汽车生产 81.4 万人,道路运输 269.4 万人,汽车燃料、保险与回收 34.9 万人,原料与设备供应 45.6 万人,销售与服务 103.1 万人(汽车零售 57.7 万人,批发 19 万人,汽车服务 26.4 万人)。

国土交通旅游省道路交通局维修服务部,主管日本汽车维修业。汽车维修采用检查/维护策略,车主需要进行年度检查和两年一次的检查(定期技术检查,PTI),其检查周期是:新车初始检查,经过 2 次年度检查后,第 3 年进行 PTI,以后每一年和每两年分别实施 1 次年检和 PTI。

根据道路交通法,日本通过认定和指定方式,设置市场准入门槛。

对于认定企业,要求至少有 2 名(1 名二级以上维修工),获得认证的维修工人数占总人数比例不低于 1/4,拥有 27 件(套)维护与检查工具与设备;指定企业至少有 4 名维修工(至少 1 名二级以上维修工和 1 名检测工),获得认证的维修工人数占比不低于 1/3,38 件(套)维护与检查工具与设备(含认定企业要求的 27 件套)。

据2017年统计数据显示,日本拥有大约92000家认定维修站和大约30000家指定维修站。

日本汽车维修业务分为三类。

(1)维修相关业务:更换润滑油、更换轮胎等,可由任意人员实施。

(2)非拆解维修业务:维护发动机和制动系统等,但是,发动机、传动系统、行驶系统、控制系统、制动系统、悬架装置等与安全相关的关键部件,不允许分解,可由认定维修站实施。

(3)拆解维修业务:可实施年度检查和定期技术检查,可由指定维修站实施。开展拆解维修业务,必须获得区域运输局局长的批准。

3. 德国

2016年,德国对汽车的维护和修理达到了7720万辆次,比2015年增加了740万辆次,其中,39.1万辆由名牌车间实施,3090万辆由独立车间/加油站完成,720万辆由个人完成。2017年,注册商标的车间达16280个。

德国作为欧盟成员国,实施强制安全和排放检查政策,因此,汽车维修企业,如果想实施年度检查作业,也必须获得官方许可。

1.3 汽车维修工程的理论体系

1.3.1 维修工程的形成与发展

设备、设施维修业是一个传统的行业。长期以来,维修一直是以一门技艺或手艺的形式存在,主要特点是基于经验,缺乏有效的理论指导。直到20世纪50年代末,随着可靠性工程的出现与发展,维修工程应运而生,维修才正式成为一门学科或理论。

1951年,美国国防部(DOD)指定罗姆航空发展中心(即后来的罗姆实验室)为电子产品可靠性牵头单位。DOD于1952年8月21日成立了"电子设备可靠性咨询组"(AGREE),它将军用电子产品作为主要研究对象,进行专题研究,涉及设计、试验、生产到交付、储存和使用的各个方面。1957年6月4日,AGREE将几年的调查与研究结果进行整理,提交了著名的"AGREE报告"。该报告最重要的成果是明确了产品可靠性是可建立的、可分配的及可验证的,报告提出了一整套可靠性设计、试验及管理方法,建立了可靠性工程学的框架,成为可靠性工程的奠基性文件。

20世纪50年代末,随着军用装备的发展及其技术上的复杂化,维修保障日益影响装备的使用并成为部队的严重负担,维修性工程从可靠性工程中分离出来,形成了一门独立的学科。

1957年McGraw-Hill公司正式出版由希金斯和莫布雷主编的《维修工程手册》(最新版本为第7版,2008年),标志着维修工程的形成。作者在书中第一次提出,维修已经从一门技艺上升为一门学科——维修工程,并将维修工程分为维修管理和维修技术两部分,全面阐述了维修管理的基本理论和基本原理,机械设备维修和电气设备维修的基本技术与方法。

1975年,在美国陆军部主持下,美国宇航局(NASA)编写出版了《维修工程技术》一书,全面论述了维修工程的理论和方法。该书主要是为了满足美军实施维修工程的需要,对维修工程的各项任务和所用的方法进行了全面的讨论。

苏联在可靠性和维修保障方面的研究,也有长期的实践经验和理论成就。苏联虽然没有提出"维修工程"名称,但他们对产品技术状况变化的研究比较深入,把有关的理论应用于产品的技术保障也有其独到之处,并形成了系列标准。

1970年,英国形成了设备综合工程学科,其实质与维修工程并无大的差异,只是其研究和涉及的范围更广一些,对象更侧重于企业的设备。

日本自1973年在欧洲考察设备综合工程后,也提出了适合其国情的"全员生产维修",更加强调企业全体人员参与管理的作用。1974年联合国教科文组织将"设备维修工程"列入技术科学分类目录中。

中国设备管理协会于20世纪80年代初引进了设备综合工程,并结合国情进行研究和应用,以其理论培训人员并指导我国各民用企业推行设备综合管理,制定有关法规,推广先进维修与管理技术,特别是表面工程技术、状态监控技术和计算机管理技术,设备维修与管理取得了显著的成效,并形成具有中国特色的维修工程学科。

1.3.2 汽车维修工程的定义与研究内容

1. 维修工程的定义与作用

《维修工程手册》论述:维修工程可以被定义为一项人员职能,主要职责是确保维修技术是有效的,设计和改进装备以改善其维修性,调查不断出现的技术问题,采取适当的纠正与改进措施。

在职能上,维修工程与可靠性工程很接近,在小型工厂,维修工程可以与可靠性工程互换使用。不过,二者之间还是有区别的,维修工程主要是战术上的,如确保工厂中的资产满足公司的目前需要,处理日常可靠性职责,而可靠性工程主要是战略上的,着眼于长远要求。

维修工程主要涉及应用技能与独创性,纠正引起装备过度停机时间和维修作业的问题。具体作用包括以下9项:①确保新装备的维修性;②识别并纠正长期性和费用高的装备问题,消除重复失效;③设计并监测一个经济、有效、合理的预防性或预见性维修项目;④适当地操作和维护装备;⑤建立综合性润滑项目;⑥为特定装备实施检查、校准、零件更换、大修和类似作业;⑦振动与其他预见性分析;⑧保护环境;⑨维护并分析装备数据与历史记录以预测维修需求。

2. 维修工程的研究内容

维修工程研究主要涉及以下五个领域。

(1)维修职能的组织与管理。研究维修的基本理论与实践、维修与可靠性工程、维修组织、维修政策和安全管理。

(2)维修管理基础。研究预防性维修、修复性维修、基于可靠性的预防性维修、以可靠性为中心的维修、全员生产维修、计算机化的规划与计划、基于计算机的维修管理系统。

(3)工程与分析工具。可靠性经济、维修工作人员评估、维修工作简化方法、维修费用估计方法、维修性能指标、根源分析、维修工程师工具。

(4)维修技术。工厂设施维修、机械装备维修和电气设备维修,润滑、化学腐蚀控制与清洁、维修焊接。

(5)可靠性工具与仪器。机械测量仪器、电子测量、维护与测试仪器、振动分析仪器、光谱分析仪器、润滑油分析设备。

3.汽车维修工程的研究内容

汽车维修工程作为维修工程在汽车产品中的应用,虽然研究对象与目标更加明确、具体,目前仍难以给出一个统一的定义,其研究内容一般可以分为以下四个方面。

(1)汽车零部件失效理论。汽车零件摩擦与润滑的特点、零件的失效机理、故障与失效分析的技术与方法。

(2)汽车维修工程基础理论与技术。可靠性、维修性和可用性理论及其在汽车维修工程中的应用技术,汽车维修方式与维修策略研究,维修策略的设计与优化,汽车维修工程与分析技术研究。

(3)汽车维修工艺。汽车维修工艺与设计、汽车维护及维护工艺、汽车养护作业、汽车修理及修理工艺,汽车故障诊断与检测技术与方法,汽车维修救援和汽车事故维修。

(4)汽车维修管理。汽车维修生产管理、维修资源管理、维修质量管理以及维修企业规划设计。

1.4 汽车维修标准体系

1.4.1 标准的概念

1.标准的定义

按照《标准化工作指南 第1部分:标准化和相关活动的通用术语》(GB/T 20000.1—2014),标准是指为了在一定的范围内获得最佳秩序,经协商一致制定并由公认机构批准,共同使用和重复使用的一种规范性文件。

2.标准化

标准化是指为了在一定范围内获得最佳秩序,对实际的或潜在的问题制定共同的和重复使用的条款的活动,包括编制、发布和实施标准的过程,其主要作用是为了其预期目的改进产品、过程或服务的适用性,防止贸易壁垒,并促进技术合作。

3.标准的分类

标准可分为国际标准、区域标准、国家标准、地方标准和其他标准。国际标准化组织(ISO)、美国机械工程师协会(ASME)、美国汽车工程师学会(SAE)、国际电工委员会(IEC)、电气和电子工程师协会(IEEE)都是知名的国际标准发布机构。欧洲电工标准化委员会(CENELEC)和欧洲标准化委员会(CEN)以及它们的联合机构 CEN/CENELEC,作为欧洲最主要的标准制定机构,是最有影响的区域标准制定机构。

《中华人民共和国标准化法》将中国标准分为国家标准、行业标准、地方标准和企业标准四级;按内容划分有基础标准(一般包括名词术语、符号、代号、机械制图、公差与配合等)、产品标准、辅助产品标准(工具、模具、量具、夹具等)、原材料标准、方法标准(包括工艺要求、过程、要素、工艺说明等);按成熟程度划分有法定标准、推荐标准、试行标准、标准草案。标准代号中,/T 表示推荐性标准,/Z 表示指导性标准。

4. 标准编号与名称

一个完整的标准标识,由标准编号和名称组成,其中:标准编号由标准代号、发布的顺序号和发布年号(发布年份)构成。

国际标准比较复杂,以 SAE 为例,其标准分为多种,如:《修理级别分析》(SAE AS1390—2014),SAE 为标准代号,AS 为航空标准,1390 为顺序号,2014 为发布年份;《以可靠性为中心的维修标准指南》(SAE JA1012—2002),JA 为地面车辆/航空推荐惯例。

国内标准均采用相同的编号规则,标准编号由代号、发布的顺序号和发布的年号构成,其中,标准代号分为代号、代号/T 和代号/Z 三种,分别表示强制性标准、推荐性标准和指导性标准。

5. 国家标准

国家标准由国际标准化组织(ISO)理事会审查,ISO 理事会接纳国际标准并由中央秘书处颁布,标准代号为 GB、GB/T 和 GB/Z。

如《汽车大修竣工出厂技术条件 第 1 部分:载客汽车》(GB/T 3798.1—2005),GB/T 为推荐性国标代号,3798 为标准发布的顺序号,2005 为标准发布的年号,标准名称为"汽车大修竣工出厂技术条件 载客汽车",表示这是"汽车大修竣工出厂技术条件"中的"第 1 部分:载客汽车"。

6. 行业标准

在本行业使用的标准,其他行业相对不能套用。行业标准代号由汉字大写拼音组成,对于汽车维修行业,可能涉及的行业标准代号有 QC(汽车)、JT(交通)、JB(机械)和 SJ(电子),如:《汽车零部件编号规则》(QC/T 265—2004)、《道路运输车辆技术等级划分和评定要求》(JT/T 198—2016)。

7. 地方标准

仅限省、自治区、直辖市自订的标准。地方标准代号由地方标准大写拼音字母 DB 加上省、自治区、直辖市行政区划代码的前两位数字(如北京为 11,天津为 12,河北为 13 等)组成,如:《汽车维修业大气污染物排放标准》(DB 11/1228—2015)、《汽车发动机大修竣工出厂技术条件》(DB 11/135—2008)。

8. 企业标准

企业自订的标准,它的水平需高于国家强制标准。企业标准一般以"Q"作为企业标准的开头,基本格式举例如下:Q/×××J2.1—2007,其中:××× 为企业代号,可以是企业简称的汉语拼音大写字母,J 为技术标准代号,G 为管理标准,Z 为工作标准,2.1 为某个标准在企业标准体系中的位置号（2为技术标准体系中的第二序列产品标准,1为其中的第一个产品标准）。

值得指出的是,狭义的标准专指一类"标准",甚至与规范、技术规程都有不同的含义。不过,这并不影响我们对标准一词的使用,如无特殊说明,本书中的标准均指广义的标准。

1.4.2 汽车维修标准化概况

1. 基本情况

世界汽车工业发达国家,如美国、德国、日本等,主要通过法律、法规和条例等形式,对汽车维修行业进行规范或约束,没有建立专门的汽车维修标准体系。

我国除了国家层面的法规外,也建立起了相对完善的汽车维修标准体系。

值得指出的是,随着汽车工业的发展、维修水平的提高以及维修策略的转变,社会对汽车维修的技术要求也更高,在整个汽车维修行业盛行换件修理,大拆大卸式修理活动越来越少,维修与制造之间的技术水平差距越来越模糊,大部分维修项目不再需要制定专门的维修标准,有关维修标准,如发动机、变速器等总成的维修技术标准,已经变得不再重要。

2. 美国

美国联邦政府和地方政府对汽车维修的规范,主要通过法律、法规和条例实现宏观控制,具体维修程序与方法,主要靠行业颁布相关标准或指南实现。

1）全国性法规

通过法律和条例等形式,对机动车安全、检查、修理与维护等提出要求,主要包括以下内容。

美国法典23 U.S.C.402《高速公路安全项目》:要求各州要建立一个高速公路安全项目,以降低交通事故,减少人员伤亡和财产损失,该项目要符合联邦运输部的指南,并经运输部长批准。

联邦条例CFR标题49第570节《在用车检查标准》:定义了机动车安全标准,提供了制动系统、真空助力器、液压制动系统、电力制动系统、转向系统、悬架装置、轮胎和车轮总成等的检查项目、检查程序和标准,为各州制订机动车安全项目提供依据。

联邦条例CFR标题49第396节《检查、修理与维护》:要求与商用车检查或维修直接相关的每辆机动车、相关官员、驾驶员、代理和雇员,必须知道并遵守该条例,规定了润滑、驾驶员检查、使用检查、定期检查、检查员认证等方面的基本要求,内容简洁,主要规定必须做什么和不准做什么,至于怎么做这类具体事宜均不涉及。

2）地方法规

各州通常由州运输部或汽车局等类似机构,颁布机动车安全或检查条例,约束本地的机动车检查活动。这类法规,如:宾夕法尼亚州运输部颁布的《车辆装备与检查条例》、纽约州机动车部颁布的《机动车检查条例》等,通常重申从业人员必须获得认证,从事检查作业必须获得批准等,详细规定检查认证过程以及检查项目与要求等,但不涉及维护与修理。

3)行业法规或标准

美国国内没有类似国内完善的行业维修标准体系,只有政府是个例外,美国政府总务部(GSA)和国防部(DOD),针对政府用车颁布法规或标准,如:《GSA 车队指南》《机动车管理、采办与使用》(DOD 4500.36—R)和陆军条例《机动车管理、采办与使用》(AR58—1)。这些法规或标准,只适用于政府用车(包括军队用非战术车辆),主要是确保执行联邦政府或地方法规,规范车辆维修行为,规定哪些维修活动可以开展,可以实施的时机和地点,以及应当遵守的操作规程、技术手册和技术标准等,也不涉及具体的检查、修理和维护项目。总的来说,在美国,无论是政府用车还是公司用车和私人用车,没有专门的汽车维修标准,基本上是按照生产厂颁布的维修标准实施。

3. 德国

1)全国性法规

StVZO《道路交通许可条例》,是其他标准如汽车维修和汽车检测的标准以及规则、规范、细则和条例的基础。

2)全国性维修标准

曾经建立了一整套关于维修的标准,适用于各类产品和设施,如:《维修基础》(DIN 31051—1981)、《修理;修理指南的内容和组成》(DIN 31052—1981)、《修理;制定工时定额体系的原则》(DIN 31054—1987)等,不过,进入新世纪,这些标准大部分都被取消,目前仍在执行的只剩下《维修基础》(DIN 31051—2012),其他标准已经直接采用 EN 或 ISO 标准。

3)行业标准

标准行业标准和协会标准,涉及较为具体的规定、细则,主要是关于车辆、安全和健康的,不涉及有关维修项目与技术要求等方面内容,如:安全与健康协会条例《汽车修理》(BGR 157—1999)(2005 年最新修订),工伤事故保险联合会标准《汽车修理》(BGI 550—2012)、《车辆修理厂》(BGI 703—1997)。

1.4.3 我国汽车维修标准体系

1. 汽车维修标准体系的结构

根据全国汽车维修标准化技术委员会(编号:SAC/TC247)发布的"汽车维修标准体系表"显示,其基本结构如图 1-1 所示。

汽车维修标准分为两个部分,即:"汽车维修管理、服务标准""汽车维修基础和通用标准"。其中:"汽车维修管理、服务标准"只有一个层次,分企业、人员、定额和统计标准四类;"汽车维修基础和通用标准"分为三个层次,每个层次的类别不同,但是标准内在之间都有着密切联系。

在标准体系表中,把汽车维修行业划分为三个门类,即:①汽车维护;②汽车修理、加工;③汽车检测、诊断。在各门类下又分别包括:汽车维护设备,汽车修理、加工设备和汽车检测、诊断设备。

体系表分三个层次,分别为 10X、20X、30X,第一层次中对应"101 汽车维修管理、服务标准"的编码为101.1~101.4,对应"102 汽车维修基础和通用标准"的编码为102.1~102.6。第二层次中对应"201 汽车维护"的编码为201.1、201.2,以此类推。第三层次 301~303 的框图不再细分,直接对应标准。考虑到标准体系的扩展,预留"102.6 质量保证"标准类别。

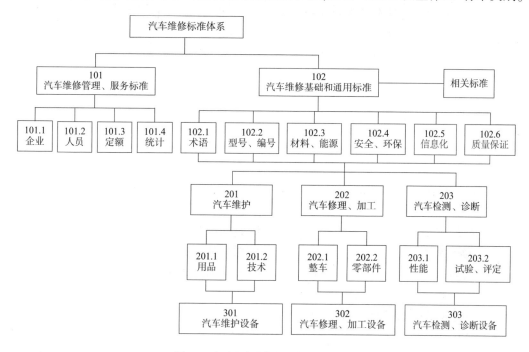

图 1-1 我国汽车维修标准体系总体结构

2. 汽车维修基础性标准简介

《机动车安全运行技术条件》(GB 7258—2017),是我国机动车国家安全技术标准的重要组成部分,是进行注册登记检验和在用机动车检验、机动车查验等机动车运行安全管理及事故车检验最基本的技术标准,同时也是我国机动车新车定型强制性检验、新车出厂检验和进口机动车检验的重要技术依据之一。规定了机动车的整车及主要总成、安全防护装置等有关运行安全的基本技术要求以及消防车、救护车、工程救险车和警车及残疾人专用汽车的附加要求。1987 年首次发布,主要修订版本包括 1997 年版、2004 年版、2012 年版,当前版本为 2017 年版。

《汽车维修术语》(GB/T 5624),规定了汽车领域中专用的或常用的术语及其定义,1985 年 11 月首次发布,标准编号为 GB 5624,最新版本号为 GB/T 5624—2019。

《汽车维护、检测、诊断技术规范》(GB/T 18344—2016),规定了汽车维护的分级和周期、维护作业要求以及质量保证,2001 年首次发布,目前版本为 2016 年版。

本章小结

本章主要内容包括汽车维修的概念、汽车维修行业现状、汽车维修工程的理论体系和汽车维修标准体系等内容。

1. 汽车维修的概念

介绍了维修术语的基本情况、维修与汽车维修的基本概念。

2. 汽车维修行业现状

介绍了国外和国内汽车维修业现状。

3. 汽车维修工程的理论体系

介绍了汽车维修工程的形成与发展情况、维修工程的定义与研究内容。

4. 汽车维修标准体系

介绍了标准与标准化的基本概念,国外和国内汽车维修标准体系。

自测题

一、选择题(在每小题的备选答案中,选出一个或多个正确答案,并将其序号填在括号内)

1. 以下不属于维修活动的为( )。

　　A. 故障判排　　　　　　　　B. 预测维修工作量

　　C. 汽车大修　　　　　　　　D. 维修质量检查

　　E. 更换润滑油　　　　　　　F. 汽车加注燃油

　　G. 汽车年检

2. 以下是国际标准发布机构的为( )。

　　A. IEC　　　　　　　　　　B. SAE

　　C. CEN　　　　　　　　　　D. IEEE

3. 以下不属于维修资源的为( )。

　　A. 人力资源　　　　　　　　B. 燃料

　　C. 维修备件　　　　　　　　D. 维修设施

　　E. 维修手册　　　　　　　　F. 车轮防滑链

二、判断题(在括号内,正确打√、错误打×)

1. 全国汽车维修标准化技术委员会的编号是 SAC/TC247,其中:SAC 是国家标准化管理委员会的英文缩写,TC 是技术委员会的英文缩写。　　　　　　　　　　　　　( )

2. 可靠性工程、维修性工程都是维修工程理论的一部分。　　　　　　　( )

3. 改善汽车维修性是汽车维修工程的研究内容。　　　　　　　　　　　( )

三、简答题

1. 维修的定义是什么?

2. 预防性维修的定义是什么?

3. 修理的定义是什么?

4. 维修策略指的是什么?

5. 汽车维修的定义是什么?

第2章　汽车零部件损伤理论

导言

本章主要介绍摩擦与润滑、零件的失效机理、故障与失效分析以及典型零件失效分析等方面的内容，为正确判断故障模式，找出故障原因，进而预防故障的发生奠定基础。

学习目标

1. 认知目标

(1) 了解摩擦的理论，掌握摩擦的定义、分类和润滑原理。
(2) 掌握零件的失效机理。
(3) 掌握故障的定义、模式及等级，理解失效分析的基本概念和意义。
(4) 掌握典型零件的常见失效形式，了解失效原因。

2. 技能目标

(1) 在汽车使用过程中，能够正确判断出故障的表现形式、分析出故障原因。
(2) 熟悉零件的失效原因，在使用中，能自觉主动从使用维修等方面减少故障的发生。

3. 情感目标

(1) 培养一丝不苟、严肃认真的工作作风。
(2) 增强提出问题、解决问题的能力，提高学习兴趣，培养学习主动性。

2.1　摩擦与润滑

2.1.1　固体表面性质及接触面积

1. 固体表面形貌

表面形貌（surface topography），是指固体表面与微观峰谷的形状与分布有关的几何形状，通常指表面轮廓和表面粗糙度。

在显微镜下观察可以发现，即使眼睛看起来很光滑的表面，实际上也是坑坑洼洼的，还有一些毛刺凸起。也就是说：任何摩擦表面都是由许多不同形状的微凸峰和凹谷组成。

表面形貌可由一系列的参数描述，如：表面粗糙度、表面波纹度、轮廓偏距、轮廓和轮廓谷深等。

2. 纯净表面

物体表面不存在任何其他物质的表面称为纯净表面,这种表面只在实验室的真空条件下可以获得,或在其他特殊条件下才能产生。

经过精加工的金属表面,金属原子处于不平衡状态,因而呈现相当活泼的性质,极易吸附其他物质的分子和与其他物质起化学作用。这种纯净的表面摩擦系数一般都很高,同时可能发生黏着作用。

3. 金属表面

金属表面不是构成该物体的物质,而是一层自然污染膜,它是杂物、氧化物、附着的气体等混合起来的复杂物质。图2-1是典型的金属表层结构示意图。

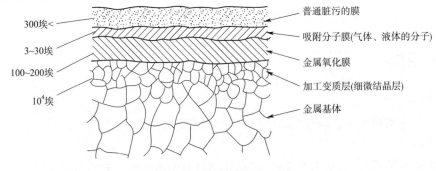

图2-1 金属表层结构及表面状态

4. 表面接触面积

由于接触表面都是凹凸不平的,所以当两个固体表面接触时,实际接触只发生在表面积的极小部分上,实际接触面积远远小于接触表面面积,单位面积上的压力很大。

2.1.2 摩擦理论

1. 摩擦的定义

摩擦(friction),是指在力作用下物体相互接触表面之间发生切向相对运动或有运动趋势时,出现阻碍该运动行为并且伴随着机械能量损耗的现象和过程。

在摩擦表面上发生的切向阻力称摩擦力。尚未发生相对运动时的摩擦力称静摩擦力,有相对运动时的摩擦力称动摩擦力,动摩擦力小于临界静摩擦力。

2. 摩擦的分类

1) 按摩擦副的运动特征分类

按摩擦副的运动特征分为滑动摩擦、滚动摩擦和滑滚摩擦等。

滑动摩擦是接触表面相对滑动或具有滑动趋势的摩擦,如图2-2所示。

滚动摩擦是物体在力矩作用下沿接触表面滚动时的摩擦,如图2-3所示。

2) 按摩擦副的运动状态分类

按摩擦副的运动状态分为静摩擦和动摩擦,如图2-4所示。

静摩擦是物体在外力作用下对于另一接触物体有相对运动的趋势,并处于静止临界状态的摩擦。

动摩擦是两物体接触表面发生宏观相对运动时的摩擦，当一物体在外力作用下，超越静止临界状态而沿另一物体表面发生相对运动的摩擦。

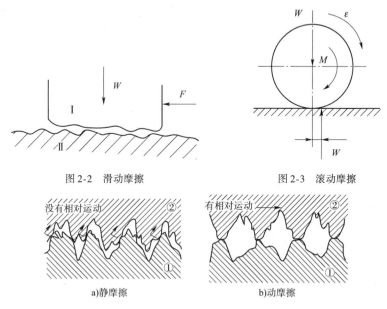

图 2-2　滑动摩擦

图 2-3　滚动摩擦

a)静摩擦　　b)动摩擦

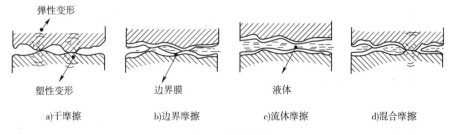

图 2-4　摩擦副的运动状态

3）按摩擦表面状态分类

按摩擦表面状态分为干摩擦、边界摩擦、流体摩擦和混合摩擦，如图 2-5 所示。

a)干摩擦　　b)边界摩擦　　c)流体摩擦　　d)混合摩擦

图 2-5　摩擦状态

干摩擦是物体表面无润滑剂存在时的摩擦。

边界摩擦是两摩擦表面被吸附在表面的边界膜隔开的摩擦，其摩擦性质不取决于流体黏度，而与边界膜和表面的吸附性质有关。

流体摩擦是两摩擦表面被润滑油完全隔开的摩擦。由于两物体表面不直接接触，故摩擦性质取决于流体内部分子间的黏性阻力。

实际上，大多摩擦副处于干摩擦、边界摩擦、流体摩擦的混合状态，称混合摩擦。

3. 摩擦的机理

1）机械啮合学说

当两固体表面发生接触时，凹凸嵌合，从而在两表面相对滑动时产生了阻碍两固体表面滑动的阻力。根据该理论，将摩擦表面加工光滑，减少凸起，就可以减轻摩擦，相应地摩擦力越小。但通过实验发现:一般情况下,表面越光滑,摩擦力越小;但当表面粗糙度降低到一定程度以后,随着粗糙度的进一步降低,摩擦力不但不减少,反而增加了。

2)分子学说

当摩擦表面很光滑时,接触面积增大,分子间的距离缩小,分子、原子吸引力增大所产生分子吸引力相互作用形成阻力的结果。该理论不适用于粗糙表面。

3)分子—机械理论

该理论认为,摩擦表面的真实接触面积,在很大的单位压力作用下,表面凸峰相互压入和啮合,同时相互接触的表面分子也有吸引力。因此,摩擦过程就是克服微观表面凸峰的机械啮合和表面分子吸引力的过程。摩擦力就是在这些接触点上由机械啮合作用和分子吸引作用所产生的切向阻力的总和。

4)黏着理论

该理论认为,金属表面间的摩擦,首先是在接触点发生了黏结。当两摩擦表面相对运动时,必须要有足够大的切向力来剪断这些黏结点。另外,较硬的金属表面的微凸体会陷入较软的金属表面内,两表面相对运动时,硬的微凸体会在软的金属表面上犁出沟来。这种黏结、滑动及犁沟的交替进行的过程就是引起摩擦的原因,剪断黏着点和犁沟时所需的切向力就是用来克服的摩擦阻力。

两摩擦面间在一些部位之所以会发生"黏着",是因为金属表面压在一起时,仅微凸体的尖端相互接触,由于接触处的面积很小,触点之间的应力很大,大到足以引起接触处的材料产生塑性变形。在接触处产生塑性流动时,摩擦表面的油污、氧化膜、水汽吸附膜等被破坏,暴露出洁净的金属表面。当洁净的两金属表面接触时,表面的原子间会形成较强的金属键结合,便出现了两摩擦表面金属材料的黏着。

黏着理论最大的弱点是只能解释金属间的摩擦现象,而不能解释那些不会发生黏着现象的材料,比如砖瓦、石头、玻璃等。

4. 摩擦的种类

1)干摩擦

干摩擦是指纯净表面直接接触时的摩擦,但通常所讲的干摩擦是指在无润滑的条件下,两物体表面之间可能存在着自然污染膜(如氧化膜、水汽吸附膜或其他异物)时的摩擦。这种干摩擦的摩擦系数,对于金属来说,一般为 0.5~1.5,它比纯净金属表面的干摩擦系数小得多。

干摩擦在工程实际中统称为固体摩擦。

当物体在外力的作用下沿另一物体接触表面滑动时,在界面上产生切向阻力,这个阻力称为滑动摩擦力。这个摩擦力按物体的运动状态又分为静摩擦力和动摩擦力。

两个固体表面直接接触,对一物体施一切向力,引起物体开始相对滑动时所需的切向力就是最大静摩擦力,保持物体继续运动的力称为动摩擦力。多数情况下是动摩擦力小于最大静摩擦力。

黏着理论认为,最初是两个静接触的表面,在外力作用下产生了运动的趋势。又因为工作表面间尚未润滑,表面上的凸点相互接触,摩擦阻力很大,这个力称为静摩擦力。在滑动速度很低时,粗糙点的摩擦是不连续的,其摩擦系数也是变动的。当物体的运动速度增加到某一值时,摩擦只出现在粗糙表面的最高点上。在凸点上发生极高的压力,这时摩擦所产生的热能足以使尖点金属熔化,因而产生塑性流动。因为这种摩擦只发生在粗糙表面的最高凸点上,因而摩擦力降低,这个力称为动摩擦力。

两金属固体表面直接接触,并在载荷作用下作相互摩擦运动,其摩擦力由式(2-1)确定:

$$F = f \cdot W \tag{2-1}$$

式中:F——滑动摩擦力;
$\quad f$——滑动摩擦系数;
$\quad W$——法向载荷。

滑动摩擦力与摩擦系数和法向载荷有关,而与接触面积的大小、滑动速度的快慢无关,将这一关系称为滑动摩擦定律。

但在实际上,摩擦过程是异常复杂的。对于光滑表面,摩擦力将随表面粗糙度的增加而增大;对很洁净很光滑的表面,由于接触面之间出现强烈的分子吸引力,摩擦力将与接触面积成正比。同时,当滑动速度较大时,摩擦力与速度又存在着一定的关系。

滚动摩擦是一个物体沿另一物体表面滚动时对滚动物体产生的阻碍现象,其性质与滑动不同,滚动摩擦现象更为复杂。在生产实践中人们认识到:滚动摩擦是以阻力矩的形式起作用,摩擦力是由滚道材料微观滑移、弹性滞后损耗、塑性变形及粘着磨损等决定的。一般来说,变形愈大,滚动摩擦力愈大。摩擦力矩可用式(2-2)确定:

$$M = k \cdot W \tag{2-2}$$

式中:M——滚动摩擦力矩;
$\quad W$——法向载荷;
$\quad k$——滚动摩擦系数,相当于最大的滚动摩擦力矩的力臂,其大小与接触表面的材料及表面状态等因素有关。

2)边界摩擦

在摩擦表面上存在着一层与介质性质不同的、0.1μm 以下的薄膜(又叫边界膜)时的摩擦,称为边界摩擦。

边界摩擦是一种极为普遍的摩擦形式,普通滑动轴承、汽缸与活塞环、凸轮与挺杆等处都存在边界摩擦,它较干摩擦来说具有较低的摩擦系数,能有效地减少机器零件的磨损,延长使用寿命。

3)流体摩擦

摩擦副的两摩擦表面被一层具有一定厚度(一般在 1.5μm 以上)的黏性流体完全分开,由流体的压力平衡外载荷的摩擦状态称为流体摩擦。由于两摩擦表面不是直接接触,两表面相对运动时,只在流体分子间发生摩擦,因而流体摩擦的摩擦性质完全决定于流体的黏性,与两摩擦表面的材料无关。

4)混合摩擦

综上所述,将物体的摩擦分为流体摩擦、边界摩擦、干摩擦,只是为了论述的方便,实际上在工作中这三种摩擦是混合存在的。除特殊设计外,都是混合摩擦,混合摩擦的摩擦系数决定于各种摩擦所占的比例。

在汽车上,有许多摩擦副,如活塞环与汽缸壁、啮合齿轮、曲轴与轴承、齿轮轴与轴承等都可能保持流体摩擦,但有时也难免发生混合摩擦状态。最可能发生混合摩擦的条件是:汽车的起动与停止、往复运动和摆动时;载荷或速度急剧变化、单位面积压力很大、温度过高,润滑剂黏度过低以及供油不足时等。

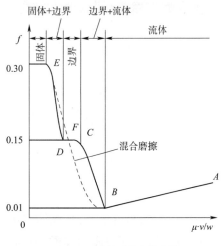

图 2-6 摩擦系数变化曲线

如图 2-6 所示,图中曲线表示了各种摩擦与润滑油的黏度、摩擦副的运动速度和外载荷之间的关系。纵坐标为摩擦系数 f,横坐标为 $\mu \cdot v/w$,μ 为润滑油黏度,v 为摩擦速度,w 为负荷,从曲线的形状可以看出 f 与 $\mu \cdot v/w$ 在不同摩擦状态下都接近线性关系。

在 B 处,摩擦系数为最低,由 B 到 A 的 $\mu \cdot v/w$ 值较大时,摩擦系数缓慢增加,摩擦副保持流体摩擦状态;当负荷 w 及速度 v 稳定不变时,f 与 μ 成正比;由 B 到 C 为部分边界摩擦与流体摩擦共存的阶段,f 由 0.01 上升到 0.15;由 C 到 D 是整个摩擦表面处于边界润滑状态;由 D 到 E 为部分固体摩擦与边界摩擦共存阶段;E 以后全部为固体摩擦。但在实际上,如发动机起动时,曲轴与轴瓦在某种程度上存在着固体、流体、边界三种混合形式的摩擦,如图中虚线所示的摩擦状态。

在混合摩擦状态下应以流体摩擦和边界摩擦理论为依据,使用润滑性或油性好的润滑材料,使表面微凸体接触处呈现边界摩擦状态,避免干摩擦,以减轻摩擦和磨损。

2.1.3 润滑

润滑是指在相对运动的两个接触表面之间加入某种物质,使两摩擦表面之间形成润滑膜,从而将直接接触的表面分隔开来,进而变干摩擦为润滑剂分子之间的内摩擦,达到减轻摩擦、降低磨损、延长机械设备使用寿命的目的。

润滑有多种方式,主要包括流体润滑、边界润滑、混合润滑和固体膜润滑。

1) 流体润滑

润滑剂加入到摩擦表面间,形成连续的润滑膜,将金属表面完全分隔开,变金属接触干摩擦为液体的内摩擦,通常液体润滑剂的摩擦系数仅为 0.001～0.01,只有金属直接接触时的几十分之一。可见,流体润滑具有摩擦阻力小、摩擦系数低、改善摩擦副动态性能、降低磨损等特点。因此,在滑动轴承、滚动轴承、齿轮传动等摩擦副中得到广泛的应用。

依据流体润滑膜压力的产生方式,可以分为流体动压润滑、流体静压润滑和弹性流体动压润滑。

(1) 流体静压润滑。

液体静压润滑是通过外部压力将流体送到摩擦表面之间,强制形成润滑膜。典型膜厚 1～100μm,用于中高速下的面接触摩擦副(如滑动轴承)。

(2) 流体动压润滑。

流体动压润滑是由摩擦表面的相对运动所产生的动压效应形成流体润滑膜,典型膜厚

1～100μm，用于各种速度下的面接触摩擦副(如滑动轴承、导轨等)。

流体动压润滑的原理如图 2-7 所示，图中轴承形成油膜的厚度及支承能力取决于轴的直径、表面粗糙度、形成油楔的形状、轴的转速及载荷的性质和润滑油的黏度等。

图 2-8 表示一对摩擦副，底板是固定的，另一平面物体以速度 v 做相对滑动。它们之间形成楔形油膜，由于润滑油完全附着在零件表面上，可认为运动物体表面上润滑油的速度为 v，而固定底板表面上润滑油的速度为 0。同时由于油膜很薄，可以认为润滑油的流动是层流，而且各不同断面润滑油的流量是相同的。润滑油从断面 c 处进入油楔，而从断面 a 处通过，则润滑油膜对物体产生相当大的压力，使运动物体抬起。这个油楔压力的合力与运动物体重量相平衡。油压的大小决定于润滑油的黏度和运动的相对速度。

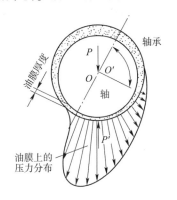

图 2-7　滑动轴承流体动压润滑原理　　图 2-8　楔形油膜的形成

流体动压润滑受到多种因素的影响，主要有：①黏度。黏度大的润滑剂其分子间黏着力强，被摩擦表面拖带着运动的油量中，较低黏度的油液多，这样将增加油楔效应、提高油膜厚度、增加承载能力。②温度。温度高，润滑剂黏度下降，使油膜变薄，承载能力降低。③负荷。负荷增大，润滑油膜变薄，可能会破坏流体润滑。④速度。摩擦副的相对运动速度越大，润滑剂膜越厚，性能越稳定。⑤间隙。间隙越大，润滑剂流出得越快，因而越不容易产生保证流体润滑的油楔效应。

(3) 弹性流体动压润滑。

与流体动压润滑的油膜形成机理相同，但是，在润滑计算时需要加入弹性变形方程，以考虑摩擦表面材料的弹性以及润滑剂在接触表面区的流变特性，因此称弹性流体动压润滑。其油膜厚度为 0.1～1μm，主要用于滚动轴承、齿轮、凸轮等点线接触摩擦副。

一般来说，流体润滑的效果比较稳定。但是当轴承的工作温度过高、润滑油黏度下降、转速和载荷波动很大的情况下，油膜的承载能力就下降。特别是起动、停车的过渡过程，不可避免地要使油膜破坏，甚至发生干摩擦现象。

显然，从增加流体摩擦(流体润滑)的可靠性观点上看：润滑剂的黏度大、摩擦副相对速度高、温度低是有利的，但从机械摩擦损失的观点看，则是有害的。为此，应根据摩擦副的相对运动速度，负荷来选择润滑剂的黏度。

2) 边界润滑

润滑油分子与金属表面产生物理或化学作用而形成润滑膜，也称边界膜，典型膜厚 1～

50nm，此时的润滑称为边界润滑。适用于低速重载下的高精度摩擦副。

当界面存在吸附膜时，吸附在金属表面的极性分子形成定向排列的分子栅，即是单分子层吸附膜或多分子层吸附膜。当单分子层吸附膜达到饱和时，极性分子紧密排列，分子间的内聚力使吸附膜具有一定的承载能力，有效地防止两摩擦表面直接接触。摩擦副滑动时，表面的吸附膜如两把毛刷相互滑动一样，从而降低摩擦系数，起到润滑和减少磨损的作用，如图2-9所示。

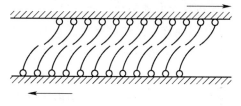

图2-9 单分子层吸附膜的润滑模型

3）混合润滑

混合润滑是指同时存在几种润滑状态，例如摩擦表面上同时出现流体润滑、边界润滑和干摩擦的状态。

4）固体膜润滑

固体膜润滑是指摩擦表面之间用固体润滑剂润滑，其膜厚可以是0.001~100μm，摩擦系数为0.01~0.3。

2.2 零件的失效机理

2.2.1 磨损

1. 磨损的定义

磨损，是指由于摩擦造成表面的变形、损伤或表层材料逐渐流失的现象和过程[《摩擦学术语》(GB/T 17754—2012)]。

零件从运行到报废的过程称为运行磨损过程。一般将磨损过程分为三个阶段：磨合阶段、稳定磨损阶段和剧烈磨损阶段，如图2-10所示。

（1）磨合阶段（OA）。由于新的摩擦副表面具有一定的粗糙度，真实接触面积较小，因此，磨合阶段表面逐渐被磨平，真实接触面积也逐渐增大，同时也由于不平度的峰顶发生塑性变形而产生冷作硬化，所以磨损速度由大逐渐变小，到达A点时，正常工作

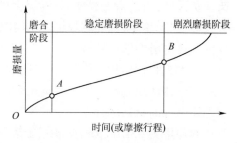

图2-10 零件的磨损量与时间的关系

条件已经形成。人们可以根据磨合阶段的特点，选择合理的磨合规范，如磨合载荷、转速、时间和润滑剂等参数，可以以最短的时间、最低的磨损量达到良好的磨合要求，提前过渡到稳定磨损阶段。

（2）稳定磨损阶段（AB）。这一阶段摩擦副间隙达到最佳状态，工作表面磨合质量好，润滑充分，因此，机械零件表面磨损极为缓慢而稳定，这是发挥机械性能、提高机械寿命的重要阶段。

（3）剧烈磨损阶段（B以后）。这一阶段的特性是磨损进程十分迅速，这是由于摩擦副

的工作条件恶化,零件几何形状改变,配合间隙增大,润滑条件变坏,机件产生异常噪声和振动,机械效率下降,工作温度迅速升高,零件容易发生破坏性事故,最终导致零件失效,使零件报废。

2. 磨料磨损

磨料磨损也称磨粒磨损,是由硬的颗粒或硬的凸起物,在摩擦过程中引起零件工作面材料脱离的现象。

磨料磨损是最常见的磨损形式,在各类磨损中,磨料磨损占一半左右。由此,了解磨料磨损的规律及提高零件抗磨料磨损的方法,对延长汽车零件的使用寿命有重要的作用。

1) 磨料磨损的机理

关于磨料磨损产生的机理,目前有微量切削、疲劳破坏和压痕三种假说。各种类型的磨料磨损中,都可以分别用不同的假说加以解释。

(1) 微量切削假说。其认为磨料磨损是由磨粒的棱角在外力作用下,对零件表面的切削过程引起的,对于脆性材料产生细小切屑,而韧性材料则产生卷曲状切削,如图2-11所示。

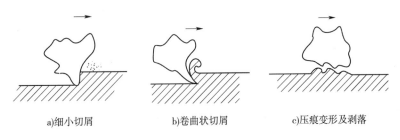

a) 细小切屑　　b) 卷曲状切屑　　c) 压痕变形及剥落

图2-11　磨料磨损

(2) 疲劳破坏假说。其认为磨料磨损是由于磨料颗粒冲刷动能和交变正向压力作用下,使塑性材料的表面挤出层状或鳞片状剥落物,脆性材料的表面产生裂纹,引起表面疲劳碎片脱落,从而导致零件表面材料的疲劳破坏。

(3) 压痕假说。其认为塑性较好的材料,在磨料颗粒的正向应力作用下,压入零件工作表面时,零件表面层的材料发生塑性流动。因塑性流动而凸起的表面层材料很容易磨损,而呈片状、层状脱落。

2) 磨料磨损的影响因素

影响磨料磨损的因素有:磨料、零件表面的材料和单位压力等。

(1) 磨料的影响。

① 磨料粒度。

用不同粒度尺寸的磨料制成的砂布,对不同金属进行15m距离磨损量试验,其磨损特性如图2-12所示。

由图2-12看出,开始时随磨料颗粒的增大,磨损量也随着增加,但当颗粒大到一定程度后,即达到临界值时,磨损就不再增加了。这是因为在一定压力下,磨料颗粒增大,嵌入愈

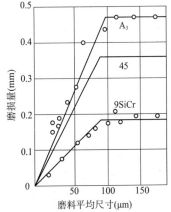

图2-12　磨损量与磨料粒度的关系

深,切下的金属量也就愈多。但磨料粒度大到一定程度时,在同样的压力下就不能全部嵌入,金属的磨损量也就不再增加或转变为其他类型的损伤。但金属材料性能不同,磨损量变化的磨粒临界尺寸也不相同。

人为地将一定尺寸范围的磨料加入发动机中进行磨损试验,其结果如图 2-13 所示。随着磨料粒度的增大,磨损量增加,但达到临界值时,随着磨料粒度增大磨损量反而减小。不同的摩擦副,粒度的临界值也不同。研究结果表明,发动机缸套以 20μm 的磨粒引起的磨损最严重;柴油机油泵柱塞副以 6~12μm 的机械杂质磨损最严重。因此,防止这些磨粒的进入是减少磨料磨损的重要措施。

②磨料硬度。

实践证明磨料磨损取决于磨料硬度 Ha 和金属材料硬度 Hm 间的相互关系。图 2-14 所示为三种不同磨损状态。Ⅰ 是低磨损状态区,$Ha < Hm$;Ⅱ 是磨损转化状态区,即过渡区,$Ha \approx Hm$;Ⅲ 是高磨损状态区,$Ha > Hm$。提高金属材料的硬度,使之大于磨料硬度时,可显著降低磨料磨损。但当 $Ha > Hm$ 小于 0.8 以后时,继续提高金属材料的硬度,效果变得不再显著。

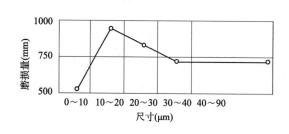

图 2-13 磨料粒度对缸套磨损的影响　　图 2-14 磨料硬度对磨损的影响

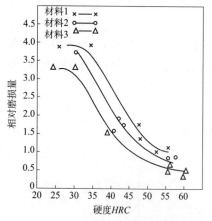

图 2-15 金属材料硬度对磨损的影响

(2)零件材料的影响。

①金属材料硬度。

一般情况下,金属材料硬度越高,耐磨性越好。未经热处理的钢,其耐磨的能力与其硬度成正比,经过热处理的钢,其耐磨性随硬度增加而增加,但比不经过热处理的钢相对耐磨性增加要缓慢些;经过冷作硬化的材料,其硬度比原始材料增加了,但耐磨能力变化不大。所以,硬度相同的材料,如果其成分和处理方法不同,耐磨性也不会相同,如图 2-15 所示。

②金属材料的含碳量。

在冲击条件下进行的试验表明,相对耐磨性随钢中含碳量的增加而迅速增加,当含碳量为 0.8% 时达到最大值;超过 0.8% 后,由于金属结构变化,性能变脆,耐磨性急剧下降,如图 2-16 所示。

(3)单位压力的影响。

磨损量与单位压力成正比,其关系如图 2-17 所示,这是因为压力减小时,磨料嵌入深度减少,则磨损降低;同样,磨损量也正比于滑动距离;速度、运动状态、磨粒数量对材料的磨损也有影响。

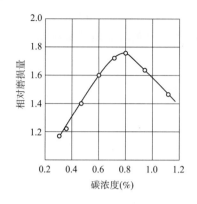

图 2-16　金属材料的含碳量对磨损的影响

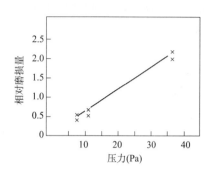

图 2-17　单位压力对磨损的影响

3)减少磨料磨损的措施

磨料磨损对汽车零件的危害性很大,它是造成零件早期损坏的重要原因之一,应积极采取预防措施,以减少磨料磨损。

(1)减少磨料进入机械内部。

①及时清洗或更换空气滤清器、燃油滤清器和机油滤清器。

②及时加注和更换符合规定的燃油、机油和冷却液。

(2)增强零件抗磨料磨损的能力。

①用热处理的方法改善零件材料的性质,提高零件表面硬度,使表面硬度最大限度地超过磨料的硬度,以提高其耐磨性。

②选用适当的耐磨料磨损的材料和修复的材料,要求选用的材料具有耐磨性,同时具有良好的韧性。

③摩擦副零件,应采用一软一硬的材料,以使磨料被软材料吸收,减少磨料对主要零件的磨损作用。

3.黏着磨损

摩擦副相对运动时,由于固相焊合,接触表面的材料从一个表面转移到另一个表面的现象称为黏着磨损。

1)黏着磨损的机理

黏着磨损机理与黏着摩擦机理是一致的,在黏着处被剪断时,如发生金属转移就将出现黏着磨损。

从微观结构角度来看,金属表面仍然是粗糙的,两表面靠在一起,也只有少数孤立的微凸体相接触。在负荷的作用下,两个表面互相接触的凸出处,局部产生很高的压力和温度,如果此压力造成的应力超过材料屈服强度时,微凸体就产生塑性变形,直到真实接触面积增大到足以支撑所加的负荷为止。在没有其他表面膜存在的情况下,这些凸出处接触面将互相黏结在一起。如果有少量污染物和表面膜,就可以阻止这种单纯由负荷引起的黏结。但由于摩擦面间相对切向运动的作用会除去或破坏由污染物形成的薄膜,因而某些凸出处接触面仍会出现熔焊现象。摩擦面相对滑动时就会剪断黏结点,同时,又会产生新的黏结点。在黏结点被剪断时,金属就会从这一表面转移到另一表面上,在进一步受到摩擦时,一些转移的金属会被擦下来,金属表面便呈现出轻微磨损、擦伤、撕脱等黏着磨损现象。这种黏着、撕脱(剪断)、再黏着的循环过程,就构成了黏着磨损。严重时会使摩擦副咬死。

2) 影响黏着磨损的因素

影响黏着磨损的因素有:零件的材料、负荷的大小、摩擦副的滑动速度、摩擦副表面的粗糙度和温度的影响等。

(1) 材料的影响。

脆性材料比塑性材料抗黏着能力高。塑性材料黏着破坏往往发生在离表面一定深度处,磨损颗粒较大,而脆性材料由于变形小,则多数磨损呈屑状,破坏深度较浅。

相同金属或晶格类型的金属所组成的摩擦副,黏着倾向大;多相金属比单相金属更具有抗黏着能力。故采用电镀、表面化学处理、表面热处理、喷镀和堆焊等工艺均可防止或减少黏着磨损。

(2) 负荷的影响。

负荷增加会使摩擦力增大,进而引起温度升高使材料硬度下降,机油变质,而加重黏着磨损。

(3) 滑动速度的影响。

如果运动零件的表面有充足的润滑油,那么零件的运动速度提高容易形成油膜,可以减少磨损。如零件处于干摩擦和半干摩擦,零件运动速度愈高,产生摩擦热愈多又不能尽快散发,可能发生黏着磨损。

(4) 表面粗糙度的影响。

一般来说,摩擦副表面粗糙度愈小,抗黏着能力也愈大;但若摩擦副表面粗糙度过小,因润滑剂不能储存在摩擦表面内,又会促进黏着。另外,高真空摩擦副容易黏着,有表面膜和污染膜的摩擦副可适当减轻黏着磨损。

(5) 温度的影响。

摩擦副温度升高可使材料硬度降低,润滑油膜遭到破坏,则使表面的微凸体容易黏结,从而增加黏着磨损。

在汽车发动机中黏着磨损的发生,多数是配合间隙过小,运动零件表面加工纹理还没有走合好,就过早地增大负荷,使发动机工作温度过高,缺乏足够的润滑油使热量散去,往往会造成零件的黏着磨损。

3) 减轻和防止黏着磨损的措施

(1) 合理选择材料。

应根据摩擦副的负荷、相对运动速度,合理地选择摩擦副的材料。选材时,应避免用相同的金属或互相共溶的金属。一般在摩擦副的一方选择金属键不太强的金属,如铅、锑、锡、铜、铝等材料,若选用塑料、陶瓷等非金属材料效果将会更好些。

(2) 保持良好的润滑。

首先应根据摩擦副的负荷、速度、温度等选择合适的润滑剂,保持良好的润滑状态,有助于减轻摩擦,提高抗黏着磨损的能力。如专用的双曲线齿轮润滑油中含有硫化物,能及时在齿面上形成一层硫化铁膜,可减轻黏着磨损。

(3) 进行表面处理。

为了减小外部黏着磨损可采用降低两摩擦表面原子间结合力的表面处理,如渗硫、发蓝、磷化、氮化等工艺,虽然这些工艺不能提高表面层的硬度,但能在金属表面形成一层化合物,从而避免金属直接接触,降低摩擦系数,防止黏着磨损。

此外,还可以提高零件表面硬度实施表面渗碳、氮化、氰化及碳氮硼三元共渗等强化处理,对减轻黏着磨损都有一定的作用。特别是硫氮共渗,硫氰共渗是提高齿轮、凸轮、挺杆表面耐磨性,减轻黏着磨损的有效方法。

(4) 提高修理质量。

有效提高机械部件的修理质量,提高零件的装配精度,可有效减轻黏着磨损。

4. 表面疲劳磨损

当在摩擦接触区受到滑动、滚动或滑滚运动的循环应力超过材料的疲劳极限,在表面或近表层中萌生裂纹,导致材料表面断裂剥落的磨损机理,简称疲劳磨损,也称为接触疲劳、表面疲劳。

在接触表面形成的疲劳损伤还可能成为引发材料疲劳断裂的裂纹源,从而降低材料疲劳强度。齿轮、滚动轴承、钢轨与轮箍及凸轮副的摩擦过程中可能产生疲劳磨损。

1) 表面疲劳磨损分类

表面疲劳磨损分为非扩展性和扩展性两类。

(1) 非扩展性表面疲劳磨损。

新的摩擦表面上,接触点减少,单位面积上的压力较大,容易产生小麻点。随着接触的扩大,单位面积的实际压力降低,或因塑性好、表面硬度高使小麻点不能继续扩展,零件可继续正常工作。

(2) 扩展性表面疲劳磨损。

当作用在两接触面上的交变压应力较大时,由于材料塑性稍差或润滑剂选择不当,在走合期就可能产生了小麻点,在以后的运行中小麻点发展成痘斑状凹坑,使零件失效。

2) 表面疲劳磨损的机理

表面疲劳磨损是表面在有摩擦存在的情况下,同时承受交变接触压应力,使表面产生裂纹并继续发展而成的。

在滚动接触过程中由于交变负荷的作用,表面层的应力和摩擦力引起材料表层的塑性变形,导致表层硬化,最后在表面出现初始裂纹,如图2-18所示。

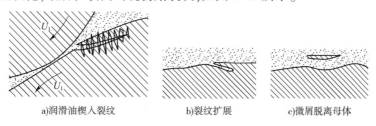

a) 润滑油楔入裂纹　　b) 裂纹扩展　　c) 微屑脱离母体

图2-18　表面疲劳磨损

该初始裂纹由表面向里发展,其裂纹扩展方向与滚动方向的倾角由摩擦力大小来决定,通常第一批裂纹与表面约呈30°倾角分布。同时,由于润滑剂楔入裂纹之中若滚动物体的运动方向与裂纹端部的方向一致,当滚动物体接触到裂纹裂口时将裂纹自封住。裂纹中的润滑剂被堵塞在裂纹内,使裂纹内壁产生巨大的压力,迫使裂纹向前发展。经过交变加载后,裂纹发展到一定深度,并呈悬臂梁状态,在载荷反复作用下而折断,形成痘斑凹坑。

3)表面疲劳磨损的影响因素

(1)零件材料。

零件材料成分要净化,夹杂物含量要少,这是由于非金属夹杂物破坏基体的连续性,在交变应力作用下,容易与基体脱离形成空穴,空穴棱边尖角处应力集中,塑性变形较大,导致材料硬化,而产生裂纹,形成早期损坏。

另外,钢的含碳量过大,晶粒粗,脆性增加;含量过小,降低材料强度硬度都会减弱金属材料抗表面疲劳磨损的能力。同时,进行适当的热处理,如增加渗碳层厚度、提高渗碳钢基体强度等,都能有效地提高表面抗疲劳磨损的性能。

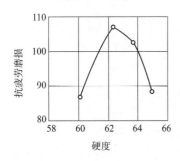

图 2-19 表面疲劳磨损与硬度的关系

(2)表面硬度。

轴承钢的硬度为 HRC62 时,抗疲劳磨损能力最大,随着硬度的增加或降低,都因材质过脆或硬度不够,而使其寿命显著下降,如图 2-19 所示。

齿轮副的硬度选配,对软齿面来说,要求小齿轮硬度大于大齿轮,这样有利于走合,使接触应力均匀,有效地提高齿轮的寿命。

(3)表面粗糙度。

表面粗糙度愈小,疲劳磨损的倾向愈小。以滚动轴承为例,粗糙度为1.6的轴承寿命比3.2的高2~3倍;而0.8比1.6的高1倍,0.4比0.8的高0.4倍。0.4以上对寿命影响甚小。

(4)润滑油。

润滑油的黏度愈高,接触部分的压力愈接近平均分布,抗疲劳磨损的能力就愈高。油的黏度降低,油愈易渗入裂纹中,加速裂纹扩展,降低使用寿命。另外,要严格控制油的含水量,在润滑油中加入适当固体润滑剂(如二硫化钼),能提高表面抗疲劳磨损性能。

5. 腐蚀磨损

在摩擦过程中,由于介质的性质、介质的作用与摩擦材料性能的不同,将出现不同的腐蚀磨损。

腐蚀磨损的产生是由于摩擦零件的表面在腐蚀性气体或液体环境中工作时,会产生化学反应。在零件表面上,可以生成化学反应膜。化学反应膜通常与基体金属结合不牢,当零件发生摩擦时,可能使表面氧化膜分离,这些氧化膜脱落后,又成为微小磨料。

零件表面的腐蚀不一定都是有害的。表面的氧化膜或其他的金属膜附在摩擦零件表面,可以减轻金属微凸体的黏着磨损。没有氧化膜的金属表面磨损往往是很严重的。

腐蚀磨损可分为氧化磨损、化学腐蚀磨损和穴蚀。化学腐蚀磨损和穴蚀将在后面介绍,此外只介绍氧化磨损。

氧化磨损是最广泛的一种磨损形态,在汽车零件的各摩擦副中普遍地存在着氧化磨损。它不管在何种摩擦过程中,无论摩擦速度、接触压力的大小,有无润滑情况下都会发生,其特征是在金属的摩擦表面沿运动方向形成匀细的磨痕。对钢铁材料由于摩擦热的作用,可能形成黑色的 Fe_3O_4 和松脆的 FeO 磨屑。

氧化磨损的产生,是当摩擦副一方的凸起部分与另一方作相对运动时,在产生塑性变形的同时有氧气扩散到变形层内形成氧化膜,而这种氧化膜在遇到第二个凸起部分时有可能剥落,使新露出来的金属表面重新被氧化。这种氧化膜不断被除去,又反复形成的过程就是氧化磨损。

氧化磨损是各类磨损中磨损速率最小的一种,也是汽车运行中允许存在的一种磨损形态。氧化磨损速率决定于所形成氧化膜的性质和氧化膜与基体金属的结合能力,同时也决定于金属表层的塑性变形抗力。氧化膜的性质主要是指它们的脆性程度,脆性氧化膜易于磨损,磨损速率高,致密而非脆性(韧性)的氧化膜与基体结合牢固,能显著地提高抗磨损的能力。氧化膜与基体金属的结合能力主要取决于它们之间的硬度差,硬度差愈小,结合力愈强。提高基体表面硬度,可以增加表面塑性变形能力,从而减轻氧化磨损。

氧化磨损的影响因素包括如下方面。

(1)相对运动速度的影响。

在负荷不变的条件下,磨损类型及磨损量都随运动速度而变化,如图 2-20 所示。当运动速度很小时,摩擦表面被红色 Fe_2O_3 所覆盖,磨损量较小,属于氧化磨损;当运动速度增高时,产生的磨屑较大,并呈金属色泽,摩擦表面粗糙,属黏着磨损,若滑动速度再增高,表面被灰黑色粉末 Fe_3O_4 所覆盖,属于氧化磨损,此时磨损量虽也较小,当滑运速度再增大时,出现黏着磨损,使磨损量剧增。

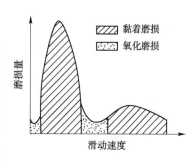

图 2-20　磨损量与滑动速度的关系

(2)接触压力的影响。

当负荷超过临界值时,磨损量随负荷的增大而急剧增加。磨损类型由氧化磨损转化为黏着磨损,如图 2-21 所示。P_0 是氧化磨损区中磨损量最大时的负荷。当 $P < P_0$ 时,磨屑成分主要为 FeO;当 $P > P_0$ 时,磨屑成分主要为 FeO、Fe_3O_4 和 Fe_2O_3。

(3)介质中含氧量的影响。

金属在还原气体、惰性气体、纯氧介质中,其磨损值都比在空气中为大,如图 2-22 所示。这是因为空气中形成的氧化膜强度高,与基体金属结合牢固的缘故。

(4)润滑状态的影响。

干摩擦时,仅在较小速度和负荷下出现氧化磨损,并极易转化为黏着磨损。油脂除了起减磨作用外,又隔绝了摩擦表面与空气中氧的直接接触,使氧化膜生成速度减缓,但油脂与氧反应,生成酸性氧化物,腐蚀摩擦表面。在生产中有时利用危害性小的酸性氧化磨损以防止危害性大的黏着磨损,在润滑油中有意加入腐蚀性极压添加剂,使油膜强度提高,避免严重的黏着磨损破坏。

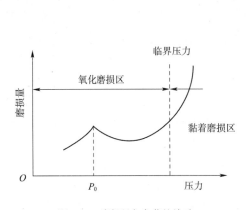
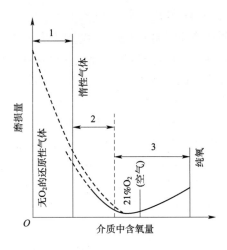

图 2-21　磨损量与负荷的关系　　　　图 2-22　磨损量与介质中含氧量的关系

在生产中选用合适的材料、硬度,采用发蓝、磷化、蒸气处理、渗硫、有色金属的氧化处理以及使用油脂润滑等,对降低氧化磨损速率都具有良好的效果。

6. 微动磨损

由微动作用使接触表面产生损伤和材料流失。微动磨损引发的损伤过程可能包含黏着磨损、磨粒磨损、疲劳磨损和氧化磨损等机理。

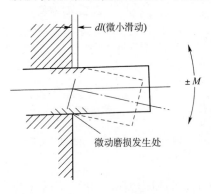

图 2-23　微动磨损

在零件的嵌合部位、静配合处,如图 2-23 所示,它们之间虽然没有宏观的相对位移,但在外界变动负荷和振动影响下,却会产生微小的滑动,此时表面上产生大量的微小氧化物磨损粉末,引起微动磨损。由于微动磨损集中在局部地区,又因两摩擦表面永不脱离接触,磨损物不易往外排出,故兼有氧化磨损、磨料磨损和黏着磨损的作用。

在摩擦副表面之间接触压力作用下,接合表面微凸体产生塑性变形,并发生金属的黏着,黏着处在外界小振幅的反复作用下将其剪切,黏附金属脱落,剪切处表面被氧化。对于钢铁零件,氧化反应生成物以 Fe_2O_3 为主,所以磨屑呈红褐色。由于两摩擦表面是紧密配合,磨屑不易排出,留在接合处的磨屑起磨料作用,形成蚀坑(即麻点)从而加速了微动磨损的进程。这样循环不止,最终导致零件表面破坏。当振动应力足够大时,微动磨损处会成为疲劳裂纹的核心,可能引起零件的断裂。因此,微动磨损是一种复合型的磨损。

微动磨损的影响因素有如下方面。

(1)负荷的影响。

在一定条件下,微动磨损量随负荷的增加而增加,但增大的速率则不断减少,超过某临界值后,微动磨损量则减少,如图 2-24 所示。其是因为在负荷比较小时,随负荷的增加、接触面积的增大,使产生微动磨损的区域不断扩大,引起微动磨损量增加,当负荷超过临界值后,由于负荷增加,使产生滑移的界面面积和滑动的振幅减小,磨损率降低,所以有人通过控制过盈配合的预应力或过盈量来减缓微动磨损。

(2)振幅与振动频率的影响。

在振幅较小时,磨损率比较低。当振幅为 $50\sim150\mu m$ 时,磨损率均显著上升。有人认为:此时磨损体积与滑移距离成正比。

当总振动次数相同时,磨损随振动频率的增加而减少。

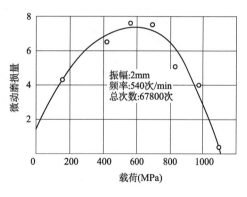

图 2-24 微动磨损与负荷的关系

(3)润滑剂的影响。

一些试验表明,普通的流体润滑剂对防止微动磨损的效果不佳。黏度大、滴点高、抗剪能力强的润滑脂有一定效果,但效果最好的是固体润滑剂,如二硫化钼等。

(4)相对湿度的影响。

微动磨损随相对湿度的增加而下降,相对湿度大于50%以后,金属表面形成 $Fe_2O_3\cdot H_2O$ 薄膜,它比通常的 Fe_2O_3 软,因此,随着相对湿度的增大,微动磨损量减少。

(5)材料性能的影响。

提高硬度和选择适当材料作摩擦副都可以减少微动磨损。一般来说,抗黏着性能好的材料作为摩擦副对于抗微动磨损也好。

2.2.2 变形

1. 变形的定义

变形是指零件要素的形状和位置发生变化而不能自行恢复的现象。

2. 零件变形的原因

零件在使用中的变形通常由内应力、外载荷和温度三方面的原因引起。

1)内应力

有些零件在制造加工时尚能保证配合表面间的正确位置,但经过一段时间运行以后,便产生了较大变形,这主要是由于对零件毛坯未进行时效处理或时效处理不当,而引起材料内部组织结构变化产生内应力造成的。同样,零件从高温冷却下来的过程中,由于零件体积变化不均匀,互相牵制,会产生内应力。当内应力小于弹性极限时,将以残余内应力的形式存在于零件之中,若对其加工、热处理或使用时,将破坏原来内应力的平衡,引起内应力的重新分布,使零件产生变形,如内应力超过零件材料的强度极限时,零件将发生断裂。

根据内应力产生的原因,可分为热应力和相变应力。

(1)热应力。

热应力是由于零件上连接部分厚薄不同、冷却速度不一、收缩时间有先后而引起的。如

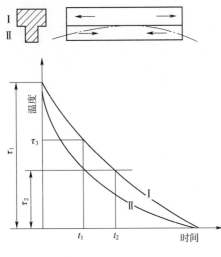

图 2-25 热应力的形成

图 2-25 所示，T 字形铸件的断面 Ⅰ 较厚，断面 Ⅱ 较薄，断面 Ⅱ 比断面 Ⅰ 冷却较快。曲线 Ⅰ 和曲线 Ⅱ 分别表示这两个断面温度随时间变化的规律，在 t_1 时刻，较薄断面 Ⅱ 先降到温度 T_2（约为620℃），已由塑性状态转为弹性状态，而此时断面 Ⅰ 的平均温度为 T_3，尚处于塑性状态，即 Ⅱ 断面可以自由收缩。当继续冷却到 t_2 时刻，断面 Ⅰ 也转入弹性状态，但在继续冷却的过程中，断面 Ⅰ 因断面 Ⅱ 阻碍收缩而受拉应力，而断面 Ⅱ 因为断面 Ⅰ 收缩力的作用而受压应力。通常厚壁受拉，薄壁受压，这是热应力的普遍规律。零件的线收缩愈大，断面愈不均匀，热应力就愈大。

(2) 相变应力。

零件内由于组织转化，发生体积改变所引起的应力称为相变应力。灰铸铁在奥氏体转化为铁素体和析出石墨时体积膨胀。薄壁部分冷却较快，先达到相变温度而先发生膨胀，因而最后受残余拉应力，厚壁部分受压应力。从上述分析中可以看出，相变应力与热应力方向相反。灰铸铁的相变应力比热应力小得多。

铸铁在残余内应力的作用下，会使弹性极限降低，产生内应力松弛现象。为了消除残余内应力，铸铁毛坯应进行自然或人工时效处理。

2) 外载荷

零件在使用过程中，由于外载荷的作用，也可能产生引起破坏配合表面正确位置的变形，尤其是在汽车满载或超载时，在恶劣的道路条件下行驶，对基础零件的个别部位变形影响更大。

有些零件的变形是由于个别紧固件结构布置不合理引起的。如变速器后壁的变形是由手制动的制动力通过螺纹连接传递到刚度不够大的变速器壳后壁造成的。而变速器前壁变形则由变速器四点悬臂固定造成的，而后桥减速器壳侧壁的变形，是轴承座和承受被动圆锥齿轮轴向分力的侧盖的紧固结构不够恰当引起的。这些变形将导致轴线平行度、重合度超限，破坏表面的相互位置，使零件磨损严重，使用寿命降低。

3) 温度

金属材料的弹性极限随温度的升高而降低，同时，在高温作用下内应力松弛现象严重，所以在温度较高的条件下工作的零件更容易变形。如汽缸体在外载荷和高温的共同作用下，往往产生变形，从而破坏其配合表面的正确位置。

3. 减小零件变形的措施

引起变形的原因是多方面的，因此，减小零件变形的措施也应从设计、制造、修理、使用等多方面来考虑。在目前条件下，变形是不可避免的，只能根据它的规律，减轻零件变形。

1) 设计方面

设计机械和零件时，不仅要充分考虑如何实现机构的动作、保证零件的强度，还要对零件的刚度、变形以及制造、装配、使用中可能发生的问题进行充分考虑。

设计时,合理地布置各零部件,改善零件的受力状况,可以减少变形。另外,大量的变形是由于毛坯热加工时,零件各部分存在温度差异及组织变化而造成的。因此,在设计时应尽量使零件壁厚均匀,可减少热加工时的温度差异,从而减少变形。

2)加工制造方面

在毛坯制作和以后的机械加工过程中,要重视变形的问题,采用各种工艺措施,以减少或消除毛坯和零件中的残余内应力。

毛坯在锻、铸或焊接等热加工以后,都会因温度变化产生内应力。这一内应力的特点之一是会逐渐消失,但毛坯会出现变形,这一过程大约在 12~20 个月内完成。针对这一特点,如果生产周期允许的话,生产出来的毛坯,可露天存放 1~2 年,在昼夜温度变化影响下,使内应力逐渐消失,毛坯充分变形后再送去加工,这即所谓自然时效处理。另一种是人工时效处理,将具有内应力的毛坯,置于高温或振动环境下,以加速内应力的消失。铸铁件最适合的退火温度是 550~600℃,升温速度为 60~120℃/h,保温时间为 2~8h 以上,降温速度为 20~50℃/h,当炉温降到 150~200℃时出炉,毛坯继续在空气中冷却,这样可以彻底地消除毛坯的残余应力。采用电动振动器使铸件振动也可以消除内应力。

零件粗加工后,因挤压切削和温度的原因,也会产生内应力,所以对较重要或比较复杂的零件,在粗加工后应该再进行一次时效处理,以消除或减少内应力。对于某些特别精密的零件,在精加工工序之间,还要安排几次时效处理,以避免内应力的积累和叠加,减少零件的变形。但是,目前许多厂家最多只进行一次时效处理,粗加工后很少再作时效处理。这样加工出来的零件仍带有很大的残余内应力,经过一段时间的使用或存放,内应力重新分布,造成零件的变形。这是当前使用中零件变形的重要原因。

另外,在机械加工中应尽量保留工艺基准,留给修理时使用,可减少修理加工中因基准改变而造成的误差。

3)修理方面

由于变形在使用中是不可避免的,所以送到修理厂来的机械零件都具有不同程度的变形。因此,大修时不能只满足于检查配合的磨损情况,而且对相互位置尺寸必须进行检查和修复。为此,应制定出合理的检修标准,并设计出简单、可靠、容易操作的专用量具和工卡具,以及编制出简单合理的检查、修理工艺。

零件内应力引起的变形,通常发生于出厂后的 12~20 个月内,所以对第一次大修的机械的变形情况尤其要注意检查修复,使其恢复到规定的相互位置关系。通常,应对第一次大修汽车的各基础零件进行认真彻底的检查、修复到技术标准。如汽缸体的主轴承座孔进行镀铁和镗孔,修复到标准值;变速器箱体的各轴孔和安装表面,也应修复到标准值,这将大大地减轻变形的危害。

在大修的机械加工中必须合理地选择定位基准。如发动机镗缸以主轴承座孔定位,则可减少汽缸轴线与曲轴轴线的不垂直度。在修复工艺如焊接、堆焊、压力加工过程中,应在工艺上采取措施,尽量减少零件的应力和变形。

4)使用方面

汽车在使用中,应加强技术管理,严格操作规程,尽量避免超载、超速运行和避免局部高温,都可以减少变形的危害。

综上所述,汽车在使用过程中零部件发生变形所带来的损害是严重的,应该引起有关方面的重视。必须从设计、制造、维修和使用过程中采取适当的措施,将变形的危害减轻到最低限度,以延长其使用寿命。

2.2.3 疲劳断裂

疲劳断裂是机械零件失效的重要原因。虽然与磨损、变形相比,零件因疲劳断裂而失效的可能性较小,但是,零件的疲劳断裂往往会造成严重的机械事故,产生严重的后果。汽车有时会在较严酷的工况下工作,道路和工作环境恶劣,载荷较高、起动频繁,以及由于零件外形复杂造成应力集中等,这些都是导致零件疲劳断裂的因素。如汽车转向节轴疲劳断裂,可能造成翻车,因此必须对疲劳断裂给予足够的重视。

1. 疲劳断裂的基本原理

零件疲劳断裂一般分为裂纹萌生(成核)阶段、疲劳扩展第一阶段和疲劳扩展第二阶段及瞬时断裂阶段。零件发生疲劳断裂时其断口如图2-26所示。

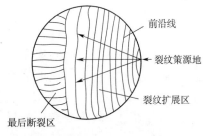

图2-26 零件疲劳断裂断口示意图

1)疲劳裂纹萌生(成核)阶段

裂纹源一定是在应力集中处,而且一般是在金属的表面。只有内部有较严重的金属组织缺陷时裂纹源才产生于内部或表层下部。

2)疲劳裂纹的扩展

零件疲劳断裂的过程,实际上就是内部疲劳裂纹发生和发展的过程。一般认为以常用检验技术(肉眼、电磁探伤仪、放大镜、显微镜)能够发现的,就算是一个裂纹。

(1)疲劳裂纹第一阶段。

这一阶段扩展速率很慢,有时观察不到什么特征,只呈现一些擦伤的痕迹。但细心观察还会发现下列一些特点:疲劳裂纹第一阶段通常是从金属表面上的驻留滑移带、挤出、凹入或非金属类杂物等处开始,沿最大切应力方向即与主应力方向约呈45°角的晶面向内扩展。

(2)疲劳裂纹第二阶段。

这一阶段裂纹扩展速率较快,它是疲劳寿命的主要组成部分,如图2-27所示。图2-27a)表示交变应力为零时裂纹处于闭合状态的情况。当受拉应力时裂纹张开,裂纹尖端尖角处由于应力集中而沿45°角方向产生滑移带,如图2-27b)中箭头所示。当拉应力达到最大时,滑移区扩大,使裂纹尖端变成近似的半圆形,如图2-27c)所示,裂纹尖端由锐变钝。当受到反向应力(如压应力)作用时,使原裂纹表面和新产生的裂纹表面被压近,裂纹尖端又由钝变锐,形成一个尖角,由此裂纹向前扩展一段距离,如图2-27e)所示。每一循环中完成一次形状上由锐化—钝化—锐化的过程,而裂纹向前扩展一段长度。

(3)瞬时断裂阶段。

由于疲劳裂纹不断扩展,使零件的有效承载断面逐渐减小,使应力不断增加,当应力超过材料的断裂强度时,则发生瞬时断裂,而形成最后断裂区。

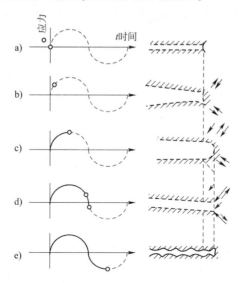

图 2-27 疲劳裂纹扩展机理

2. 减轻疲劳断裂危害的措施

减轻疲劳断裂危害是设计人员、工艺人员、使用和修理人员的共同职责。同时,也只有在深入研究疲劳断裂机理,充分认识疲劳断裂的规律之后,才能根据这些知识提出减轻疲劳断裂危害的有效措施。影响疲劳断裂的因素是多方面的。

1) 设计方面

(1) 尽量减轻应力集中。金属的疲劳断裂都是由局部应力集中引起的,在机械设计中减少这些应力集中是防止疲劳断裂的首要途径。

(2) 选择适当的材料。在零件选择材料时,应全面地考虑材料的性能,包括材料的机械性质等。

2) 工艺方面

防止零件断裂,延长零件疲劳寿命的最有效途径是引入残余压应力。评价一种工艺对零件断裂的影响,也常常着眼于它所产生的残余应力的性质。

喷丸强化处理能使加工表面冷作变形产生残余压应力,从而延长零件形成疲劳裂纹所需要的时间。零件表面的冷滚压、滚压抛光也能达到与喷丸相同的效果。

对金属零件进行表面热处理(渗碳、渗氮、氰化及淬火等)和表面镀层、涂层,均可以改变表层组织结构,提高零件表面的强度和硬度,延长其疲劳使用寿命。

3) 使用方面

在使用中还要注意以下几点对疲劳破坏的影响。

(1) 工作负荷的影响。零件在超负荷条件下工作,将使疲劳寿命缩短。

(2) 使用温度的影响。使用温度升高,材料疲劳极限下降,这是因为金属的变形抗力下降使疲劳裂纹容易形成的缘故。温度降低,疲劳极限升高。

(3) 介质的影响。汽车零件所处的环境介质大致可分为腐蚀介质(酸、碱、盐的水溶液、燃气、废气、湿空气等)和活性介质(油脂、机油等)两类。零件在腐蚀环境中工作,金属表面的腐蚀产物如同楔子一样嵌入金属,造成应力集中,使疲劳极限下降,容易形成腐蚀性疲劳损坏。

4)修理方面

(1)零件表面损伤的影响。零件表面的划痕和刮伤是明显的应力集中部位,将大大缩短零件的疲劳寿命,所以在修理过程中,对零件的拆装、存放和加工都要仔细,力求减少零件表面的损伤,以保证零件表面粗糙度的要求。

(2)拧紧力矩的影响。扭紧力矩对疲劳寿命的影响很大,不同的扭紧力矩,零件的疲劳寿命可以相差很多。这是由于螺帽太松,在装配中引起的平均应力较低,但在交变应力下的动载荷却会增高;螺帽过紧,则使装配引起的平均应力增高,这都会降低零件的使用寿命。

(3)螺钉与零件表面垂直度的影响。如果在装配螺钉时,由于不小心,没有装正,或者在装螺帽时,使用不平的垫圈,接合平面不清洁,都会使螺栓歪斜,这不仅使载荷集中,而且还会产生附加弯曲力矩,这样装配的螺栓寿命会减少很多。

(4)清洁表面。由于疲劳损伤总是从表面开始,同时,从疲劳成核到形成起始裂纹要占掉疲劳寿命的相当一部分,所以定期地清洁表面,去掉已经形成的微裂纹,可以延长零件的使用寿命。

2.2.4 腐蚀

零件受到周围介质的化学作用或电化学作用而引起的损坏现象叫作零件的腐蚀。按腐蚀机理可分为化学腐蚀、电化学腐蚀和高温氧化腐蚀。

1. 零件腐蚀的机理

1)化学腐蚀

化学腐蚀是指在没有电流产生的情况下发生的腐蚀。它是金属与外界介质直接发生化学反应而引起的损坏,腐蚀产生直接在金属表面形成一层腐蚀薄膜。膜的性质决定化学腐蚀的速度,如果膜是致密完整的,强度、塑性较好,膨胀系数与金属相近,膜与金属的结合力强等,则有保护金属、减缓腐蚀的作用(如 Al_2O_3、Cr 等),否则,会出现较强烈的腐蚀作用,如钢铁表面锈蚀。

2)电化学腐蚀

电化学腐蚀是指金属与介质发生电化学反应而引起的破坏。金属与电解溶液相接触,形成原电池,其中电位较低的部分遭受腐蚀。两种不同金属放在电解溶液中用导线联通,由于它们的电极电位不同而构成原电池。电位较低的金属由于原子溶解成为正离子,使它表面电子过剩而构成电池的负极。金属零件上所形成的原电池,其电流无法利用,却使负极金属处遭受到腐蚀,这种原电池称为腐蚀电池。

电化学腐蚀对机械装备所造成的危害远比化学腐蚀广泛而严重。这是由于机械装备大部分零件材料的表面状态及环境,给产生电化学腐蚀提供了必要的条件。产生电化学腐蚀的条件是:①存在腐蚀介质——水中溶入电解质;②存在电位差——在电解液中,金属表面有成分或组织相的不同或应力分布不均匀,都呈现出电位差。

然而,现今汽车上绝大多数零件皆由含有多种元素的钢铁材料制成,各种元素均各具不同的电极电位,同时加工工艺也都使零件表面层残存着以各种形式分布的残余应力。特别是存在着某些缺陷的表面(如表面划痕、碰伤、压痕、磨削烧伤等),沿缺陷的边缘将形成结构和应力分布的不均匀现象。同样,从环境条件讲,暴露在大气中的零件,当大气的相对湿度超过某一临界值时,存在于表面上的某些吸湿性物质(或是腐蚀过程中形成的吸湿性物质),就从大气中吸收水分,使零件表面湿润。空气中的有害成分如 CO_2、SO_2 等溶入其中,就构成了腐蚀电解液,这就给零件电化学腐蚀创造了条件,即使无任何保护而直接暴露在大气中的零件,不可避免地要遭受不同程度的电化学腐蚀。

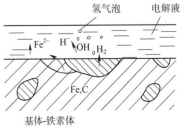

图2-28 钢在电解液膜下的电化学腐蚀

图2-28 所示为钢在电解液膜下的电化学腐蚀的过程。铁素体和渗碳体相互接触,组成腐蚀电池,铁素体电极电位比渗碳体低成为阳极遭到腐蚀,而渗碳体作为阴极在其表面析出氢气。

灰尘对生锈的影响是严重的,因为它吸湿性很强,如含碳的物质,能吸收酸性的含硫气体,急剧地加速了腐蚀。有时灰尘本身就具有腐蚀性。在严重工业污染的环境中常常会遇到这种情况,暴露在大气中的机具,其不淋雨的部分比淋雨的部位锈蚀得更严重。这是由于淋雨部位上的尘埃与腐蚀电解质,常常被雨水所洗刷冲淡。

除上述微观的腐蚀电池外,还有宏观腐蚀电池。如汽车电器设备中的铜制接头或螺栓与车身车架的紧固处,与水接触就构成腐蚀原电池,使车架本身遭受腐蚀。

3) 高温氧化

大多数金属与空气中氧或氧化剂起作用,会在表面形成氧化膜,这种作用与化学、电化学作用不同,它无需表面存在腐蚀介质。在低温情况下,这层氧化膜形成后,一般对金属基体有保护作用能阻止金属继续氧化。然而在高温的情况下,膜层将出现裂缝和孔隙,覆盖作用效果变差,这时氧化将以等速度不断继续下去。

长期在高温条件下工作的铸铁零件,金相组织结构中的碳化铁将碳不断以片状石墨的形态析出并呈连续分布使铸铁件结构松散,并出现缝隙,为炽热气体侵入提供通道,因而氧化深入到结构内部。

2. 零件腐蚀的影响因素

1) 金属的特性

一般来说,金属的抗腐蚀性与金属的标准电位、化学活性有关。金属的标准电位越低,化学活性就越高,就越容易腐蚀。但是,有些金属(如镍、铬),虽然它们的电位较低,化学活性较高但它们的表面生成一层很薄的致密氧化膜,因而具有很高的化学稳定性和很强的抗腐蚀能力。

2) 金属的成分

金属中杂质越多,抗腐蚀性就越差。一般钢铁中都含有石墨、硫化物、硅化物等杂质,这些杂质的电极电位都比较高,所以在形成腐蚀电池时,金属相当于原电池的负极,不断被腐蚀。

3) 零件表面状况

零件的外表形状越复杂,表面粗糙度越大,其抗腐蚀性越差。这是因为复杂的粗糙的表面容易吸附电解质,同时形状的变化形成电位差。金属表面擦伤、凹形、穴窝不平之处、零件的转角、边缘和焊接处较易腐蚀。

4) 温度

温度增高,金属和腐蚀介质的化学活性增大,因而将加快腐蚀速度。

5) 介质

介质中含有的氧、二氧化硫、二氧化碳、氯离子,都将大大加快腐蚀速度。

6) 环境

气温高、相对湿度大的环境,腐蚀程度加剧。温度变化剧烈的地区,由于温差而引起的凝露现象,也会加快腐蚀速度。

3. 减轻腐蚀的措施

金属的腐蚀是一个具有普遍性的严重问题,所以如何减轻腐蚀危害是一个重要课题。

1) 合理设计

(1) 正确选择材料。根据使用的实际需要,选用具有一定耐腐蚀能力的材料。如选用不锈钢或含有硅、锰、钒、钛、硼、稀土、钨、铜等合金元素的钢材;如有可能应尽量采用尼龙、塑料代替金属材料。

(2) 结构要合理。在结构设计上要力求避免形成腐蚀电池的条件,零件的外形也力求简化。

(3) 选择合适的表面粗糙度。

2) 覆盖保护层

(1) 金属保护层。覆盖金属本身应具有较好的抗腐蚀磨损能力和一定的物理性质,如镍、铬、锌等。覆盖方法有镀、喷镀、刷镀等。

(2) 非金属保护层。常用的有塑料、搪瓷、陶瓷等。

(3) 化学保护层。用化学或电化学法在金属材料表面覆盖一层化合物的薄膜层,如磷化、发蓝、钝化、氧化等,以提高抗腐蚀、抗磨能力。

(4) 表面合金化。如氮化、渗铬等。

3) 电化学保护

用一个比零件材料化学性能更活泼的金属铆在零件上,这样零件就不发生腐蚀了。

4) 介质处理

在腐蚀性介质中加入少量能减少腐蚀速度的缓蚀剂,可减轻腐蚀。

5) 其他

提高修理质量,加强润滑工作等,都可以改善抗腐蚀性能。

2.2.5 穴蚀

柴油机湿式缸套外壁与冷却水接触的表面上发生一些针状孔洞,这些孔洞多数情况下都很清洁没有腐蚀生成物,孔洞是逐渐扩大和深化的,最后形成裂缝或深孔,直至破坏或穿透,这种破坏现象称为穴蚀。

穴蚀破坏是近年来突出的问题。随着发动机有效压力、转速、比功率的不断提高、比重量的逐年降低、结构日益紧凑、零件壁厚减薄,才越来越多地出现穴蚀破坏现象。

1. 穴蚀的机理

穴蚀破坏多数人认为是由于机械振动或流体压力变化时在流体中有气泡的形成和破裂过程,这一过程就是产生穴蚀的原因。

穴蚀发生在零件与液体接触,并有相对运动的条件下。压力液体中都溶有气体或空气,当某种外界条件使液体的压力变化,局部地方的压力降低到某一值时,溶于液体中的气体或空气便以气泡的形式分离出来。当这些气泡流到高压区,压力超过气泡压力时使其溃灭,即处于气泡状态的气体重新液化或溶于液体中,体积骤然变小,液体就向气泡中心高速运动。在液体将气泡空隙填满的瞬间,发生水击现象,即产生极大的冲击力和高温。水击的压力波以高温、超音速向四周传播,当作用在零件表面时,产生很大的冲击、挤压和高温作用。这样气泡形成和溃灭的反复作用,就使零件表面产生疲劳而逐渐脱落,呈麻点状和针状小孔,随后扩展呈泡沫海绵状针孔。

发动机湿式缸套的外壁经常发生穴蚀,如图2-29所示,在局部地区集中出现了蜂窝状的孔穴。孔穴直径约1mm左右的针状孔,严重时使缸壁穿透。

穴蚀现象在滑动轴承中也时常出现,如图2-30所示。其发生的部位是在最薄油膜区后的负压区。这是由于轴的转速提高到一定程度,轴在工作中发生振动,当轴的振动频率达到一定的范围时,极薄的液体油膜不能适应高频下周期性压力降低的情况。因此,在润滑油内发生空泡或气泡。它们不断形成和溃灭,在轴承表面发生穴蚀,逐步发展成小孔群。

图2-29 汽缸套的穴蚀

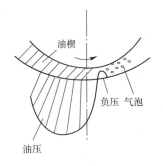

图2-30 滑动轴承的穴蚀

2. 影响和减少穴蚀的因素

1) 结构

(1) 适当增加缸套壁厚,提高刚度,可降低振动强度。壁厚增加一倍,缸套振幅可降低近一半,一般认为壁厚大于0.08倍缸径,则不容易发生穴蚀。另外,通过壁厚变化,改变缸套的固有频率,以避免共振。同样,改变缸套在缸体上的支承位置,提高缸体的刚度,也可减轻缸套的振动和穴蚀。同时为了冷却均匀和减小空气泡溃灭的影响,可以保证需要的水套内通道宽度。

(2)减少缸套外表面的粗糙度,从而减少气泡形成的条件,减少穴蚀。同时,提高缸套外表面的硬度,如氮化处理,可提高缸套的耐穴蚀能力。

(3)选用耐穴蚀性能好的材料。

2)修理与使用

(1)安装缸套要避免倾斜,以保证下支承橡胶密封槽与缸套轴线的同心度;上、下支承的同心度;缸套端面支承凸肩与机体的同心度,使缸体上部凸肩装配受力均匀,以减轻活塞对缸套冲击和振动,从而减轻穴蚀。

(2)保证汽缸轴心线与曲轴轴心线的垂直度、连杆轴承轴心线与曲轴轴心线的平行度、连杆大、小头轴心线的平行度、活塞销孔轴心线与曲轴轴心线的平行度,防止活塞偏缸,则可减轻振动和穴蚀。

(3)减小活塞与缸套及缸套与缸体的配合间隙,可以减小活塞对缸套的冲击,减轻振动和穴蚀。

(4)发动机工作时的冷却液温度为 80~90℃ 为宜,柴油机最易产生穴蚀的冷却液温度为 40~60℃。

(5)彻底清除水套的污垢,保证冷却水循环畅通,避免有涡流区和死水区及流速过快等,这些都有利于真空气泡的形成,引起穴蚀的加剧。

(6)冷却水含杂质要少,可减少真空气泡的形成。含有盐类、碱类的硬水比清洁软水穴蚀要大几十倍,这是腐蚀和穴蚀综合作用的结果。另外,冷却水中添加乳化油,可减少水的表面张力,从而减少气泡破灭时的冲击压力,减轻穴蚀。

(7)减小发动机工作的粗暴性和最大爆发压力值,能减轻缸套的振动和穴蚀破坏。为此,在使用时应认真调整喷油时间,使燃烧正常,避免"敲缸"。同时要减少长时间怠速运转和大负荷、超负荷低速运转。

2.2.6 老化

橡胶、塑料制品和电子元件等汽车用零件,随着时间的增长,原有的性能会逐渐衰退,这种现象称为老化。

这类元件、制品不论工作与否,老化现象都会发生,如橡胶轮胎、塑料器件等。

2.3 故障与失效分析

2.3.1 故障的定义

汽车或汽车的一部分(总成、部件)不能或将不能完成预定功能的事件或状态,称为汽车故障。而对某些不可修产品如电子元器件,则称为失效。例如,汽车开不动、熄火抛锚、发动机漏油、变速器挂不上挡等都是故障。注:虽然故障与失效不是一个概念,考虑到习惯,本章中如无特殊说明,均假定二者相同。

零件故障分为三种情况。

(1)零件由于断裂、腐蚀、磨损、变形等,完全丧失功能。

(2)零件在外部环境作用下,部分丧失功能。该种情况虽能够工作,但不能完成规定功能,如零件由于磨损导致尺寸出现较大偏差等。

(3)零件虽能够工作,也能完成规定功能,但继续使用时,不能确保安全可靠。如经过长期高温运行的压力容器及其管道,其内部组织已经发生变化,当达到一定的运行时间,继续使用就存在开裂的可能,该种情况称为存在故障隐患。

2.3.2 故障模式

故障模式是故障的表现形式,通常被描述成故障发生时产品的状态。它与故障原因既有联系又有区别。如机油失压是发动机的一种故障模式,故障原因可能是机油泄漏、轴颈与轴瓦间隙太大、机油泵轴断裂等。而对于机油泵来说,机油泵轴断裂只是一种故障模式;故障原因可能是疲劳断裂,或材料不好,或传动系统故障所造成的二次损伤等。再往上看,如果将发动机停止工作作为一种故障模式,那么机油失压就可能是故障原因之一。由此可见,故障模式往往表现为较高一级层次,而故障原因又是为了说明故障模式,有时随着对象的不同可以相互转化。汽车可能发生的故障模式见表2-1。

汽车可能发生的故障模式   表2-1

(1)断裂	(9)脱落	(17)不充电	(25)抖动
(2)漏油	(10)塑性变形	(18)短路	(26)摆动
(3)松动	(11)不传递动力	(19)断路	(27)断齿
(4)开焊	(12)发卡	(20)起动困难	(28)卡死
(5)磨损	(13)操作困难	(21)压力过低	(29)原位转动
(6)窜动	(14)行程过大	(22)供油过大	(30)无指示
(7)间隙过大	(15)不回位	(23)锈蚀	(31)功率不足
(8)烧蚀	(16)不转向	(24)脱胶	(32)击穿

2.3.3 故障分类

1. 按故障的后果对汽车工作能力的影响分类

(1)完全性故障:完全丧失规定功能的故障。

(2)局部性故障:没有完全丧失规定功能的故障。

2. 按故障发生的速度及演变过程分类

(1)突发性故障:由于外界随机因素或材料内部潜在缺陷突然造成的故障,事先来不及检查预防。

(2)渐变性故障:通过事前检查或预测可以预防到的故障,耗损故障属于此类。

3. 按故障模式分类

(1)损坏型故障,如断裂、碎裂、开裂、点蚀、烧蚀、变形、拉伤以及压痕等。

(2) 退化型故障,如老化、变质、剥落以及异常磨损等。

(3) 松脱型故障,如松动、脱落等。

(4) 失调型故障,如压力过高或过低、行程失调、间隙过大或过小、干涉以及卡滞等。

(5) 堵塞与渗漏型故障,如堵塞、气阻、漏油、漏水以及漏气等。

(6) 性能衰退型或功能失效型故障,如功能失效、性能衰退、公害超标、异响以及过热等。

2.3.4　故障判定准则

产品丧失规定功能称为失效,对可修复产品通常也称为故障。怎样才算是失效或故障,有时很容易判定,但更多情况则很难判定。当产品指的是某个螺栓,显然螺栓断裂就是失效;当产品指的是某个设备,对某个零件损坏而该设备仍能完成规定功能就不能算失效或故障,有时虽有某些零件损坏或松脱,但在规定的短时间内可容易地修复也可不算是失效或故障。若产品指的是某个具有性能指标要求的机器,当性能下降到规定的指标后,虽然仍能继续运转,但也应算是失效或故障。究竟怎样算是失效或故障,有时要涉及当时的技术水平和经济政策等而作出合理的规定。

在对产品进行失效分析时,就要明确产品的故障判定准则。

2.3.5　故障等级

故障等级是反映故障影响程度的指标,一般根据故障造成的经济损失及故障发生的频度分为四级,见表2-2。

故障影响严重程度及其等级　　　　　表2-2

故障等级	含　义	严重程度
Ⅰ	致命故障	人机伤亡,经济损失大
Ⅱ	严重故障	任务不能完成,故障容易发生
Ⅲ	一般故障	部分任务不能完成,故障容易发生
Ⅳ	轻微故障	不影响任务,有时发生

一般认为,Ⅰ、Ⅱ级故障属于严重后果的影响,对此应特别加以注意,尽量采取措施予以避免。汽车常见故障的定性分级举例见表2-3~表2-6。

致　命　故　障　举　例　　　　　表2-3

序　号	零部件名称	故障模式	故障表现特征
1	汽缸体	裂纹	缸体严重裂纹,发动机报废
2	曲轴主轴承盖	断裂	造成发动机失效
3	变速器	失效	由于轴断或齿轮损坏造成变速器损坏
4	传动轴	脱落	万向节或花键轴脱开

第2章 汽车零部件损伤理论

续上表

序号	零部件名称	故障模式	故障表现特征
5	主减速器	失效	主减速器严重损坏,导致后桥报废
6	前轴	断裂	行驶中突然断开
7	转向节	断裂	行驶中突然断开
8	前轮辋挡圈	脱落	行驶中脱落
9	转向系	失效	行驶中突然转向失控
10	转向盘	脱落	行驶中固定螺母脱落
11	转向摇臂轴	断裂	行驶中断裂
12	制动系统	泄漏	行驶中漏气、油,制动失效
13	制动油路	气阻	行驶中气阻,制动失效
14	制动管路	断裂	行驶中断裂,制动失效

严重故障举例 表2-4

序号	零部件名称	故障模式	故障表现特征
1	整车	动力性下降	25000km可靠性试验后性能复试,动力性能下降超过5%
2	发动机	油水混合	由缸盖裂纹引起,无法修复,需更换
3	曲轴	断裂	轴颈或曲柄断裂
4	进气阀	断裂	进气阀掉头
5	连杆	断裂	未造成发动机报废
6	离合器摩擦片	龟裂	需更换
7	变速器	掉挡	行驶中自动脱挡
8	传动轴中间支承	断裂	需更换
9	主减速器齿轮	剥落	齿面严重剥落,需更换
10	桥壳	断裂	未造成后桥报废
11	车架横梁铆钉	松动	一根横梁半数以上铆钉松动
12	钢板弹簧		第一片断
13	转向系统		转向明显沉重,正确维护不能排除
14	转向垂臂		行驶时转向难控
15	空压机缸筒		严重拉伤,需更换

一般故障举例 表2-5

序号	零部件名称	故障模式	故障表现特征
1	发动机	过热	节温器损坏
2	汽缸盖	裂纹	局部微小裂纹,尚可使用
3	曲轴油封	漏油	由油封变形引起
4	活塞	烧蚀	稍有烧蚀尚可使用
5	离合器	发抖	分离杆调整不当
6	变速器	乱挡	经调整可排除

续上表

序 号	零部件名称	故障模式	故障表现特征
7	十字轴轴颈	剥落	工作不正常
8	主减速器	漏油	容易排除
9	车架	裂纹	尚可使用
10	钢板弹簧	断裂	断一片(非第一片)
11	减速器	失效	换挡困难,磨损严重
12	转向直拉杆	干涉	有明显的摩擦痕迹
13	转向器	漏油	油封损坏或壳体砂眼
14	转向摇臂	裂纹	解体时发现裂纹,尚未断裂
15	制动器	跑偏	经调整可以排除

轻微故障举例　　　　　表2-6

序 号	零部件名称	故障模式	故障表现特征
1	汽缸盖罩	漏油	螺母松,紧固可排除
2	放水阀	漏水	松动引起
3	气门挺杆	剥落	轻度剥落或麻点,尚可使用
4	缸垫	烧蚀	拆缸时发现损坏
5	汽油泵	漏油	连接螺栓松动
6	离合器	分离不开	经调整可排除
7	离合器踏板复位弹簧	脱落	踏板不复位
8	变速器放油螺栓	渗油	紧固可排除
9	主减速器	渗油	—
10	钢板弹簧定位螺栓	松动	
11	减速器	渗油	—
12	转向主销黄油嘴	脱落	不能注油
13	轮胎螺栓	松动	个别松动
14	驻车制动	间隙超差	调整可排除

2.3.6 失效分析

1. 基本概念

汽车任意系统失效的后果是引发事故,甚至重大的或灾难性的事故,造成危害,甚至生命财产的巨大损失。据美国有关资料统计,因机械零件断裂、腐蚀和磨损失效,每年造成的经济损失达3400亿美元,其中断裂失效造成的损失约为1190亿美元;据报道,一辆由齐齐哈尔开往富拉尔基的大型客车,行驶至嫩江大桥时因过小坑受到振动,前轴突然折断,致使大型客车坠入江中,造成数十人死亡;从上述事例可以看出,失效不仅会给人们带来巨大的直接经济损失,同时也会造成惊人的间接经济损失。

间接经济损失主要包括:由于失效迫使企业停产或减产所造成的损失;引起其他企业停产或减产的损失;影响企业的信誉和市场竞争能力所造成的损失。

为了防止失效现象的重复发生,提高机械产品质量,早在20世纪初,人们就开始对零构件的失效现象进行比较系统的分析研究,后来随着工程力学、材料科学及交叉学科的发展和电子光学仪器测试技术的进步,在对大量工程失效现象的行为规律与机理研究的基础上,逐渐形成了一门新的分支学科,即失效学,也称为失效分析。

失效分析就是指判断产品的失效模式,查找产品失效机理和原因,提出预防再失效的对策的技术和管理活动。

失效分析的理想目标包含如下方面。

(1)模式准确:失效模式是指失效的外在宏观表现形式和过程规律,一般可理解为失效的性质和类型。

(2)原因明确:失效原因是指酿成失效甚至事故的直接关键性因素,可能涉及设计、材料、工艺和使用等方面的原因。其中,设计是根本,材料是基础,工艺是关键,使用是保证。

(3)机理清楚:失效机理是指失效的物理、化学变化本质,是失效的内因。

(4)措施得力:制定预防措施需考虑长远的措施和产品使用问题以及工程上的可行性、经济性。

2. 失效分析的意义

引起失效的因素是复杂的,大致可归纳为两个方面,即材料方面的因素和环境方面的因素。材料方面的因素为内因,包括材料品质及加工工艺方面的各种因素;环境方面的因素为外因,包括受载条件、时间、温度及环境介质等因素。

任何产品的失效都是在材料或零件的强度(韧性)与应力因素和环境条件不相适应的条件下发生的。失效总是从产品对服役条件最不适应的环节开始的,而且失效产品或零件的残骸上必然会保留有失效过程的信息。通过对失效残骸的研究,可查明失效的机理和过程,并对失效的原因作出判断,从而可有针对性地采取改进和预防措施,避免同类失效的再发生,达到改进产品质量、延长使用寿命、提高服役安全性和可靠性的目的。

正确的失效分析是解决零件失效、提高机器承载能力和使用寿命的先导及基础环节。失效分析的目的不仅在于对失效原因的分析和判断,而更重要的还在于为积极预防失效找到有效的途径。为了提高机械产品在国内外市场的竞争能力,可以说,失效分析及失效预防技术是重要的基础技术之一。这就是失效分析的目的和任务。

3. 汽车失效分析

目前,汽车的失效分析和研究工作在国内外都非常活跃,并且已逐步发展成为一门综合性的学科。它涉及机械学、材料学、工程力学、摩擦学、腐蚀学和机械制造工艺等多方面的知识。为此,制定一个正确的失效分析程序和切实可行的实施步骤就十分重要。它可以使分析工作按部就班、有条不紊,提高工作效率,从而使分析得到正确的结论。

汽车失效分析一般程序和步骤包括如下方面。

1)现场调查和背景材料的收集

进行现场调查,收集背景材料,是汽车失效分析的第一阶段,可以初步确定零件失效的性质和类型,如整体失效或表面失效(脆性、塑性、过载、疲劳、磨损、腐蚀等)。

(1)观察零件在装备中的部位和具体的规定功能,搞清失效零件与相邻零部件的关系。

(2)了解失效零件的服役条件和工况,如载荷的类型、大小和频率,运转速度,振动和冲击的情况,可能出现的过载和超速等。

(3) 了解零件的工作环境状况,例如环境的温度、湿度,是否有腐蚀介质,污染程度如何等。

(4) 观察零件失效的情况、失效的部位。用肉眼或放大镜检查断口的外貌、颜色,有无化学腐蚀和机械损伤等。

(5) 收集失效零件的残骸,成截取试样,供下一步分析研究用。

(6) 向有关人员作询问调查。可以用个别询问或开座谈会的形式,向装备使用人员、维修人员、管理人员和失效事故目击者,详细询问零件失效的情况和看法。

(7) 收集失效零件的历史背景资料。收集失效零件的历史背景资料也是现场调查的一项重要工作,这些资料包括维修记录、说明书、运转记录、材料牌号、制造厂家等。

总之,现场调查阶段,工作要尽可能仔细、全面,为下一步进行分析研究提供可靠的依据。

2) 分析研究

在现场调查的基础上,就可以对失效零件作进一步的失效分析和研究。

(1) 确定零件失效分析的正确思路和方法。在一般的零件失效分析中,采用排除法是切实可行的,也就是将可能引起零件失效的因素全部列出,然后作深入的分析研究,将与失效无关的因素逐个排除,最后找到了引起失效的直接原因。

(2) 失效零件断口的宏观观察,主要依靠肉眼或放大镜仔细观察断口的形貌,用文字、绘图或照相记录断口的特征,如色泽、粗糙程度、纹路、边缘情况、裂纹位置等。判断失效的性质和可能引起失效的原因。

(3) 失效断口的微观检验。可利用光学显微镜或电子显微镜进行断口形貌观察、微区成分分析、X 光结构分析等,以便取得零件失效直接原因的证据。

(4) 失效零件材料化学分析及金相组织检验。分析材料的化学成分,可以判定零件材料是否符合标准规范要求。这是一种很重要的常规检验。成分分析的试样要尽可能取自零件的失效处。检验失效零件的金相组织,可以判别失效零件锻、铸和热处理的质量。如果金相组织不符合要求,材料中夹杂物过多,表面有脱碳现象或晶界氧化等,都可能是零件失效的直接原因。

(5) 失效零件材料的力学性能测试。对于较重要的机械零件,设计图样上对材料的力学性能等都有明确的规定。在失效分析时,如有需要,可以从失效零件上截取试样,进行力学性能测试。在实际工作中,零件的硬度往往可在一定程度上反映材料的力学性能。因此,测定零件失效部位的硬度就非常重要。

(6) 其他检验和检查。除了上述各种检验和分析外,还可以针对特定的零件失效进行其他项目的检验,如探伤检查、残余应力测定等。另外,由于使用不当可能使零件超载、超速、超温;由于维护不当可能使零件缺乏润滑、磨损过度、漏电电蚀、环境污染等。这些都有可能是零件失效的原因。

经过详细、全面的分析和周密、严谨的推理后,就能够最后确定汽车失效的直接原因和间接原因,并提出相应的改进措施。在这基础上就可以撰写机械零件失效分析报告,失效分析报告应条理清楚,简明扼要,重点突出,原则上与报告无关的内容、数据尽可能省去,逻辑性强,结论明确。

2.4 典型零件失效分析

2.4.1 滑动轴承

滑动轴承主要有如下常见的失效形式。

1) 磨粒磨损

进入轴承间隙间的硬颗粒(如灰尘、砂粒等)有的嵌入轴承表面,有的游离于间隙中并随轴一起转动,它们都将对轴颈和轴承表面起研磨作用。在起动、停车或轴颈发生边缘接触时,它们都加剧轴承磨损,导致几何形状改变、精度丧失、轴间隙加大,使轴承性能在预期寿命前急剧恶化损坏。

2) 刮伤

进入轴承间隙的硬颗粒或轴径表面粗糙的微观轮廓尖峰,在轴承表面划出线状伤痕。

3) 胶合

当瞬时温升过高,载荷过大,油膜破裂或供油不足时,轴承表面材料发生黏附和迁移,造成轴承损伤。咬黏有时甚至可能导致相对运动中止。

4) 疲劳剥落

在载荷反复作用下,轴承表面出现与滑动方向垂直的疲劳裂纹,当裂纹向轴承衬与衬背接合面扩展后,造成轴承衬材料的剥落。它与轴承衬和衬背因接合不良或接合力不足造成轴承衬的剥离有些相似,但疲劳剥落周边不规则,结合不良造成的剥离则周边比较光滑。

5) 腐蚀

润滑剂在使用中不断氧化,所生成的酸性物质造成轴承材料腐蚀,材料腐蚀易形成点状剥落。

6) 安装不正确引起的损坏

在安装时,如果轴瓦安装不正确,引起扭曲或局部接触,在工作时就很容易使轴瓦局部损坏。

7) 其他失效形式

(1) 气蚀:气流冲蚀零件表面引起的机械磨损。在轴承中,气蚀有多种原因,比如:高频振动引起气泡,靠近表面的气泡反复爆裂,引起轴承合金微疲劳和轴承材料的侵蚀流失。

(2) 电腐蚀:由于轴承和轴之间的散杂电流产生小电流放电,引起轴承和轴颈材料表面有腐蚀麻点。

(3) 微动磨损:发生在名义上相对静止,实际上存在循环的微幅相对运动的两个紧密接触的表面上。在轴承孔上的轴颈支承部位或轴承衬背处均可能发生微动磨损。

2.4.2 滚动轴承

1. 滚动轴承失效形式

滚动轴承按其损伤机理大致可分为:接触疲劳失效、磨损失效、断裂失效、变形失效、腐蚀失效和游隙变化失效等几种形式。

1）接触疲劳失效

接触疲劳失效是各类轴承表面最常见的失效模式之一，是轴承表面受到交变应力的作用而产生的失效。接触疲劳剥落在轴承表面也有疲劳裂纹的萌生、扩展和断裂的过程。初始的接触疲劳裂纹首先从接触表面以下最大正交切应力处产生，然后扩展到表面形成剥落，如麻点状的称为点蚀或麻点剥落，剥落成小片状的称浅层剥落。

2）磨损失效

轴承零件之间相对滑动摩擦导致其表面金属不断损失的现象称为磨损。磨损失效也是各类轴承表面最常见的失效模式之一，存在着5种磨损形式。其中最常见的为磨料磨损和黏着磨损。

3）断裂失效

轴承断裂的主要原因是过载和缺陷两大因素。由于外加载荷超过轴承零件材料的强度极限，造成轴承零件断裂就称为过载断裂。过载的原因可能是主机故障，也可能是轴承的结构或安装不合理。另外，轴承零件存在着微裂纹、缩孔、气泡和大块外来夹杂物等缺陷，在正常载荷条件下，也会在缺陷处引起断裂，称为缺陷断裂。轴承套圈和滚动体经锻造、冲压、热轧、热处理和磨加工过程中产生的过热、过烧、局部烧伤和表面裂纹就可能引起轴承的断裂失效。

4）变形失效

在外力和环境温度的作用下，轴承零件表面局部塑性流动或整体的变形，致使整套轴承不能正常工作而造成的失效为变形失效。例如保持架翘曲、歪扭等都会造成轴承的早期失效。另外轴承摩擦造成的表面塑性划痕也会引起振动和噪声增大、温度升高，从而加快轴承的早期失效。

5）腐蚀失效

轴承零件金属表面同环境介质发生化学或电化学反应，造成的表面损伤和轴承的失效称为腐蚀失效。能对轴承零件表面起化学作用的环境介质有大气、湿气、燃料和润滑油的氧化产物（酸类、酮类、乙醇等）以及氧化产物的蒸气等。

腐蚀在轴承零件金属表面造成氧化膜或腐蚀孔洞，使表面呈现局部或全部变色。硬脆松散的氧化膜和腐蚀反应物在载荷的作用下剥落，轴承表面生成蚀坑或造成工作表面粗化，进而形成腐蚀磨损或腐蚀疲劳失效。由于静电荷或其他放电现象，致使轴承零件表面出现点击的伤痕，称为电流腐蚀，也是腐蚀失效的一种。

6）游隙变化失效

轴承在工作过程中，受外界或内在因素变化的影响，改变了原有的配合间隙，使精度降低，甚至造成咬死的现象，称为游隙变化失效。

轴承零件的组织（例如残余奥氏体）和应力如果均处于不稳定状态，随着时间的延长其尺寸会发生变化，使轴承丧失运转精度。由于轴承零件的尺寸与形状不同，膨胀系数或膨胀量不同，在超常温下工作就会造成轴承工作游隙变化，轴承也会因失去运转精度造成早期失效。

2. 滚动轴承失效原因

轴承失效的原因往往是多因素的，所有设计制造过程的影响因素都会与轴承的失效有关,分析起来不易判断。在一般情况下,大体上可以从外来因素和内在因素两方面考虑。

外来因素主要是指安装调整、使用维护与修理等是否符合技术要求,也称之为使用因素。

安装条件是使用因素中的首要因素之一,轴承往往因安装的不合适而导致整套轴承各零件之间的受力状态发生变化,轴承将在不正常的状态下运转并提早失效。根据轴承安装、使用、维护的技术要求,对运转中的轴承所承受的载荷、转速、工作温度、振动噪声和润滑条件进行监控和检查。发现异常立即查找原因,进行调整,使其恢复正常。

内在因素主要是指决定轴承质量的设计、制造工艺和材料质量三大因素。结构设计的既合理又先进才能又较长的使用寿命。

轴承的制造要经过钢材冶炼、锻造、冲压、热处理、车削、磨削和装配等多种加工工序。各种工艺的合理性、先进性和稳定性都会影响到轴承的寿命。

轴承材料的冶金质量也是影响轴承使用寿命的主要因素。随着冶金技术的发展,原材料质量得到了较大的发展,但仍是轴承失效的主要因素之一。另外,选材是否得当也要考虑。

2.4.3 齿轮

齿轮失效类型可以分为五大类:磨损、胶合、表面疲劳、塑性变形和折断,每一大类还可细分为几类,进而使分类更加精细和明确辨别特征。失效的类型见表2-7,失效的特征、部位及对策见表2-8。齿轮的失效损伤除了以上类型和特征外,还可有其他形式的损伤,如随机断裂、各种材质缺陷造成的损伤、加工工艺不当造成的淬火裂纹、磨削裂纹等,但此类损伤如在加工过程中加强质检是可以避免的,因此在表2-8中未予列出。

齿轮失效的类型 表2-7

分 类	失效类型	分 类	失效类型
磨损	轻微磨损	表面疲劳	早期点蚀
	中等磨损		破坏性点蚀
	过度磨损		剥落
	磨粒磨损	塑性变形	碾击塑变
	腐蚀磨损		鳞皱
			起脊
			齿面塑变
胶合	轻微胶合	折断	疲劳折断
	中等胶合		
	破坏性胶合		过载折断
	局部胶合		

齿轮损伤特征、原因及对策 表2-8

损伤特征部位	损伤原因	对　策
磨损:齿轮在啮合过程中,轮齿接触表面材料的摩擦损耗现象		
(1)轻微磨损:接触表面上的微凸体逐渐磨平,直至出现非常光滑的表面为止	轮齿接触表面的粗糙度与润滑油黏度、齿面工作速度、工作载荷不匹配	此为轻微磨损过程,可适时更换润滑剂
(2)中等磨损:节线上下齿面材料都有一定磨损,节线位置呈现出一条近于连续的线	齿轮在边界润滑状态下工作、润滑系统中有小量的污染杂质	提高润滑油黏度,降低油温,加入适当的添加剂,加强油液清洁度管理
(3)过度磨损:齿廓形状破坏,磨损率很高,节线附近有点蚀,有噪声和振动	润滑系统和密封装置不良,系统有严重振动、冲击载荷	对污染杂质增设过滤装置,适时更换润滑油
(4)磨粒磨损:轮齿接触表面沿滑动方向有较均匀的条痕,多次摩擦条痕重叠	齿面间异物引起磨粒磨损,在开式齿轮传动中更为严重	改善润滑方式,提高润滑油黏度,提高工作速度,减轻载荷,注意清洗,适时换油,开式齿轮箱采取适当防护
(5)腐蚀磨损:齿面上呈现均匀分布的腐蚀麻坑,齿面沿滑动方向伴有腐蚀痕迹	轮齿材料发生电化学反应,由摩擦、冲刷形成腐蚀磨损,高温时极压添加剂形成磨蚀介质	防止油液污染,添加剂的成分和含量适当,建立合理的工艺规程
胶合:相啮合的齿面金属,在一定压力下直接发生黏着,随着齿面的相对运动,使金属从齿面上撕落而引起严重的黏着磨损现象		
(1)轻微胶合:靠近齿顶或齿根的齿面上沿滑动方向有极轻微而细密的伤痕,有时要借助显微镜才能见到痕迹	运转初期润滑条件与工作情况不协调,或轻微干涉存在而引起	控制起动过程的润滑及载荷,排除干涉的起因
(2)中等胶合:齿顶部、齿根部均有滑动方向的黏撕伤痕,较软齿面更明显	齿轮啮合处局部温度过高,破坏润滑油膜	降低油温,使用极压添加剂的润滑油,降低齿面表面粗糙度,降低载荷及速度
(3)破坏性胶合:沿滑动方向呈现明显黏撕痕迹,齿顶有明显的材料移失迹象,齿廓毁坏,振动、噪声增大	润滑不充分,工作温度过高齿面接触应力或速度过高引起的过热	保证一定条件下良好的润滑,采用极压或特殊高黏度的润滑油
(4)局部胶合:局部区域有齿面胶合的现象,并不延伸扩展	由于安装制造误差,引起载荷集中,鼓形齿修形量过大,齿宽较大,局部温升引起变形	安装精度适当,修形量适当,散热应均匀,油的冷却与供油部位应适当

续上表

损伤特征部位	损伤原因	对策
表面疲劳:齿面呈点状的齿面疲劳损伤;齿面上材料成片状剥离		
(1)早期点蚀:有较小、数量不多的麻点	啮合齿面局部过载,齿形误差,齿面凸凹不平,轴线歪斜,造成偏载	提高齿形精度,精心跑合
(2)破坏性点蚀:靠近节线的齿根表面上麻点不断扩展,噪声增大	齿面接触应力过大,节线附近滑动速度方向变化,油膜不易形成	提高齿面硬度,降低粗糙度,改善润滑情况
(3)剥落:形状不规则的片状剥落坑,较浅平而大的坑	硬齿面上过高的接触应力作用,疲劳裂纹扩展形成材料缺陷,齿面软硬的过渡层中裂纹的延伸扩展	承载力不足应考虑重新设计,提高轮齿芯部硬度,减小应力集中
塑性变形:在过大应力作用下,轮齿材料因屈服产生塑性流动而形成齿面和齿体的变形		
(1)碾击塑变:在齿顶棱和齿端出现飞边,齿顶滚圆,节线附近有沟槽、脊棱	滚碾冲击作用,接触应力过高,轮齿材料硬度过低,动载荷太大以及润滑不良	减小接触应力,提高材料硬度,降低动载荷,采用极压添加剂和高黏度润滑油,保证制造、安装精度
(2)鳞皱:齿面塑变呈鱼鳞状皱纹,并垂直于滑动速度方向	润滑不良及高压强作用,齿面"爬行"的结果,低速度振动引起齿面塑性流动	提高齿面硬度,改善润滑,提高速度,控制齿面的振动
(3)起脊:整个工作齿面上沿滑动方向形成明显的脊棱	常发生在重载的蜗杆传动中,准双曲线齿轮传动中,高接触应力和低滑动速度、不良润滑、材料的塑性流动	提高材料的硬度,采用黏度大、有极压添加剂的润滑油,保证润滑油的清洁度
(4)齿面塑变:轮齿歪扭,齿形剧变,硬齿面轮齿伴有变色现象	润滑失常造成剧烈温升引起轮齿热塑变形,过大载荷引起冷塑变形	充分的润滑,提高润滑油的黏度,对冷塑变形应提高材料的屈服极限
折断:齿轮一个或多个齿的整体或局部断裂		
(1)疲劳折断:起源于齿根处的疲劳裂纹扩展造成的断齿	高的交变应力多次作用的结果,齿根圆角半径过小,表面粗糙度过高,滚切加工时有损伤,材料中有夹杂物,残余应力影响	修改齿轮几何参数,降低齿根表面粗糙度,正确的喷丸处理,适当的热处理消除残余应力
(2)过载折断:断口较粗糙,无疲劳断裂的特征	短时意外过载造成严重应力集中,动载荷过大,较大硬质异物进入啮合处	避免突然的意外过载,设置安全装置

51

2.4.4　汽缸和活塞环

1. 汽缸的磨损

发动机汽缸的磨损程度,是发动机大修的标志。因此,研究汽缸的磨损,不仅对检测汽缸有指导意义,而且更重要的是为了采用针对性的修理措施,以延长发动机的使用寿命。

发动机汽缸和活塞环是在复杂的条件下工作的。例如在一个工作循环内,其相对运动速度由零变到最大值,又由最大值变为零;在活塞的行程内,活塞环对汽缸的压力也是不断变化的;由于燃烧而引起的高温,使汽缸温度分布极不均匀;在燃烧产物中含有腐蚀性物质,进入汽缸的混合气有冲刷和稀释机油的作用以及润滑油中夹有磨料等。这些因素对汽缸和活塞环都会造成磨损,并相互影响,从而使汽缸壁处于不同的摩擦条件下。

1) 汽缸磨损的特点

汽缸磨损的一般特点如图2-31所示。

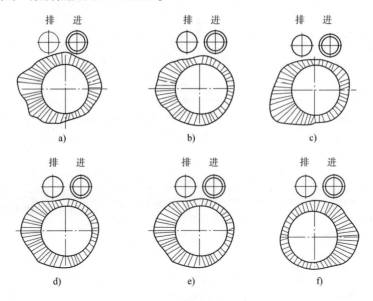

图2-31　汽缸的磨损特点

(1) "缸肩"。

在汽缸的最上沿,不与活塞环接触的部位,几乎没有磨损,因此,活塞在上止点时,第一道活塞环的上方,形成明显的台阶,这一台阶俗称为"缸肩"。

(2) "失圆"。

在活塞环行程内,沿汽缸的径向磨损是不均匀的,形成不规则的椭圆形,通常将这种不均匀磨损称为汽缸的"失圆"。失圆的长轴方向随车型、结构和使用条件不同而异,但一般认为最大径向磨损区往往接近于进气门对面,或一、六(四)缸冷却强度高的前后方向。

(3) "锥体"。

在活塞行程内,沿汽缸的轴向磨损也是不均匀的,这种不均匀磨损形成了汽缸的"锥体"。汽缸的锥体最大磨损部位一般靠在缸肩的下方，但有时由于汽缸变形，使磨料磨损严重而在中间部位出现呈"腰鼓"形的磨损。

汽缸的圆度和圆柱度的误差及缸肩超过一定范围后，将破坏同活塞与活塞环的正常配合，会使发动机出现窜机油、耗油增加、动力下降和不正常的响声等故障。

2）汽缸磨损的原因

汽缸磨损通常是腐蚀磨损、机械磨损和磨料磨损。

(1) 腐蚀磨损。

汽缸内可燃烧混合气燃烧后会生成碳、硫、氮的氧化物，这些氧化物直接与缸壁作用，使汽缸产生干腐蚀，即化学腐蚀。当发动机汽缸壁温度较低时，混合气燃烧后生成的水蒸气会在汽缸壁上凝聚成水珠，水珠溶解废气中的腐蚀性气体而生成碳酸、硫酸、蚁酸等腐蚀性物质，这些腐蚀性物质附在汽缸壁上，使汽缸壁产生湿腐蚀，即微电池化学腐蚀。汽缸壁受到化学腐蚀和电化学腐蚀使其组织结构松散，当活塞在汽缸内运动时，在活塞环的作用下金属腐蚀产物被刮下来，从而造成腐蚀磨损。腐蚀越严重，磨损越厉害。

(2) 机械磨损。

机械磨损属于正常磨损，它主要是由润滑不良和气体压力等原因造成的。机械磨损的最大部位发生在活塞位于上止点时，第一道环的顶边上。

① 润滑不良的影响。

汽缸是靠机油的喷溅润滑的。汽缸上部供油条件较差，又邻近燃烧室，受到高温的作用，润滑油变稀，甚至有可能被烧掉。同时可燃混合气进入汽缸时，混合气中所含的小油滴对汽缸上部(尤其进气门对面)的冲刷严重，所有这些因素都造成了汽缸上部润滑不良，难以形成润滑油膜、容易产生边界摩擦或干摩擦，使磨损加剧。

② 高压造成的影响。

发动机工作时，活塞环在自身弹力和气体压力作用下，压紧在汽缸壁上。当活塞在汽缸中往复运动时，活塞环与汽缸壁发生相对摩擦而磨损。活塞环作用在汽缸壁上的压力越大，润滑油膜的形成越困难，汽缸与活塞环的磨损就愈严重。

(3) 磨料磨损。

由磨料磨损机理得知，相对运动速度越大，磨损越强烈，故因活塞运动速度在行程中部最高，则活塞行程中部磨损最大，两端磨损较小，形成"腰鼓"形磨损。磨料对汽缸磨损的影响与磨料粒子的大小、数量和硬度有极大的关系。润滑油越脏，即含有的磨料粒子越多，引起的磨损就越严重。

硬度高的磨料颗粒在汽缸内表面产生平行于汽缸轴线的拉痕，个别粗大的磨料嵌附在活塞表面，并随活塞不断的上下运动，会对缸壁产生明显的拉伤，俗称"拉缸"。

(4) 黏着磨损。

当发动机冷却不良、润滑不足及长时间大负荷工作的情况下，使汽缸摩擦副有极微小凸起金属面直接接触，形成局部高温，使其熔融黏着、脱落，逐渐扩展为黏着磨损。这种磨损一旦发生，汽缸的工作面会遭到严重的破坏，甚至报废。

上述几种汽缸磨损的原因，除严重黏着磨损外是普遍存在的。一般来讲腐蚀磨损可能是主要的，但随着汽车使用条件不同磨损的主要原因也在变化。如在多尘区行车且不加强维护措施,磨料磨损就成为主要的磨损原因。又如修理质量不高(汽缸搪磨的粗糙度不好、活塞销孔倾斜、连杆弯扭、活塞选配不当、缸套变形、曲轴轴向间隙过大等),也会成为汽缸磨损的主要原因,并使汽缸产生不正常的磨损。

除汽缸磨损外,还会因负荷、温度和金属相变的影响,而引起交变应力、热应力和相变应力,使应力进一步集中,将导致汽缸出现变形、裂纹等损伤。湿式缸套将发生穴蚀。

2. 活塞环

(1)活塞环的磨损。

活塞环由于长期在高温下工作,润滑条件较差,容易发生磨损。

随着磨损的加剧,活塞环的弹力逐渐减退,端隙、侧隙、背隙较大,因而密封作用也随之减弱。由于活塞环密封作用的减弱,汽缸就会出现窜机油、漏气的现象,从而发动机动力性下降,油耗增加。使用经验证明,活塞环的磨损失效速度,要比汽缸达到磨损限度快。因此,在发动机两次大修之间,应更换活塞环,以改善发动机的动力性和经济性。

(2)活塞环的断裂、崩落。

活塞环除因磨损失去作用外,还会有断裂、崩落等损坏。其主要原因是活塞环的端隙、侧隙过小,把环卡断;发动机产生爆燃时引起活塞强烈振动,造成活塞环断裂;把活塞连杆组装入汽缸时,活塞环未卡好就硬性砸入而使环损坏,尤其是油环;维护过程中抽出活塞环时,未刮除汽缸的缸肩,撞断第一道活塞环等。

2.4.5 曲轴颈与轴承

1. 曲轴的主要失效形式

1)轴颈的磨损

曲轴主轴颈和连杆轴颈的磨损在径向和轴向都是不均匀的,其主要表现是径向磨成椭圆形,轴向磨成锥形。曲轴轴颈的不均匀磨损,由曲轴的结构、载荷、润滑油的质量和使用条件等因素所决定。但磨损数值取决于发动机结构,不同型号的发动机是不一样的。

(1)连杆轴颈的磨损。

连杆轴颈径向椭圆磨损的最大部位是在各轴颈的内侧面上,即靠曲轴中心线一侧。连杆轴颈磨成椭圆的主要原因是:发动机工作时,气体压力与惯性力的合力沿连杆方向的分为 P_2 和连杆大头的离心力 P_w 的合力 P_{2w},作用在轴颈的内侧面上,如图 2-32 所示。合力使连杆轴颈的内侧面与轴承接触作用的时间最长,故使连杆轴颈的内侧面上磨损最为严重,如图 2-33 所示。

连杆轴颈沿轴线方向磨损的最大部位,一般在机械杂质偏积的一侧和各个轴颈受力大的部位。

连杆轴颈磨损后产生锥形,除因连杆弯曲,以及汽缸中心线与曲轴中心线不垂直等重要原因外,还与曲轴油道的布置有关。通常通向连杆轴颈的油道是倾斜的,当曲轴旋转时,润滑油中的机械杂质在离心力的作用下,将分离在油道的上侧壁上,这些机械杂质沿油道一边进入轴承配合副时,就聚集在供油孔的一侧,如图 2-34 所示。因此,加速了轴颈一侧的磨损,使连杆轴颈磨损成锥形。目前发动机用的机油滤清器只能过滤直径大于0.05mm的杂质,而更微小的杂质常会进入轴颈与轴承之间,加速磨损。所以要加强机油滤清器的维护。

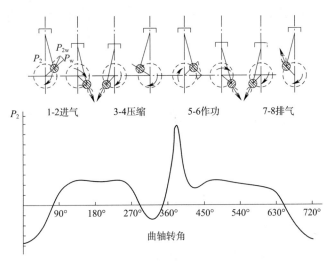

图2-32 连杆轴颈受力图(P_2向上为负,向下为正)

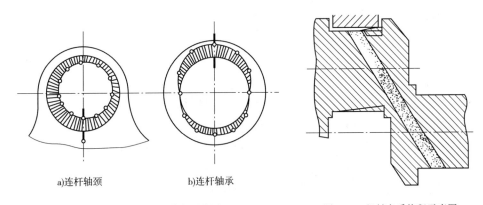

图2-33 连杆轴颈的磨损示意图

图2-34 机械杂质偏积示意图

(2)主轴颈的磨损。

主轴颈磨损后主要是呈椭圆形,它的最大磨损部位是在靠近连杆轴颈的一侧。

产生这种磨损现象,主要是由于主轴颈受到连杆、连杆轴颈及曲轴臂离心力的作用,使靠近连杆轴颈一侧与轴承发生相对的磨损较大。四缸发动机的四个曲柄布置在同一平面内,第一、四缸曲柄与第二、三缸曲柄成180°夹角。最大磨损部位如图2-35中黑色阴影所示。在六缸发动机中,主轴颈的最大磨损部位取决于曲轴臂的方位。曲轴主轴颈第一、四、七道磨损最大部位与四缸发动机曲轴主轴颈的磨损最大部位相同,其他几道主轴颈,由于受到两侧连杆、连杆轴颈及曲轴臂离心力的作用,使主轴颈在两曲轴臂120°夹角间的表面磨损最大,如图2-36所示。主轴颈沿轴向的磨损是不均匀的,一般没有规律性。

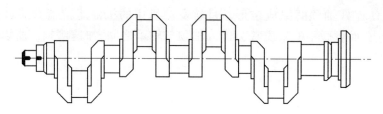

图 2-35　四缸发动机曲轴轴颈磨损规律示意图

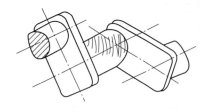

图 2-36　六缸发动机曲轴主轴颈磨损示意图

使用经验说明，一般直列式发动机，连杆轴颈的磨损比主轴颈的磨损大，这是由于连杆轴颈的负荷比主轴颈大，润滑条件差所造成的。但是主轴颈磨损的后果是严重的，如图 2-36 所示，各轴颈不同方向的磨损，导致主轴颈同心度的破坏，增加曲轴的弯曲变形，这往往是曲轴断裂的原因。此外，磨损对发动机机油压力的影响也很大。

2) 曲轴的疲劳裂纹与断裂

曲轴的裂纹多数出现在应力集中区域，即曲轴连杆轴颈与曲柄臂连接处的圆角段带和油孔附近表面，危害性极大，应引起注意。

引起曲轴横向、轴向产生裂纹的原因，均属于应力集中的表现。曲轴横向裂纹应力的产生，是与曲轴受力条件复杂性分不开的，曲轴受到作周期变化着的燃气压力、往复和旋转运动的质量惯性力以及扭矩、弯矩的作用，从而产生交变应力。因此在曲轴断面急变的圆角处，产生疲劳应力状态。加上曲轴磨削时，对圆角的尺寸和表面粗糙度要求有所疏忽，使应力集中的现象更为严重，以使疲劳裂纹萌生和扩展，最后形成疲劳裂纹直至疲劳断裂。轴颈表面油孔处，是沿轴向产生裂纹的根本原因。在于油道轴线的斜置，它与表面的切面不相垂直，有一个夹角，这就造成了油孔处的应力更为集中从而形成细微的疲劳裂纹。当曲轴刚度较差、技术状态不好，或发生扭转振动、曲轴共振等现象时，会急剧加速上述两种裂纹的产生和发展，严重的横向裂纹将导致曲轴的断裂。同样，出于局部高温导致淬火层金相组织变化，马氏体转变为索氏体，体积缩小，轴颈表面产生很大的拉应力，也会产生轴内裂纹。

3) 其他失效形式

另外，曲轴还会出现弯曲、扭转变形及其他机械性损伤。而与曲轴轴颈相配合的主轴承和连杆轴承，在使用过程中也会出现机械擦伤、疲劳点蚀、穴蚀及烧毁等损伤形式。

2. 轴承

主轴承和连杆轴承在使用中的损坏，主要是磨损、疲劳剥落和烧熔。尤其是连杆轴承上半片、主轴承下半片，在气体压力、惯性力和离心力作用下，磨损尤为严重。轴承磨损的特点是：开始阶段因表面较粗糙，接触面小，磨损较快。而后，在挤压冲击作用下，轴承表面出现暗灰色冷硬层，耐磨性提高，使磨损速度减缓。随着轴承间隙增大，轴颈产生椭圆和锥形，润滑变差，又促使轴承的磨损加快。轴承受冲击负荷作用，会使合金凹陷，或先是出现亮点，继而产生裂缝，随着工作过程的延续，裂缝便向纵深发展，引起合金层脱落。轴承间隙过大过小、使用不当等都会造成轴承早期损坏。严重时,会使轴承拉毛或烧熔。但在修理使用中注意提高修理质量,保证轴承的润滑,适时地检查紧定轴承,就可以延长曲轴轴承的使用寿命。

2.4.6 密封部件

当机械密封在到达预期的使用寿命以前出现不能令人满意的运行状况,称之为密封失效。密封失效会引起泄漏。密封失效的原因主要有如下方面。

1. 腐蚀失效

介质对各种密封零件产生的化学腐蚀,引起密封失效。常见的腐蚀有如下类型。

(1) 表面腐蚀。由于腐蚀介质的侵蚀作用,机械密封件会发生表面腐蚀,严重时也可发生腐蚀穿孔,弹簧件更为明显,采用不锈钢材料,可减轻表面腐蚀。

(2) 点腐蚀。弹簧套常出现大面积点蚀或区域性点蚀,有的导致穿孔,此类局部腐蚀对密封使用尚不会造成很严重的后果。

(3) 晶间腐蚀。沿着金属晶粒间的分界面向内部扩展的腐蚀。碳化钨环不锈钢环座以铜焊连接,使用中不锈钢座易发生晶间腐蚀。为此,不锈钢应进行固溶处理。

(4) 应力腐蚀破裂。金属焊接波纹管、弹簧等在压力与介质腐蚀的共同作用下,往往会发生断裂,而使密封失效。

(5) 缝隙腐蚀。动环的内孔与轴套表面之间、螺钉与螺孔之间、O形环与轴套之间,由于间隙内外介质浓度差而导致缝隙腐蚀。另外,陶瓷镶环与金属环座间也会发生缝隙腐蚀。

(6) 电化学腐蚀。不同的金属在介质中发生的电化学腐蚀,使得镶环松动,影响密封。

2. 热裂失效

(1) 如密封面处于干摩擦、冷却突然中断、杂质进入密封面等,会导致环表面出现径向裂纹,从而使对偶环急剧磨损,密封面泄漏量迅速增加。碳化钨环热裂现象较常见。

(2) 石墨环因温度超标,使其表面出现树脂,且摩擦面附近的树脂会发生炭化。当有黏结剂时,还会发泡软化,致使密封面的泄漏扩大,从而密封失效。

(3) 橡胶密封环在温度超标且继续使用时,会使密封环迅速老化、龟裂和变硬失弹而使密封失效。

3. 磨损失效

摩擦副若用材耐磨性差、摩擦系数大、端面比压(包括弹簧比压)过大、密封面进入固体颗粒等均会使密封面磨损过快而引起密封失效。采用平衡型机械密封以减少端面比压及安装中适当减少弹簧压力,有利于减轻因磨损引起的失效,此外,选用良好的摩擦副材料可以减轻磨损。

4. 因安装或运转等因素引起的失效

安装错误、使用不当等因素也会引起密封失效。比如,安装时装配公差不正确、O形圈在装配过程中产生扭曲、安装不当引起密封件受压不均匀、使用时密封件润滑不良等都会引起密封失效。

2.4.7 制动器和离合器

1. 制动器

制动器的主要失效形式有制动不灵、制动发咬、制动跑偏和制动不平稳等。

1) 制动不灵

表现为制动减速度小、制动距离过长。主要是由于制动器内摩擦力矩下降或不足所致。而摩擦力矩的不足则是因为压力(或叫压紧力)不足和摩擦系数的下降。

2) 制动跑偏

表现为制动时汽车不能沿直线减速或停车。实质是同轴两侧车轮上的摩擦力矩不一致。主要原因有如下方面。

(1) 同轴两侧车轮的制动摩擦片接触情况不一,磨损情况不一;个别车轮制动摩擦片变形或材料不一或铆钉外露。

(2) 同轴两侧车轮的制动摩擦片和制动鼓间隙不一致。

(3) 同轴两侧车轮的制动器技术状况不一致,如个别制动鼓失圆、气室推杆弯曲或歪斜。

(4) 同轴两侧车轮轮毂轴承紧度不一致,轮胎气压不一致等。

3) 制动发咬

表现为汽车行驶阻力很大,制动鼓发热。其实质是制动器摩擦力矩不能随制动解除而消失,也就是汽车接触制动后,制动摩擦片与制动鼓不能迅速完全的脱落接触,仍有摩擦力矩存在。影响因素主要有如下方面。

(1) 制动摩擦片间隙过小或无间隙。

(2) 制动蹄回位弹簧过软。

(3) 制动蹄支承销变位或锈住。

(4) 制动凸轮轴有污物滞住,或凸轮支架与制动盘上的轴架不同心而阻滞。

(5) 控制器排气门间隙不当,使气阀开启不足,造成排气困难。

(6) 液压制动主缸皮碗、皮圈发胀及回位弹簧性能减弱。

(7) 制动轮缸皮碗发胀或活塞卡滞。

4) 制动不平稳

表现为汽车制动时车轮发生跳动或抖振。主要是制动器内摩擦力矩不均匀造成的。主要影响因素有如下方面。

(1) 制动鼓失圆,是制动摩擦片与制动鼓间摩擦力矩分布不均。

(2) 制动摩擦片端面无倒角。

(3) 轮毂轴承紧度小、松旷,使车轮摆动。

(4) 制动摩擦片铆钉或螺栓松动等。

2. 离合器

离合器由于使用频繁,经常在冲击、振动及交变负荷作用下工作,容易出现离合器打滑、离合器分离不彻底、离合器发抖、离合器发响等各种故障。

1）离合器打滑

离合器打滑的实质是摩擦式离合器所产生的摩擦力矩不足,发动机的转矩不能全部输出,主要有如下表现。

(1)汽车正常起步或重载上坡时感到动力不足。

(2)用力踩下加速踏板,车速不能随之增加。

(3)严重打滑时,从离合器摩擦片处冒烟,有焦臭味,甚至烧坏摩擦片。

离合器打滑的主要原因有如下方面。

(1)经长期使用后的摩擦片与压盘磨损过甚变薄前移,导致分离杠杆内端后移与分离轴承顶死,没有踏板自由行程而造成打滑。

(2)离合器压紧力不足(压盘弹簧受热变软使弹力减弱或摩擦片与压盘磨损变薄前移过量使压盘弹簧伸长过多,使压紧力不足)。

(3)摩擦片表面性质发生变化,导致摩擦系数下降(摩擦片表面严重油污、烧蚀、硬化、破裂、铆钉外露等)。

(4)离合器踏板不能可靠回位。

(5)发动机飞轮、离合器压盘或从动盘变形;离合器盖与飞轮之间的固定螺栓松动。

(6)膜片弹簧损坏、变形或弹力不足。

2）离合器分离不彻底

离合器分离不彻底的实质是当踩下离合器踏板需要切断发动机与传动系的动力联系时,而离合器上所产生的摩擦力矩不能彻底消除。主要有如下表现。

(1)起动发动机,挂上挡,松开驻车制动器操纵杆正常起步,不抬离合器踏板汽车就行走或发动机熄火。

(2)发动机在怠速运转时踩下离合器踏板,挂挡感到困难,同时变速器齿轮发出撞击声。

离合器分离不彻底的故障原因主要有如下方面。

(1)离合器操纵系统调整不当,离合器踏板自由行程过大,使工作行程过小,离合器踏板踏到底还不能使离合器完全分离。

(2)分离杠杆高度调整的高低不一致。

(3)离合器盖、飞轮壳固定螺丝松动。

(4)从动盘、压盘翘曲不平。

(5)从动盘花键在花键轴上移动发卡。

(6)新换用(或新铆)的摩擦片过厚致使杠杆高度过低。

(7)离合器摩擦片松动或表面不平或表面油污。

(8)离合器扭转减振器损坏。

(9)压盘弹簧弹力分布不均等。

(10)膜片弹簧弹力减弱或指端磨损。

(11)液压操纵系统缺油或进入空气。

(12)液压操纵系统元件损坏或漏油。

(13)离合器分离叉座及球头磨损或变形。

3）离合器发抖

离合器发抖的实质是摩擦力矩在压盘上分布不均匀。当汽车起步时,驾驶人按正常操作较平缓地放松离合器踏板,汽车不是平稳地起步加速,而是间断接通动力,汽车轻微抖动,有行进振动感觉。

离合器发抖的故障原因主要有如下方面。

(1) 分离杠杆高度不一致。

(2) 压盘弹簧的弹力分布不均或个别弹簧折断。

(3) 摩擦片上有油污、从动盘翘曲不平、摩擦片铆钉外露或松动。

(4) 发动机飞轮、压盘或从动盘磨偏、变形或表面不平,压紧时三者接触不良。

(5) 动平衡遭到破坏,旋转不平衡。

(6) 从动盘毂铆钉松动,发动机固定螺栓、离合器盖与飞轮壳固定螺丝松动。

(7) 膜片弹簧在圆周上弹簧力不均匀。

(8) 扭转减振器弹簧弹力不均或失去弹力。

(9) 离合器从动盘盘毂花键磨损,变速器输入轴花键轴磨损或轴变形,滑动不自如。

(10) 飞轮在曲轴上的固定螺栓松动;变速器壳在离合器上的固定螺栓松动。

4）离合器发响

离合器发响主要是分离轴承及各零部件之间配合松旷,在使用中出现的不正常噪声。汽车在行驶中离合器发出异常响声,多为离合器零件严重磨损,造成配合件间的撞击声;或某些零件脱落,卡滞在离合器中,发出不正常的声音。

离合器发响的故障原因主要有如下方面。

(1) 离合器分离轴承缺油或损坏。

(2) 摩擦片沾有油污,铆钉外露等;离合器从动盘中心偏斜;膜片弹簧损坏或变形。

(3) 离合器分离不彻底。

(4) 行驶中由于摩擦片的原因使离合器处于半接合的状态。

(5) 从动盘盘毂花键磨损严重或变速器输入轴花键磨损,两者间隙过大。

(6) 膜片弹簧断裂或有一指断裂。

(7) 扭转减振器弹簧脱落或移位。

(8) 有螺钉等异物进入离合器中。

2.4.8 工程塑料

汽车制造技术的主要进步之一就是越来越广泛地采用新结构材料,其中最有前途的是合成材料,特别是塑料。塑料大致可分成热塑性塑料和热固性塑料。热塑性塑料对热具有可逆反应,热固性塑料则没有。一般来说,热固性塑料无论是耐热性和耐溶剂性都比热塑性塑料好得多。

1. 老化

塑料在自然条件下长期放置,逐渐地发生物理化学变化,并引起变色、变形、龟裂,从而降低其机械性能等,这种现象叫老化。引起老化的原因是零件使用的环境条件,如:热和光的作用,氧、臭氧及其他元素的作用,风和雨的作用,机械外力的作用等,其中氧化对老化的影响最大。此外和金属并用时金属离子也会使其老化。但是,用改变组成和使用添加剂等方法可以延缓塑料的老化,增加使用的耐久性。

2. 疲劳破坏

塑料零件在实际使用的时候,当承受随时间变动的载荷时尽管其最大应力小于静破坏应力,但在某种程度的反复作用后仍有破坏现象发生。在反复应力条件下材料不发生疲劳破坏的应力最大极限值叫疲劳强度。为了防止塑料的疲劳破坏,其所受的交变应力应小于其疲劳强度。

3. 磨损

除了不光滑磨损外,塑料作轴承和齿轮用的时候,光滑面彼此的滑动或滑滚时也易于磨损。滑动速度增大,摩擦热就升高,最后产生热熔化、分解或者变色等故障。

4. 刮痕

塑料零件在使用中容易产生的损伤,这种情况只能根据压痕硬度、划痕硬度、耐磨性、抗擦伤能力加以判定。

5. 龟裂

塑料零件在使用中由于各种原因引起的一种损伤形式。龟裂可分为一般环境应力龟裂、溶剂龟裂及热应力龟裂3种。龟裂是由于几种原因复合而同时引起的,所以,损伤现象分析比较困难。应力龟裂现象被分子结构、结晶状态所支配,所以受原料及成型加工条件的影响较大。另外,产生龟裂的时间的长短受外部所加应力、变形的大小、媒介物质的性质所影响。

2.4.9 电子元件

汽车电子元件及设备工作环境可概括地归纳为:温度和湿度的变化范围宽、电源电压波动大、脉冲电压强、电磁相互干扰多、振动与冲击剧烈及尘埃与有害气体侵蚀等。其损伤主要有如下形式。

1. 元件击穿

元件击穿有许多原因,主要是过压击穿、过流击穿和过热击穿。击穿的现象有时表现为短路形式,有时表现为断路形式。由电路故障引起的过压、过流击穿是不可以恢复的。

据资料统计,汽车上的电器由于介质击穿造成的损坏大约为85%,而其中约有70%的击穿故障是发生在新车上的。同时,电容器的击穿又常常会烧坏与其串联的电阻元件。

晶体管的击穿也是一种主要的故障现象。由于元件质量的问题,其稳定性较差。例如,由于自身热稳定性差而导致类似于击穿的故障,成为"热短路"或"热击穿"现象。

2. 元件老化

元件老化也指性能退化。它包括许多现象,如电容器的容量减小、绝缘电阻下降、晶体管的漏电增加、电阻值变化、可变电阻不能连续变化及继电器触点烧蚀等。对于继电器这类元件,往往还存在由于绝缘老化、线圈烧坏、匝间短路、触点抖动、无法调整初始动作电流等故障。

3. 连接故障

这类故障包括接线松脱、接触不良、潮湿、腐蚀等导致的短路、断路等。这类故障一般与元件无关。

本章小结

本章主要介绍了摩擦与润滑、零件的失效机理、故障与失效分析、典型零件失效分析等失效方面的相关内容。

1. 摩擦与润滑

主要介绍了固体表面性质及接触面积、摩擦定义、摩擦机理、摩擦分类、润滑的作用与分类、润滑原理等内容,重点掌握摩擦的定义与分类、润滑原理。

2. 零件的失效机理

主要介绍了磨损、变形、疲劳断裂、腐蚀、气蚀和老化等损伤形式的原因和预防措施等。

3. 故障与失效分析

主要介绍了故障的定义、故障模式、故障分类、故障判定准则、故障等级和失效分析的概念等内容。

4. 典型零件失效分析

主要介绍了滑动轴承、滚动轴承、齿轮、汽缸和活塞环、曲轴颈与轴承、密封部件、制动器和离合器、工程塑料和电子元件等典型零件的失效形式及原因。

自测题

一、单项选择题

1. 零件工作表面的物质由于表面相对运动而不断损失的现象,称为( )。
   A. 磨损　　　　　　　　　B. 变形
   C. 老化　　　　　　　　　D. 腐蚀

2. 故障按故障模式分为( )类。
   A. 4　　　　　　　　　　B. 5
   C. 6　　　　　　　　　　D. 7

3. 两摩擦表面被吸附在表面的边界膜隔开的摩擦为( )。
   A. 边界摩擦　　　　　　　B. 固体摩擦
   C. 流体摩擦　　　　　　　D. 混合摩擦

二、判断题(在括号内,正确打√、错误打×)

1. 金属的表面存在着各种物质覆盖的一个又一个的表面层。( )
2. 润滑剂的黏度大、摩擦副相对速度高、温度低可增加流体润滑的可靠性。( )

3. 汽车或汽车的一部分(总成、部件)不能或将不能完成预定功能的事件或状态,称为汽车故障。（   ）

4. 腐蚀按腐蚀机理可分为化学腐蚀、电化学腐蚀。（   ）

5. 曲轴的裂纹多出现在曲轴连杆轴颈与曲柄臂连接处的圆角段带和油孔附近表面。
（   ）

三、简答题

1. 零件的失效按其产生的机理可分为哪几种失效形式？

2. 磨料磨损的机理是什么？影响磨料磨损的因素有哪些？如何减少磨料磨损？

3. 简述汽缸磨损的特点和磨损原因。

第3章 汽车维修工程基础及分析技术

导言

本章主要介绍了可靠性理论、维修性理论、汽车可用性、维修方式与策略、维修工程技术等内容。本章的学习内容力求使学生掌握维修工程的基础理论和相关分析技术,为指导汽车的设计、使用和维修奠定基础,从而保证汽车得到及时、有效、恰当地使用与维修保障,充分发挥其效能。

学习目标

1. 认知目标

(1)掌握可靠性的相关知识,包括:基本定义、可靠性函数、故障规律、寿命特征、常见的寿命分布及典型系统的可靠性。

(2)掌握维修性的定义、维修性函数及常用维修时间的估算。

(3)掌握可用性的定义、三种稳态可用度的计算和提高可用性的措施。

(4)掌握维修的分类,理解修复性维修和预防性维修。

(5)掌握维修方式的分类,了解维修方式的确定方法,了解维修策略。

(6)掌握故障模式影响及危害性分析、全寿命费用分析、以可靠性为中心的维修分析等工程分析技术的含义及目标,理解它们的分析过程。

2. 技能目标

(1)能够对汽车的可靠性、维修性提出合理的要求。

(2)熟悉汽车可用性的影响因素,在使用中,能自觉主动从使用维修等方面提高汽车的可用性。

(3)能够利用维修工程分析技术解决维修工作类型的选择、全寿命费用计算等问题。

3. 情感目标

使学习者树立起端正的态度,具有从全局上考虑和思考问题的观念,能积极主动地完成各项任务。

3.1 可靠性理论

3.1.1 基本定义

(1)产品可靠性。

产品可靠性是指产品在规定的条件下和规定的时间内,完成规定功能的能力。

(2)产品。

产品是指作为单独研究的任何元件、组件、设备或系统,可以是零部件,也可以是由它们装配而成的机器,或由许多机器组成的机组和成套设备,甚至还把人的作用也包括在内。在具体使用"产品"这一词时,其确切含义应加以说明,例如汽车变速器、发动机、整车等。对于汽车,产品泛指作为单独研究和分别试验对象的汽车的任何元件、零件、部件、总成或系统等。

(3)规定条件。

规定的条件是指产品使用时的环境条件(温度、湿度、振动、冲击、辐射、载荷等环境应力)、使用条件、维护条件、储存时的储存条件以及使用维修人员的技术水平等。例如汽车在使用中的气候条件、道路条件、维修条件等。不同的条件,对可靠性有不同的影响。条件越恶劣,工作负荷越大,可靠性就越差。因此,在不同规定条件下产品的可靠性是不相同的。

(4)规定时间。

规定的时间是指可靠性区别于产品其他质量属性的重要特征,一般也可认为可靠性是产品功能在时间上的稳定程度。因此以数学形式表示的可靠性各特征量都是时间的函数。这里的时间概念不限于一般的年、月、日、分、秒等日历时间,也可以是与时间成比例的次数、距离等寿命单位。例如飞机的起落次数、应力循环次数、汽车行驶里程。随着时间的增长,任何产品的可靠性都是下降的,不同的规定时间,产品的可靠性将不相同。因此,在研究可靠性问题时,必须要明确"规定的时间"。

(5)规定功能。

要明确具体产品的功能是什么,怎样才算是完成规定功能。产品丧失规定功能称为失效,对可修复产品通常也称为故障。怎样才算是失效或故障,有时很容易判定,但更多情况则很难判定。当产品指的是某个螺栓,显然螺栓断裂就是失效;当产品指的是某个设备,对某个零件损坏而该设备仍能完成规定功能就不能算失效或故障,有时虽有某些零件损坏或松脱,但在规定的短时间内可容易地修复也可不算是失效或故障。若产品指的是某个具有性能指标要求的机器,当性能下降到规定的指标后,虽然仍能继续运转,但也应算是失效或故障。究竟怎样算是失效或故障,有时要涉及当时的技术水平和经济政策等而做出合理的规定。

(6)能力。

产品的失效或故障均具有偶然性,一个产品在某段时间内的工作情况并不能很好地反映该产品可靠性的高低,而应该观察大量该种产品的工作情况并进行合理的处理后才能正确地反映该产品的可靠性,因此对能力的定量描述需用概率和数理统计的方法。

3.1.2 可靠性函数

1. 可靠度

(1)可靠度定义。

产品在规定的条件下和规定的时间内,完成规定功能的概率,用 $R(t)$ 表示,又称产品的

无故障工作概率或正常工作概率。英文中,可靠度与可靠性使用同一单词。根据概率的数学含义,可靠度可表达为:

$$R(t) = P(T > t) \tag{3-1}$$

式中:T——产品从开始工作到发生故障的连续工作时间,它是一个随机变量;

　　　t——规定的时间。

$R(t)$ 是时间的函数,称为可靠度函数。随着使用时间的延长,可靠度是逐渐降低的。所以,可靠度函数是单调递减函数。

(2)经验可靠度。

由于某个事件的概率可用大量试验中该事件发生的频率来估计,因此,为了估计某类产品在一定时间内的可靠度,可通过这类产品的大量试验来确定,也可以通过产品在实际使用中收集的数据确定。这种可靠度称为产品的经验可靠度,或称统计可靠度,用 $R^*(t)$ 表示。经验可靠度实际上是用频率的概念来表达可靠度,而可靠度是严格的概率定义。当数据量较大时,可以用经验可靠度来代替可靠度。由于经验可靠度计算方便,在工程实践中,常用 $R^*(t)$ 来代替 $R(t)$。

设有 N 个产品,在 $t = 0$ 时开始使用或试验,工作到一定的时间 t 时,有 N_f 个出了故障,还有 N_s 个能正常工作。显然 N_f 和 N_s 都是时间的函数,记为 $N_f(t)$ 和 $N_s(t)$。如果在使用或试验中没有更换,则有:

$$N_f(t) + N_s(t) = N \tag{3-2}$$

该产品的经验可靠度可表达为:

$$R^*(t) = \frac{N - N_f(t)}{N} = \frac{N_s(t)}{N} \tag{3-3}$$

【例 3-1】 对 100 台汽车进行故障统计,当运行到 1000km 时,有 10 辆发生了故障,运行到 2000km 时,总共有 30 个发生了故障,求该型汽车在 1000km 和 2000km 时的经验可靠度。

解:

总数量 $N = 100$ 辆;

$t = 1000$ km 时,$N_f(1000) = 10$ 辆;

$t = 2000$ km 时,$N_f(2000) = 30$ 辆;

$N_s(1000) = N - N_f(1000) = 100 - 10 = 90$ 辆;

$N_s(2000) = N - N_f(2000) = 100 - 30 = 70$ 辆;

$R^*(1000) = \dfrac{N_s(1000)}{N} = \dfrac{90}{100} = 0.90$;

$R^*(2000) = \dfrac{N_f(2000)}{N} = \dfrac{70}{100} = 0.70$。

(3)任务可靠度。

产品可靠度的时间 t 是从零时刻算起的,即是从产品开始使用或试验算起的。但在实际使用中,我们关心的是产品在某一段工作时间的可靠度,即产品已经工作时间 t,再继续工作一段时间 Δt 的可靠度。

任务可靠度(mission reliability)是指产品从 t 时刻工作到 $(t+\Delta t)$ 时刻的条件可靠度,记为 $R_m(t)$。

由定义可知:

$$R_m(t) = R(t+\Delta t \mid t) = P\{T > t+\Delta t \mid T > t\} = \frac{P\{T > t+\Delta t\}}{P\{T > t\}} = \frac{R(t+\Delta t)}{R(t)} \tag{3-4}$$

经验任务可靠度 $R_m^*(t)$ 可表达为:

$$R_m^*(t) = R^*(t+\Delta t \mid t) = \frac{R^*(t+\Delta t)}{R^*(t)} \tag{3-5}$$

而 $R^*(t) = \frac{N_s(t)}{N}$,$R^*(t+\Delta t) = \frac{N_s(t+\Delta t)}{N}$,将其代入式(3-5)得:

$$R_m^*(t) = R^*(t+\Delta t \mid t) = \frac{N_s(t+\Delta t)}{N_s(t)} \tag{3-6}$$

【例 3-2】 求例 3-1 中,100 辆汽车已经工作 1000km 后,再工作到 2000km,这段里程的经验任务可靠度。

解:

$$N_s(1000) = 90,\ N_s(2000) = 70$$

由式(3-6)得:

$$R_m^*(1000) = R^*\left(\frac{2000}{1000}\right) = \frac{N_s(2000)}{N_s(1000)} = \frac{70}{90} = 0.78$$

2. 不可靠度

(1)不可靠度定义。

不可靠度也称积累故障概率或故障分布函数,是指产品在规定的条件下和规定的时间内,没有完成规定功能的概率,记为 $F(t)$。

由定义得:$F(t) = P(T \leq t)$。式中变量的含义与可靠度中变量的含义完全相同。

故障分布函数是时间的函数,随着使用时间的增加,产品的故障数不断增加,所以故障分布函数是单调递增函数。

(2)经验不可靠度。

根据上面经验可靠度中的假设,经验不可靠度 $F^*(t)$ 为:

$$F^*(t) = \frac{N_f(t)}{N} \tag{3-7}$$

由于可靠度和不可靠度是两个对立事件的概率,因此有:

$$R(t) + F(t) = 1 \tag{3-8}$$

同样有:

$$R^*(t) + F^*(t) = 1 \tag{3-9}$$

设产品在开始使用或试验的时间为零,而且在开始使用或试验时产品都是好的,则有:$N_s(0) = N$,$R(0) = 1$,$N_f(0) = 0$,$F(0) = 0$。

随着使用时间的增加,产品的故障数 $N_f(t)$ 不断增加。任何产品,不管寿命多长,最终总是要发生故障的,因此有:$N_s(\infty) = 0$,$R(\infty) = 0$,$N_f(\infty) = N$,$F(\infty) = 1$。

3. 故障密度

(1) 故障密度。

故障分布函数反映了故障的累积情况,但无法反映累积故障随时间变化的快慢(速度)。这就需要引入一新的物理量:故障密度。它可以反映故障随时间变化的情况。拿物理学中的位移和速度的关系来举例,故障分布函数相当于位移,而故障密度函数相当于速度。它们之间是微分(导数)与积分的关系。

假设故障分布函数 $F(t)$ 连续可微,定义故障分布函数的导数为故障密度函数,记为 $f(t)$。

$$f(t) = \frac{dF(t)}{dt} \tag{3-10}$$

由上式得 $dF(t) = f(t)dt$。

再对上式进行定积分,其取值范围,在概率论中一般为 $(-\infty, \infty)$。在可靠性问题中,时间变量不取负值,定积分区间只考虑 $[0, \infty)$ 这一范围,因此得:

$$F(t) = \int_0^t f(x)dx \tag{3-11}$$

即分布函数 $F(t)$ 是密度函数 $f(t)$ 的积分上限函数。

由可靠度函数和故障分布函数的关系,可得:

$$R(t) = 1 - F(t) = \int_0^\infty f(x)dx - \int_0^t f(x)dx = \int_t^\infty f(x)dx \tag{3-12}$$

(2) 经验故障密度。

在工程实践中,往往使用经验故障密度。根据微分的含义,可推导出经验故障密度的公式:

$$f^*(t) = \frac{\Delta F^*(t)}{\Delta t} = \frac{F^*(t + \Delta t) - F^*(t)}{\Delta t} = \frac{N_f(t + \Delta t)}{N\Delta t} - \frac{N_f(t)}{N\Delta t} = \frac{1}{N} \cdot \frac{\Delta N_f(t)}{\Delta t} \tag{3-13}$$

4. 故障率

(1) 故障率的定义。

观察经验故障密度的计算公式,就会发现:故障密度无法反映 t 时刻产品的残存数 $N_s(t)$,因此故障密度表达故障变化的情况有一定的缺陷。要改进这一点,就要将 t 时刻产品的残存数 $N_s(t)$ 考虑进来,由此引入故障率。故障率也是反映产品故障变化情况的物理量。

故障率是指工作到某时刻 t 尚未发生故障的产品,在该时刻后单位时间内发生故障的条件概率,记为 $\lambda(t)$,又称为瞬时故障率。

根据定义有:

$$\lambda(t) = \lim_{\Delta t \to 0} \frac{1}{\Delta t} \frac{P[(t < T \leq t + \Delta t) \cap (T > t)]}{P[T > t]} = \frac{f(t)}{R(t)} \tag{3-14}$$

(2) 经验故障率。

由故障率的定义,经验故障率可由式(3-15)计算:

$$\lambda^*(t) = \frac{N_f(t+\Delta t) - N_f(t)}{N_s(t) \cdot \Delta t} = \frac{\Delta N_f(t)}{N_s(t) \cdot \Delta t} \tag{3-15}$$

由上式,可以看出考虑了残存数 $N_s(t)$。

【例3-3】 某型汽车灯泡1000只,工作到500h的时候,共有100个发生了故障;继续工作到501h的时候,有102个发生了故障,求该车型灯泡在500小时的经验故障密度和经验故障率。

解:

由式(3-13),得经验故障密度:

$$f^*(500) = \frac{1}{N} \cdot \frac{\Delta N_f(500)}{\Delta t} = \frac{N_f(500+1) - N_f(500)}{N \cdot 1} = \frac{102-100}{1000 \cdot 1} = 0.20\%$$

由式3-15,得经验故障率:

$$\lambda^*(500) = \frac{\Delta N_f(500)}{N_s(500) \cdot \Delta t} = \frac{N_f(500+1) - N_f(500)}{[N - N_f(500)] \cdot 1} = \frac{102-100}{(1000-100) \times 1} = 0.22\%$$

对比以上结果,可以看出:故障密度没有反映出500h的残存数,也就是说,在任意时刻,只要 $\Delta N_f(t)$ 相同,故障密度就相同,但故障率在不同时刻是不相同的。

(3)平均故障率。

平均故障率是产品在某段时间内发生故障的平均值。平均故障率由下式计算:

$$\overline{\lambda}(t) = \frac{\Delta N_f(t)}{\overline{N_s}(t) \cdot \Delta t} \tag{3-16}$$

式中,$\overline{N_s}(t) = [N_s(t) + N_s(t+\Delta t)]/2$。

(4)故障率与可靠度、不可靠度、故障密度的关系。

①可靠度与故障率的关系。

因为

$$\lambda(t) = \frac{f(t)}{R(t)} = \frac{\mathrm{d}F(t)}{\mathrm{d}t} \cdot \frac{1}{R(t)} = -\frac{\mathrm{d}R(t)}{\mathrm{d}t} \cdot \frac{1}{R(t)}$$

所以

$$\lambda(t)\mathrm{d}t = -\mathrm{d}\ln R(t)$$

上式两边同时做[0,t]区间的定积分:

$$\int_0^t \lambda(x)\mathrm{d}x = -\ln R(x)\Big|_0^t$$

又因为 $R(0) = 1, \ln R(0) = 0$,所以 $\ln R(t) = -\int_0^t \lambda(x)\mathrm{d}x$,则:

$$R(t) = \exp\left\{-\int_0^t \lambda(x)\mathrm{d}x\right\} \tag{3-17}$$

②不可靠度与故障率的关系。

$$F(t) = 1 - R(t) = 1 - \exp\left\{-\int_0^t \lambda(x)\mathrm{d}x\right\} \tag{3-18}$$

③故障密度与故障率的关系。

$$f(t) = \lambda(t) \cdot R(t) = \lambda(t) \cdot \exp\left\{-\int_0^t \lambda(x)\mathrm{d}x\right\} \tag{3-19}$$

3.1.3 故障规律

大量的使用和试验表明,汽车产品的故障率曲线如图 3-1 所示。曲线的图形有些像浴盆轮廓,故又称浴盆曲线。浴盆曲线型是最常见的也是最典型的一种故障率类型,也可以说是可靠性中的一个经典理论。曲线划分成早期故障(初始故障)期、随机故障(偶发故障)期、耗损故障(衰老故障)三个阶段。

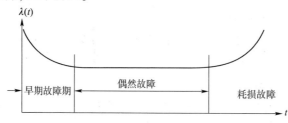

图 3-1　典型故障率曲线

1. 早期故障期

早期故障出现在产品开始工作的早期。其特点是开始故障率较高,且随着时间的增加而迅速下降。造成这种现象的主要原因是原材料、设计和制造工艺上的缺陷而导致发生故障。例如材料绝缘不良,制造中加工精度不够,装配调整不当等。对于大修汽车,早期故障主要是由于配件质量较差、维修机工具不良、装配调整不当等原因造成。早期故障可以通过加强对原材料及配件的检验、对产品进行可靠性筛选;提高设计质量;制造过程中加强质量管理等方法,减少早期故障。对整车或总成加强磨合和调试,在磨合调试中消除早期故障。

2. 偶然故障期

偶然故障期出现在早期故障期之后,偶然故障期又称为随机故障期。这期间的特点是产品的故障率低且稳定,近似为常数。故障主要是由偶然因素引起的,可以看成当在某一时刻所积累的应力超过了产品本身所能承受的抗力,偶然故障发生了。产品在偶然故障期内不必进行预防性维修,而应改进产品设计,降低偶然故障。

3. 耗损故障期

耗损故障期出现在产品使用的后期。这期间的特点是故障率随着时间的增加而迅速上升,很快导致产品报废。故障主要是由产品的老化、疲劳、腐蚀等原因造成。这时应及时维修,修复或更换某些零部件,达到降低故障率的目的。

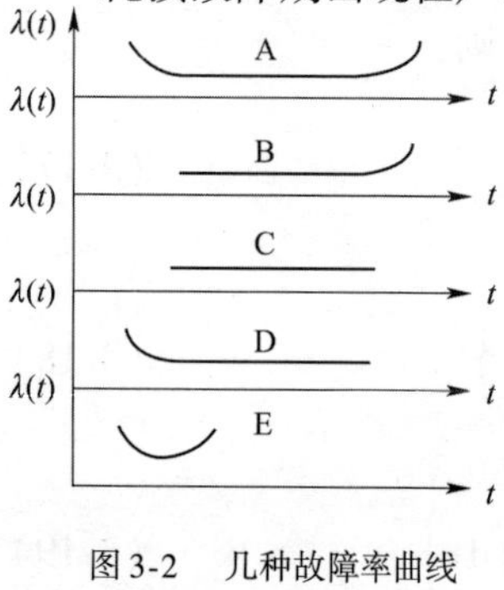

图 3-2　几种故障率曲线

对于大多数机械产品来说都有三个故障期,但并不是所有产品都有三个故障阶段,有的产品只有其中一个或两个故障期,甚至有些质量低劣的产品在早期故障后就进入了耗损故障期。例如,汽车发动机和曲柄连杆机构的磨损基本上是按照这三个时期发展的(图 3-2,A);前桥、减速器通常只有后两个时期

(图3-2,B);汽车油路、电路一般只表现出随机故障期(图3-2,C);紧固件则基本上有前两个时期(图3-2,D);而某些质量低劣件,则随机故障期很短,即进入耗损故障期(图3-2,E)。

3.1.4 寿命特征

1. 平均寿命

平均寿命就是产品寿命的均值,用 $\overline{T}$ 或 θ 表示。对于不可修复的产品,平均寿命即指产品故障前工作时间的平均值,记为 T_{TF} (To Failure)。对于可修复产品,其平均寿命指故障间工作时间的平均值,记为 T_{BF} (Between Failure)。

经验平均寿命定义为在规定的条件下和规定的时间内,产品的工作总时间与故障总数之比,记为 $\overline{T}^*$。

$$\overline{T}^* = \frac{1}{N} \cdot \sum_{i=1}^{N} t_i \tag{3-20}$$

式中:N——对于不可修复产品为失效数,对于可修复产品为故障数;

t_i——对于不可修复产品,为第 i 个产品的失效前工作时间,对于可修复的产品,为产品第 i 次故障间工作时间。

平均寿命就是产品故障分布的数学期望,由数学期望的定义有:

$$\overline{T} = \int_0^{\infty} t f(t) \mathrm{d}t \tag{3-21}$$

将 $f(t) = -\dfrac{\mathrm{d}R(t)}{\mathrm{d}t}$ 代入上式,得:

$$\overline{T} = \int_0^{\infty} t f(t) \mathrm{d}t = -\int_0^{\infty} t \frac{\mathrm{d}R(t)}{\mathrm{d}t} \mathrm{d}t = -\int_0^{\infty} t \mathrm{d}R(t)$$

采用分部积分法进行积分,得:

$$\overline{T} = \int_0^{\infty} R(t) \mathrm{d}t \tag{3-22}$$

设某产品的寿命服从指数分布,即故障率函数为常数。设 $\lambda(t) = \lambda$,式中 λ 为一常数。则其可靠度函数为:$R(t) = e^{-\lambda t}$,其平均寿命为:

$$\overline{T} = \int_0^{\infty} R(t) \mathrm{d}t = \int_0^{\infty} e^{-\lambda t} \mathrm{d}t = -\frac{1}{\lambda} e^{-\lambda t} \Big|_0^{\infty} = \frac{1}{\lambda} \tag{3-23}$$

从上式可看出,当寿命服从指数分布时,平均寿命等于故障率的倒数。

2. 寿命方差

平均寿命只能反映一批产品寿命的平均水平,而寿命方差却能反映各个产品寿命之间的离散程度。用 $D(T)$ 表示方差,其平方根称为寿命的标准差,记为 σ。所以,方差也可以用 σ^2 来表示。

经验方差,即寿命方差的统计估计值为:

$$\sigma^{2*} = D^*(T) = \frac{1}{N-1} \sum_{i=1}^{N} (t_i - \overline{T}^*)^2 \tag{3-24}$$

3. 可靠寿命

在规定的可靠度下,产品的工作时间,称为可靠寿命,记为 T_r。如果给定一个可靠度 r,则对应一个工作时间 T_r,则有 $R(T_r) = r$。

4. 中位寿命

当可靠度 $r = 0.5$ 时,产品已工作的时间,称为中位寿命,记为 $T_{0.5}$,即 $R(T_{0.5}) = 0.5$。

当产品工作到中位寿命时,可靠度与不可靠度都等于 0.5,即产品在中位寿命时,正好有一半发生了故障。

5. 特征寿命

当可靠度 $r = e^{-1}$ 时,产品已工作的时间,称为特征寿命,记为 $T_{e^{-1}}$,即:

$$R(T_{e^{-1}}) = e^{-1} = 0.368 \tag{3-25}$$

【例 3-4】 某产品的寿命服从指数分布,故障率 $\lambda = 10^{-4}/h$,求:(1)可靠度为 0.95 的可靠寿命;(2)中位寿命;(3)特征寿命。

解:

(1)由指数分布,可得:

$R(t) = e^{-\lambda t} = e^{-\lambda T_r}$,两边取自然对数,得:$T_r = -\dfrac{\ln R(t)}{\lambda}$。所以,$T_{0.95} = \dfrac{\ln 0.95}{-10^{-4}} = 513h$

(2) $T_{0.5} = \dfrac{\ln 0.5}{-10^{-4}} = 6931h$。

(3) $T_{e^{-1}} = \dfrac{\ln e^{-1}}{-10^{-4}} = 10000h$。

3.1.5 常用的寿命分布

产品的寿命是随机的,但他们都遵循着一定的规律,分布(distribution)函数就反映了这种规律。同时,知道了产品的寿命分布,才能求出产品的其他可靠性指标。下面介绍 4 种常用的分布。

1. 指数分布

指数分布适用于:具有恒定故障率的部件;在耗损故障前正常使用的复杂系统;偶然高应力导致故障的部件。例如多数电子元件的寿命、汽车在正常使用期的寿命等均服从指数分布。指数分布的计算较简单。

指数分布的最大特点是故障率是常数,其故障密度函数:

$$f(t) = \lambda e^{-\lambda t} \tag{3-26}$$

分布函数:

$$F(t) = \int_0^t f(t) \mathrm{d}t = 1 - e^{-\lambda(t)} \tag{3-27}$$

可靠度函数:

$$R(t) = 1 - F(t) = e^{-\lambda t} \tag{3-28}$$

其平均寿命为故障率的倒数。寿命方差：

$$D(T) = \sigma^2 = \int_0^\infty t^2 f(t)\,dt - [E(T)]^2 = \frac{1}{\lambda^2} \tag{3-29}$$

指数分布的重要性质是"无记忆性"。当某产品的寿命服从指数分布，在时刻 t 工作正常时，则在 t 以后的剩余寿命与新产品一样，与 t 无关。

【例 3-5】 设某产品的寿命服从指数分布，它的平均寿命为 5000h，求：(1) 故障率 λ；(2) 使用 1000 小时后的可靠度。

解：

(1) $\lambda = \dfrac{1}{T} = \dfrac{1}{5000} = \dfrac{0.2 \times 10^{-3}}{h}$。

(2) 由 $R(t) = e^{-\lambda t}$，得 $R(1000) = e^{-0.2 \times 10^{-3} \times 1000} = 0.819$。

2. 正态分布

正态分布又称高斯分布，记为 $N(\mu, \sigma)$。其中 μ 为均值，σ 为标准差。

正态分布是一种应用极为广泛的分布函数。例如可用于工艺误差、测量误差以及零件的寿命分析等。在寿命分析中主要应用于轮胎磨损、灯泡损坏、点火线圈损坏等一些寿命对称的集中平均寿命附近的零部件。

正态分布的故障密度函数：

$$f(t) = \frac{1}{\sigma\sqrt{2\pi}} \exp\left[-\frac{1}{2}\left(\frac{t-\mu}{\sigma}\right)^2\right] \tag{3-30}$$

分布函数：

$$F(t) = \frac{1}{\sigma\sqrt{2\pi}} \int_0^t \exp\left[-\frac{1}{2}\left(\frac{x-\mu}{\sigma}\right)^2\right]dx \tag{3-31}$$

可靠度函数：

$$R(t) = \frac{1}{\sigma\sqrt{2\pi}} \int_t^\infty \exp\left[-\frac{1}{2}\left(\frac{x-\mu}{\sigma}\right)^2\right]dx \tag{3-32}$$

故障率函数：

$$\lambda(t) = \frac{f(t)}{R(t)} = \frac{\exp\left[-\frac{1}{2}\left(\frac{x-\mu}{\sigma}\right)^2\right]}{\int_t^\infty \exp\left[-\frac{1}{2}\left(\frac{x-\mu}{\sigma}\right)^2\right]dx} \tag{3-33}$$

平均寿命：

$$\overline{T} = E[T] = \int_t^\infty t f(t)\,dt = \int_0^\infty t \cdot \frac{1}{\sigma\sqrt{2\pi}} \exp\left[-\frac{1}{2}\left(\frac{t-\mu}{\sigma}\right)^2\right]dt = \mu \tag{3-34}$$

寿命方差：

$$D(T) = \int_0^\infty (t-\overline{T})^2 f(t)\,dt = \int_0^\infty (t-\mu)^2 \frac{1}{\sigma\sqrt{2\pi}} \exp\left[-\frac{1}{2}\left(\frac{t-\mu}{\sigma}\right)^2\right]dt = \sigma^2$$

$$\tag{3-35}$$

当 $\mu = 0$,$\sigma = 1$ 时的正态分布称为标准正态分布,记为 $N(0,1)$。标准正态分布的故障密度函数记为 $\varphi(t)$。

$$\varphi(t) = \frac{1}{\sqrt{2\pi}} e^{-\frac{t^2}{2}} \tag{3-36}$$

可将一般正态分布化成标准正态分布,其关系式为:

$$f(t) = \frac{1}{\sigma}\varphi\left(\frac{t-\mu}{\sigma}\right) \tag{3-37}$$

3. 对数正态分布

若随机变量 T 取自然对数(log)后,服从正态分布 $N(\mu,\sigma)$,则称 T 服从对数正态分布。

对数正态分布在材料的疲劳强度和零件的疲劳寿命研究中得到了广泛的应用。因为对数正态分布比正态分布更能反映它们的失效过程。

对数正态分布的故障密度函数:

$$f(t) = \frac{1}{\sigma t \sqrt{2\pi}} \exp\left[-\frac{1}{2}\left(\frac{\ln t - \mu}{\sigma}\right)^2\right] \tag{3-38}$$

分布函数:

$$F(t) = \int_0^t f(t)\mathrm{d}t = \Phi\left(\frac{\ln t - \mu}{\sigma}\right) \tag{3-39}$$

可靠度函数:

$$R(t) = 1 - \Phi\left(\frac{\ln t - \mu}{\sigma}\right) \tag{3-40}$$

故障率函数:

$$\lambda(t) = \frac{f(t)}{R(t)} = \frac{1}{\mathrm{d}t \sqrt{2\pi}} \cdot \frac{\exp\left[-\frac{1}{2}\left(\frac{\ln t - \mu}{\sigma}\right)^2\right]}{1 - \Phi\left(\frac{\ln t - \mu}{\sigma}\right)} \tag{3-41}$$

4. 威布尔分布

威布尔分布是瑞典人威布尔在研究金属链的强度时首先提出的一种方法,现已在可靠性工程中得到广泛的应用。大量的试验和统计资料表明,许多电子产品如电子管、半导体器件、电阻器、电容器以及轴承、电动机等一些机电产品的寿命都是服从威布尔分布的,由于威布尔分布的参数多,因此有很大的适应性。

威布尔分布的故障密度函数:

$$f(t) = \frac{m}{t_0}(t-\gamma)^{m-1}\exp\left[-\frac{(t-\gamma)^m}{t_0}\right] \tag{3-42}$$

式中:m——形状参数;
γ——位置参数;
t_0——尺度参数。

其中,$t \geq \gamma, m > 0, t_0 > 0$。

分布函数:

$$F(t) = 1 - \exp\left[-\frac{(t-\gamma)^m}{t_0}\right] \tag{3-43}$$

可靠度函数：

$$R(t) = \exp\left[\frac{(t-\gamma)^m}{t_0}\right] \tag{3-44}$$

故障率函数：

$$\lambda(t) = \frac{f(t)}{R(t)} = \frac{m}{t_0}(t-\gamma)^{m-1} \tag{3-45}$$

3.1.6 典型系统的可靠性

1. 概述

系统是指能够完成某项工作任务的设备、人员及技术的组合。一个完整的系统应包括在规定的工作环境下，使系统的工作和保障可以达到自给所需的一切设备、有关的设施、器材、软件、服务和人员。

简单地讲，系统是由若干个单元有机组合起来的可以完成某一功能的综合体。系统的大小是相对的，可以把整车看成系统也可以把它看成一个更复杂系统的子系统。

系统可靠性问题比较复杂，系统可靠性的大小不仅取决于构成系统单元(子系统)的可靠性，而且与单元构成系统的结构形式有密切关系。为了便于进行系统的可靠性计算，必须建立起来系统可靠性模型。

系统可靠性模型包括一个可靠性框图和一个相应的可靠性数学模型。可靠性框图是从可靠性角度出发，反映构成系统单元之间的功能逻辑关系。

建立系统可靠性模型的目的是：

(1)便于进行定量的可靠性分配和预计。

(2)便于评价产品的可靠性，比较不同的设计方案。

(3)便于发现薄弱环节，研究提高系统可靠性的措施。

(4)便于研究对维修、后勤保障的要求。

2. 串联系统的可靠度

1)串联系统的定义

在构成系统的单元(零件、组件、部件、附件等)中，只要有一个单元发生故障，则该系统就发生故障。即系统要正常工作，必须是每个单元都正常工作才行，符合这种条件的系统，称为串联系统。

设有 n 个单元，每一个单元用一个方块图表示，把这些单元链条式的一环一环串联起来，便构成了串联系统的可靠性框图，如图 3-3 所示。

图 3-3 串联系统的可靠性框图

这里的串联关系是单元功能之间的串联关系，描述单元间功能关系的框图称为可靠性框图。描述单元结构关系的图称为系统框图,这两种框图的概念是完全不同的。例如,电路中常用的 LC 振荡电路,从电路结构关系上看,L、C 是并联关系;但从功能角度来看,L、C 振荡电路的可靠性框图是串联关系。因为 L(电感)与 C(电容)两个元件中只要有一个发生故障,电路就不能正常工作。

在汽车这个系统中,发动机、离合器、变速器、前桥、差速器、车架、车轮等都是构成系统的单元,其中只要有一个单元发生了故障,就将影响到汽车的使用。因此,便构成了汽车可靠性的串联系统。汽车及其所组成的各总成绝大多数为串联系统。

2)串联系统的可靠度计算

在 n 个单元组成的串联系统中,设第 i 个单元的可靠度为 $R_i(t)$,其正常工作事件记为 A_i,串联系统的可靠度为 $R_s(t)$,则 $R_s(t)$ 就是所有 n 个单元同时正常工作的概率,即

$$R_s(t) = P(A_1 A_2 A_3 \cdots A_n) = P(A_1) \cdot P(A_2 | A_1) \cdot P(A_3 | A_1 A_2) \cdots P(A_n | A_1 A_2 A_3 \cdots A_{n-1})$$

如果系统中各单元发生故障是彼此独立的事件,各单元的可靠度互不影响,则

$P(A_1) = R_1(t)$;

$P(A_2 | A_1) = P(A_2) = R_2(t)$;

$P(A_3 | A_1 A_2) = P(A_3) = R_3(t)$;

…

$P(A_n | A_1 A_2 A_3 \cdots A_{n-1}) = P(A_n) = R_n(t)$。

于是得到串联系统可靠度公式:

$$R_s(t) = R_1(t) R_2(t) R_3(t) \cdots R_n(t) = \prod_{i=1}^{n} R_i(t) \tag{3-46}$$

即串联系统的可靠度等于各独立单元可靠度之乘积。

当系统所有各单元的可靠度相同时,即 $R_1(t) = R_2(t) = \cdots = R_n(t) = R(t)$,则有

$$R_s(t) = R^n(t) \tag{3-47}$$

由式(3-46)和(3-47)可知,在串联系统中,在不提高单元可靠度的条件下,单元的数目越多,系统的可靠度越低。例如,可靠度为 0.9 的三个单元串联的系统,其系统可靠度为 0.728。若有 10 个这样的单元串联的系统,其系统可靠度降至 0.3486。反之,如果要求系统具有一定的可靠度,若各单元的可靠度相同,那么在系统中串联的单元越多,则要求单元的可靠度就越高。例如,要求系统具有 0.75 的可靠度,若串联三个可靠度相同的单元,其每个单元可靠度为 0.908,若串联六个可靠度相同的单元,其每个单元可靠度为 0.953。

可见,提高串联系统的可靠度,有两种基本途径。一是提高单元的可靠度,另一是尽量减少串联系统单元的数目。

利用上述公式,还可以对系统进行可靠性分配。如果一个复杂的系统有一定的可靠性指标,那么,可根据上式,将可靠性指标分配给分系统。

假如构成串联系统的 n 个单元的故障率 λ_i 为常数,即各单元的可靠度函数为指数分布,则有

$$R_i(t) = \exp\{-\lambda_i t\} = \exp\{-(\lambda_i + \lambda_2 + \cdots + \lambda_n)t\} = \exp\left\{-t \sum_{i=1}^{n} \lambda_i\right\}$$

设
$$\lambda_s = \lambda_1 + \lambda_2 + \cdots + \lambda_n = \sum_{i=1}^{n} \lambda_i$$
则有
$$R_s(t) = \exp\{-\lambda_s t\} \tag{3-48}$$

上式表明,服从指数分布可靠度函数的元件构成的串联系统,其系统的可靠度函数仍服从指数分布,系统的故障率是单元故障率之和。同时可以看出,为了提高系统的可靠度,应减少单元数目、降低故障率或使系统工作时间尽量缩短。

系统的平均寿命为:
$$\overline{T}_s = \frac{1}{\lambda_s} = \frac{1}{\lambda_1 + \lambda_2 + \cdots + \lambda_n} \tag{3-49}$$

如果系统由可靠度相同的 n 个单元串联而成,则 $\lambda_s = n\lambda$
$$R_s(t) = \exp\{-n\lambda t\} \tag{3-50}$$
$$\overline{T}_s = \frac{1}{n\lambda} \tag{3-51}$$

【例3-6】 一个系统由两个机件串联而成,设其故障时间均服从指数分布,已知故障率 $\lambda_1 = 0.0005$,$\lambda_2 = 0.0008$,试求其系统工作两小时的可靠度。

解:
由
$$R_s(t) = \exp\{-(\lambda_1 + \lambda_2)t\}$$
得
$$R_s(2) = \exp\{-(0.0005 + 0.0008) \times 2\} = 0.9974$$
即系统工作2h的可靠度为99.74%。

【例3-7】 一个系统由4个互相串联的独立元件组成,每一个单元的可靠度为0.97,求该系统的可靠度为多少?如果系统的复杂度增加到8个这样的元件时,可靠度又为多少?

解:
设单个元件的可靠度为 $R(t)$
当系统为4个元件时,$R_s(t) = [R(t)]^4 = (0.97)^4 = 0.885$;
当系统为8个元件时,$R_s(t) = [R(t)]^8 = (0.97)^8 = 0.783$。

3. 并联系统的可靠度

1) 并联系统的定义

一个系统,如果有一个单元正常工作,系统就正常工作,或者说,只有当所有单元发生故障时,系统才不能正常工作,这种系统叫作并联系统。

由 n 个单个单元组成的并联系统,其可靠性框图如图3-4所示。例如汽车上的发电机与蓄电池同时向电气设备供电,可近似看作并联系统。

从理论上讲,在并联系统中,只要有一个单元正常工作,就可以完成系统的功能,其余的单元是为了提高系统的可靠性而采用的,从功能来看,它是多余的,所以又称为冗余系统。这种以数量换取可靠性提高的方法,不是到处都可以应用的,只有在重量、体积、经费、技术等条件允许的条件下才能采用。

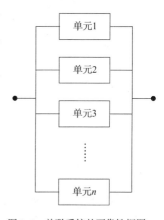

图3-4 并联系统的可靠性框图

2) 并联系统的可靠度计算

设在 t 时刻,第 i 个单元发生故障的事件为 $\bar{A}_i$,系统的不可靠度为 $F_s(t)$,由于只有所有单元都发生故障,才能造成并联系统发生故障,所以系统的不可靠度就是所有事件 $\bar{A}_1$、$\bar{A}_2$、$\cdots$、$\bar{A}_n$ 同时发生故障的概率,即

$$F_s(t) = P(\bar{A}_1 \bar{A}_2 \bar{A}_3 \cdots \bar{A}_n)$$
$$= P(\bar{A}_1) \cdot P(\bar{A}_2 | \bar{A}_1) \cdot P(\bar{A}_3 | \bar{A}_1 \bar{A}_2) \cdots P(\bar{A}_n | \bar{A}_1 \bar{A}_2 \bar{A}_3 \cdots \bar{A}_{n-1})$$

式中,$P(\bar{A}_1)$ 是 t 时刻第 1 个单元发生故障的概率;$P(\bar{A}_2 | \bar{A}_1)$ 是在 t 时刻第 1 个单元发生故障条件下第 2 个单元发生故障的条件概率;$\cdots\cdots$;$P(\bar{A}_n | \bar{A}_1 \bar{A}_2 \bar{A}_3 \cdots \bar{A}_{n-1})$ 是在 t 时刻第 1 个、第 2 个、$\cdots\cdots$、第 $(n-1)$ 个单元发生故障的条件下第 n 个单元发生故障的条件概率。如果系统中各单元发生故障是彼此独立的,则有

$$P(\bar{A}_1) = F_1(t);$$
$$P(\bar{A}_2 | \bar{A}_1) = P(\bar{A}_2) = F_2(t);$$
$$\cdots$$
$$P(\bar{A}_n | \bar{A}_1 \bar{A}_2 \bar{A}_3 \cdots \bar{A}_{n-1}) = P(\bar{A}_n) = F_n(t)。$$

$$F_s(t) = \prod_{i=1}^{n} F_i(t) \tag{3-52}$$

$$R_s(t) = 1 - \prod_{i=1}^{n} [1 - R_i(t)] \tag{3-53}$$

设有一个并联系统,由可靠度为 0.9 的三个元件构成,则该系统的可靠度为:

$$R_s(t) = 1 - [1 - 0.90 \times (1 - 0.9)(1 - 0.9)] = 0.999$$

系统的可靠度显然大于元件的可靠度,更大于由这三个元件构成的串联系统的可靠度。在实际应用中,两单元并联系统是最常见的,下面对这种情况下的可靠度进行分析。

当 $n = 2$ 时,即系统由两个可靠度分别为 $R_1(t)$、$R_2(t)$ 单元构成的并联系统。

系统的可靠度为:

$$R_s(t) = 1 - [1 - R_1(t)][1 - R_2(t)] = R_1(t) + R_2(t) - R_1(t)R_2(t) \tag{3-54}$$

当两个单元的可靠度相等时 $R_1(t) = R_2(t) = R_0(t)$,得:

$$R_s(t) = 2R_0(t) - R_0^2(t) \tag{3-55}$$

如各单元的故障分布服从指数分布,故障率 λ_1、λ_2 为常数,代入上式,得到:

$$R_s(t) = e^{-\lambda_1 t} + e^{-\lambda_2 t} - e^{-(\lambda_1 + \lambda_2)t} \tag{3-56}$$

平均寿命为:

$$\bar{T}_s = \int_0^\infty R_s(t) \mathrm{d}t = \frac{1}{\lambda_1} + \frac{1}{\lambda_2} - \frac{1}{\lambda_1 + \lambda_2} \tag{3-57}$$

【例 3-8】 一个系统由两个机件并联而成,设其故障时间服从指数分布,故障率 $\lambda_1 = 0.05$,$\lambda_2 = 0.01$,试求工作 2h 的系统可靠度。

解：

由 $R_s(t) = 1 - [1 - R_1(t)][1 - R_2(t)]$，得 $R_s(2) = 1 - (1 - e^{-0.05 \times 2})(1 - e^{-0.01 \times 2}) = 0.998$。

4. 混联系统的可靠度

在实际使用的系统中，常出现串联与并联同时存在的混联状态，这样的系统称为混联系统，图 3-5 为混联系统可靠性框图一个例子。

图 3-5　混联系统可靠性框图

以图 3-5 所示混联系统为例进行可靠性计算，采用将复杂系统逐步简化的方法进行。
首先，由单元 1、2、3 串联，可求出其可靠度：

$$R_{s1}(t) = R_1(t)R_2(t)R_3(t)$$

再由单元 4、5 串联，求出可靠度：

$$R_{s2}(t) = R_4(t)R_5(t)$$

再由单元 6、7 并联，求其可靠度：

$$R_{s3}(t) = R_6(t) + R_7(t) - R_6(t)R_7(t)$$

此时，系统简化了，其可靠性框图如图 3-6 所示。
由 S1、S2 并联可计算其可靠度：

$$R_{s4}(t) = R_{s1}(t) + R_{s2}(t) - R_{s1}(t)R_{s2}(t)$$

框图 3-6 进一步简化为框图 3-7。

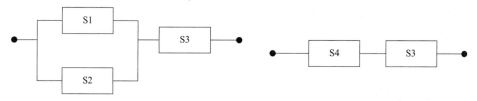

图 3-6　简化的系统可靠性框图　　　　图 3-7　进一步简化的系统可靠性框图

则混联系统的可靠度 $R_s(t)$ 为：

$$\begin{aligned}R_s(t) &= R_{s4}(t)R_{s3}(t) \\ &= [R_{s1}(t) + R_{s2}(t) - R_{s1}(t)R_{s2}(t)]R_{s3}(t) \\ &= [R_1(t)R_2(t)R_3(t) + R_4(t)R_5(t) - R_1(t)R_2(t)R_3(t)R_4(t)R_5(t)] \cdot [R_6(t) + R_7(t) - R_6(t)R_7(t)]\end{aligned}$$

5. K/N 系统的可靠度

1）K/N 系统的定义

n 中取 K 系统有两类，一类是 n 中取 K "好" 系统，记为 K/n(G) 系统，它的定义是组成系统的 n 个单元中，只要有 K 个单元正常工作，系统才正常工作的系统。另一类是 n 中取 K "坏" 系统，记为 K/n(F) 系统，它的定义是组成系统的 n 个单元中，只要有 K 个单元故障，系统就故障的系统。

根据上述定义,显然串联系统是 n/n(G)系统或 1/n(F)系统;并联系统是 1/n(G)系统或 n/n(F)系统。K/n(G)系统即是(n-K+1)/n(F)系统,通常把(n+1)/(2n+1)(G)系统成为表决系统。在(2n+1)个单元中,至少有(n+1)个单元正常工作,系统才能正常工作。

2)K/N 系统的可靠度计算

对于 K/N(G)系统而言,假设各单元发生故障是相互独立的,每个单元的可靠度为 $R(t)$,故障分布函数为 $F(t)$,则由定义可得系统的可靠度 $R_s(t)$:

$$R_s(t) = \sum_{i=k}^{n} C_n^i [R(t)]^i \cdot [F(t)]^{n-i} \tag{3-58}$$

6. 贮备系统的可靠度

(1)贮备系统的定义。

组成系统的 n 个单元中,只有一个或几个单元工作,其余单元等待(贮备),当工作单元故障时,通过故障监测装置转接到未出故障单元进行工作的系统,称为贮备系统。如汽车上的起动机起动和手摇柄起动,主油箱和副油箱等都可以看成是贮备系统。

根据等待过程中贮备单元是否发生故障,贮备系统又可分为冷贮备系统和热贮备系统两种。冷贮备系统是指贮备单元在贮备中不发生故障的贮备系统;热贮备系统是指贮备单元在贮备中可能发生故障的贮备系统,但单元贮备的故障率与工作时的故障率是可以不同的。

(2)贮备系统可靠度计算。

实际上,贮备单元在等待过程中受环境的影响,如温度、振动、冲击、腐蚀、老化等因素的作用可能发生故障。但贮备时的故障率不同于工作时的故障率,一般较工作时的故障率小。以最简单的两单元热贮备系统为例,设工作单元的故障率为 λ_1,贮备单元工作故障率为 λ_2,其贮备故障率为 μ,则两单元热贮备系统的可靠度为:

$$R_s(t) = e^{-\lambda_1 t} + \frac{\lambda_1}{\lambda_1 + \mu - \lambda_2}[e^{\lambda_2 t} - e^{-(\lambda_1+\mu)t}] \tag{3-59}$$

3.2 维修性理论

3.2.1 维修性定义

维修性是通过设计赋予产品的一种固有属性,是指产品在规定的条件下和规定的时间内,按规定的程序和方法进行维修时,保持或恢复到规定状态的能力。

"规定的条件"是指产品在维修时的设备、机工具、配件、维修人员数量及其技术水平等。不同的条件,对维修时间和质量会产生不同的影响。在研究维修时,对条件必须予以规定。

"规定的时间"是指被维修的产品限定维修时间。各类汽车产品维修时间的规律不同,即使是同类汽车,维修时间的规律也不尽相同,需要找出分布规律才能加以确定。

"规定的程序和方法"应按产品维修规程指定的维修程序与方法。

维修与维修性是两个不同的概念。维修指为使产品保持或恢复到规定状态所进行的全部活动,即指维护和修理。例如,对已发生故障的汽车,从确定故障部位,分析故障原因,到进行修理、更换、安装、调整、试车等全部活动,都是维修。而维修性是指产品进行维修时,所具有的固有维修属性,如可达性、无需高难度的维修技术和复杂的工具设备就能维修、减少维修时间和维修经费等,这些属性是在产品设计和制造过程中就形成了的。

良好的维修性,可产品便于维修,降低维修难度,降低对维修人员和维修工具的要求,减少维修工时节省维修费用。

3.2.2 维修时间

汽车的维修时间是指汽车停驶维修所用的时间,不包括改进时间和延误时间,它是不能工作时间的一个组成部分。

维修时间是维修性的重要量度,是维修参量定量化的基础。常用的维修时间有:平均修复时间、修复时间中值、修复时间最大值、平均预防维修时间、预防维修时间中值、维修停驶时间率等。

汽车维修分为修复性维修和预防性维修两大类,两类不同的维修对应的维修时间不同。无论是新研制的汽车在设计论证阶段对维修性进行预测,还是对现有汽车在使用中进行维修性验证,都需要对维修类型和维修时间加以区分。

维修时间的区分有如下方面。

1) 能工作时间

汽车处于能完成规定功能状态的时间。

2) 不能工作时间

汽车处于不能完成规定功能状态的时间。

3) 不工作时间

汽车能使用,但不要求其工作的时间。它是能工作时间的一个组成部分。例如汽车封存时间,为不工作时间。

4) 待命时间

汽车处于规定的工作状态,并待命执行预定任务的时间,它是能工作时间的一个组成部分。

5) 反应时间

从接到命令的时刻,到汽车开始执行任务所需的时间,它是能工作时间的一个组成部分。

6) 任务时间

汽车完成规定任务所用的时间。它是能工作时间的一个组成部分。例如进行驾驶训练、物资运输的时间。

7) 改进时间

为改进汽车特性或增加新的特性而对其进行更改所用的时间。它是不能工作时间的一个组成部分。例如,为提高汽车发动机的性能,对汽缸盖、凸轮轴、化油器、进排气歧管等大件进行改进所占用的时间。

8)延误时间

由于保障资源补给或管理原因未能及时对汽车进行维修所延迟的时间。它是不能工作时间的一个组成部分。例如汽车维修中因待料或者行政管理等原因所造成的延误时间。

9)修复性维修时间

对汽车进行修复性维修所用的时间。它是维修时间的一个组成部分。修复性维修时间应包括准备时间、查找故障时间、领取材料时间、排除故障时间、调整校准时间、检验时间等。其中排除故障时间又包括原位排除故障时间、拆卸修配时间或更换同类件时间。

10)预防性维修时间

对汽车进行预防性维修所用的时间。它是维修时间的一个组成部分。预防性维修时间包括检查时间、维护时间和再次使用的准备时间等。

11)保障资源延误时间

为取得必要的维修资源而不能及时进行维修所延误的时间。例如,未得到备件、专家、试验设备、信息及适当的环境条件等所延迟的时间,它是延误时间的一个组成部分。

12)管理延误时间

由于管理方面的原因未能及时对汽车进行维修所延迟的时间。它是延误时间的一个组成部分。

3.2.3　维修性函数

1)维修度与不可维修度

维修性的概率度量称为维修度,即汽车在规定的条件下和规定的时间内,按规定的程序和方法进行维修时,保持或恢复到规定状态的概率,记为$M(t)$。

在维修度的定义里面,变量是维修时间。维修时间是一个随机变量,有其统计分布形式,从某种意义上讲,与可靠性中的故障时间的分布相类似。但有两点不同,一点是维修性中的变量总是时间,而可靠性中的变量除时间外,还可能是行驶里程、起落次数、射击次数、作用次数等。另一点是,虽然可靠度和维修度都是研究事件发生的概率,但是有区别的,可靠度是在规定的时间内不发生故障的概率,而维修度却是在规定的时间内完成修复的概率。

维修度的数学表达式为:

$$M(t) = P(T \leq t) \tag{3-60}$$

式中:T——完成维修所需的实际时间;

t——规定的维修时间。

维修度是时间t的单调递增函数,对于同一个规定的时间t,$M(t)$越大,说明汽车越容易修复,维修性就越好。

因为$M(t)$是在规定的时间内完成维修的概率,显然有:

$$0 \leq M(t) \leq 1, M(0) = 0, M(\infty) = 1 \tag{3-61}$$

如果维修N辆汽车,设在$t=0$时均为故障状态,经时间t维修以后,在t时刻累积修复数为$N_r(t)$,则在t时刻的经验维修度为:

$$M^*(t) = \frac{N_\gamma(t)}{N} \tag{3-62}$$

与维修度相对应的概念是不可维修度,其定义为:汽车在规定的条件下和规定的时间内,按规定的程序和方法进行维修时,没有完成维修的概率,记为 $G(t)$。它是 $M(t)$ 的互补函数,在任意时间 t,完成维修的概率与没有完成维修的概率之和等于1。

$$M(t) + G(t) = 1$$
$$G(t) = 1 - M(t) \tag{3-63}$$

显然有:

$$G(0) = 1$$
$$G(\infty) = 0 \tag{3-64}$$

2)维修密度

维修度概率密度函数称为维修密度,它是完成修复概率 $M(t)$ 对时间的微分,记为 $m(t)$。

$$m(t) = \frac{\mathrm{d}M(t)}{\mathrm{d}t} \tag{3-65}$$

或者说,$m(t)$ 就是在 t 时刻单位时间内完成修复的概率。

假设在 Δt 时间间隔内汽车由故障状态到完好状态的修复数为 $\Delta N_r(t)$,即 $\Delta N_r(t) = N_r(t) - N_r(t - \Delta t)$

由式(3-62)可得:

$$\Delta M^*(t) = \frac{\Delta N_\gamma(t)}{N}$$

由式(3-65)得到经验维修密度:

$$m^*(t) = \frac{1}{N} \frac{\Delta N_\gamma(t)}{\Delta t} \tag{3-66}$$

又由式(3-65)有:

$$M(t) = \int_0^t m(x)\mathrm{d}x \tag{3-67}$$

则不可维修度为:

$$G(t) = 1 - \int_0^t m(x)\mathrm{d}x \tag{3-68}$$

3)修复率

修复率是指到某时刻 t 尚未修复的系统,到下一个单位时间内可能完成修复的概率,记为 $\mu(t)$。

由于修复率 $\mu(t)$ 与时刻 t 之前的状况有关,即具有在时刻 t 之前尚未修复的条件,所以 $\mu(t)$ 是一个条件概率。

根据修复率的定义,显然有:

$$\mu(t) = \frac{\mathrm{d}M(t)}{\mathrm{d}t} \cdot \frac{1}{1 - M(t)} = \frac{m(t)}{1 - M(t)} = \frac{m(t)}{G(t)} \tag{3-69}$$

4)维修度与修复率的关系

因为
$$\mu(t) = \frac{dM(t)}{dt} \cdot \frac{1}{1-M(t)}$$

所以
$$\mu(t) = \frac{-d[1-M(t)]}{dt} \cdot \frac{1}{1-M(t)}$$

即：
$$\frac{-d[1-M(t)]}{1-M(t)} = \mu(t)dt$$

上式两边积分得到：
$$\ln[1-M(t)]\Big|_0^t = -\int_0^t \mu(x)dx$$

因为 $M(0) = 0$，所以 $\ln[1-M(0)] = 0$，则：
$$1 - M(t) = \exp\left\{-\int_0^t \mu(x)dx\right\}$$

$$M(t) = 1 - \exp\left\{-\int_0^t \mu(x)dx\right\} \tag{3-70}$$

$$G(t) = \exp\left\{-\int_0^t \mu(x)dx\right\} \tag{3-71}$$

由式(3-69)得：
$$m(t) = \mu(t)G(t) = \mu(t) \cdot \exp\left\{-\int_0^t \mu(t)dt\right\} \tag{3-72}$$

如果汽车的维修时间服从指数分布，则有：
$$\mu(t) = \mu = 常数$$
$$M(t) = 1 - e^{-\mu t} \tag{3-73}$$
$$m(t) = \mu \cdot e^{-\mu t} \tag{3-74}$$

μ 称为平均修复率，平均修复率是平均修复时间 M_{ct} 的倒数。所以，μ 可以认为是单位时间内完成修复的次数，即：

$$\mu = \frac{1}{M_{ct}}$$

$$M(t) = 1 - e^{-\frac{t}{M_{ct}}} \tag{3-75}$$

【例3-9】 某汽车使用单位，统计了某型汽车发生故障后的修复时间，如表3-1所示，修复时间服从指数分布，若规定每次修复时间为5h，问能修复的故障数占总故障数的百分比？若将每次修复时间延长到10h，能修复的故障数占总故障数的百分比？规定多长时间才能使90%的故障得以修复？

故障修复时间（单位：h） 表3-1

序号	1	2	3	4	5	6	7	8	9	10
修复时间	0.20	0.35	0.55	0.85	1.20	1.30	1.35	2.5	3.0	3.8
序号	11	12	13	14	15	16	17	18	19	20
修复时间	4.8	6.0	6.2	7.0	8.4	15.0	17.0	20.0	24.0	72.0

解：

修复总时间为：
$$\sum_{i=1}^{20} t_i = 196\text{h}$$

因为
$$M_{ct} = \frac{\sum_{i=1}^{20} t_i}{20} = 9.8\text{h}$$

则：
$$\mu = \frac{1}{M_{ct}} = \frac{1}{9.8} = 0.102$$

所以
$$M(t) = 1 - e^{-\mu t} = 1 - e^{-0.102t}\text{h}$$

在规定的 5h 内能完成修复的概率为：$M(5) = 1 - e^{-0.102 \times 5} = 39.9\%$；

在规定的 10h 内能完成修复的概率为：$M(10) = 1 - e^{-0.102 \times 10} = 63.9\%$；

要使 90% 的故障得以修复，其需要规定的时间为：$M(t) = 1 - e^{-0.102t} = 0.9$；

解得：
$$t = \frac{-0.230}{-0.102} = 22.5\text{h}$$

3.2.4 常用维修时间的估算

在汽车维修性和维修工作中，根据不同的目的，选用不同的维修时间指标，来规定汽车维修性的定量指标。下面介绍几个常用的维修时间指标及其估算方法。

1）平均修复时间

平均修复时间（mean time to repair，MTTR）是指在规定的条件下和规定的时间内，在任一规定的维修级别上，修复性维修总时间与在该级别上被修复汽车的总故障数之比，记为 M_{ct}，可用下式计算：

$$M_{ct} = \frac{\sum_{i=1}^{n} \lambda_i M_{cti}}{\sum_{i=1}^{n} \lambda_i} \tag{3-76}$$

式中：M_{ct}——单项平均修复时间，即第 i 项产生故障时，所需的平均修复时间；

λ_i——第 i 项的故障率；

$\sum_{i=1}^{n}\lambda_i$——汽车的故障率（即故障修复工作的总次数）；

n——修复项目总数。

2）平均预防维修时间

平均预防维修时间是指完成汽车计划性预防维修所需时间的平均值。预防维修包括定期检查、维护、有计划地换件、校正、检修等，记为 M_{pt}。其表达式为：

$$M_{pt} = \frac{\sum_{j=1}^{m} f_{pj} M_{ptj}}{\sum_{j=1}^{m} f_{pj}} \tag{3-77}$$

式中：M_{ptj}——第 j 项预防维修作业所需的平均时间；

f_{pj}——第 j 项预防维修作业的频率；

m——预防发维修作业的项目数。

3) 平均维修时间

平均维修时间,指在规定的条件下和规定的时间内,预防性维修和修复性维修总时间与计划维修和非计划维修事件总数之比,记为 M_{Mt}。

$$M_{Mt} = \frac{\lambda M_{ct} + f_p M_{pt}}{\lambda + f_p} \tag{3-78}$$

式中:λ——汽车的故障率,$\lambda = \sum_{i=1}^{n} \lambda_i$;

f_p——汽车预防维修的频率,$f_p = \sum_{j=1}^{m} f_{pj}$。

4) 修复时间中值

完成修复工作的 50% 的维修时间,称为修复时间中值,记为 $\widetilde{M}_{ct}$。

$\widetilde{M}_{ct}$ 把全部修复时间的数值分为两部分,使其中一部分等于或小于该中值,而另一部分却等于或大于该中值。也就是说,如果把修复时间中值 $\widetilde{M}_{ct}$ 定为规定的维修时间,那么在维修过程中,将有一半的维修活动未完成。

若维修时间服从指数分布时,由(3-75)式得:

$$1 - M(t) = e^{-\frac{t}{M_{ct}}}$$

取对数后得:

$$\frac{t}{M_{ct}} = -\ln[1 - M(t)]$$

当 $M(t) = 0.5$ 时,代入上式得:

$$\widetilde{M}_{ct} = t = -\ln 0.5 \cdot M_{ct} = 0.7 M_{ct}$$

可见,当维修时间服从指数分布时,修复时间中值约为 $0.7 M_{ct}$。

5) 修复时间最大值

完成全部维修工作的某一规定百分比所需时间的最大值,称为修复时间最大值,记为 M_{maxct}。这一规定的百分比一般取 $M(t) = 95\%$(或 90%),即完成规定的第 95 百分位(或第 90 百分位)维修工作量的时间,就是最大维修时间。

若维修时间服从指数分布时,设最大修复时间的修复概率 $M(t) = 1 - \alpha$,$\alpha = 0.05 \sim 0.1$,则 $M(t) = 0.95 \sim 0.90$。

由式(3-75)得:

$$1 - \alpha = 1 - e^{-\frac{M_{maxct}}{M_{ct}}}$$

故

$$M_{maxct} = -(\ln \alpha) \cdot M_{ct}$$

当 $\alpha = 0.05$ 时,$M_{maxct} = 3 M_{ct}$;

当 $\alpha = 0.1$ 时,$M_{maxct} = 2.30 M_{ct}$。

【例3-10】 已知某汽车修复时间服从指数分布,技术指标规定第 90 百分位(即 $\alpha = 0.1$)上的最大修复时间不得超过 1h,试求 M_{ct} 及中位修复时间。

解:

已知 $M(t) = 0.9, M_{maxct} = 1\text{h}$

则
$$M_{ct} = \frac{M_{\max ct}}{2.30} = \frac{1}{2.30} = 0.43 \text{h}$$

$$\widetilde{M}_{ct} = 0.7 M_{ct} = 0.7 \times 0.43 = 0.301 \text{h}$$

6) 维修性指数

维修性指数表示汽车每工作小时的平均维修工时，又称为维修工时率，记 M_I。

$$M_I = \frac{M_{MH}}{T_{OH}} \tag{3-79}$$

式中：M_{MH}——汽车在规定的使用期间内的维修工时数；

T_{OH}——汽车在规定的使用期间内的工作小时数。

减少维修工时，节省维修人力费用，是维修性要求的目标之一。因此，维修性指数也是衡量维修性的重要指标。需要注意的是，M_I 不仅与维修性有关，而且与可靠性也有关。提高可靠性，减少维修也可使 M_I 减少。因此，M_I 是维修性、可靠性的综合指标。

3.2.5 维修性设计准则

维修性的定性要求可以保证维修的简便、迅速、经济和有效。一方面，它是实现定量指标的具体技术途径或措施；另一方面，它是定量指标的补充，有些无法用定量指标反映的要求，可以用定性指标。

维修性共性要求共有八个，即：简化装备设计与维修、具有良好的维修可达性、提高标准换程度和互换性、具有完善的防差错措施及识别标记、保证维修安全、测试准确快速简便、重视贵重件的可修复性、符合人机环境工程要求。

1. 简化装备设计与维修

"简化"是产品设计的一般原则。装备构造复杂，使使用、维修变得复杂，随之而来的是对人员技能、设备、技术资料、备件器材等要求提高，以致造成人力、时间及其他各种保障资源消耗的增加，维修费用的增长，同时降低了装备的可用性。因此，简化装备设计、简化维修是最重要的维修性要求。

简化可以从以下几个方面入手。

1) 简化功能

简化功能就是消除产品不必要乃至次要的功能，进而简化构造。那么什么是不必要或次要呢？比如说某项功能很弱，但费用却很高，或者完全可以用其他功能代替，这就不必要了。那么，简化功能除了对主装备外，还可以针对保障资源，对维修性带来的好处就是，一方面可以提高可靠性，另一方面减少维修费用和维修资源。

2) 合并功能

合并功能就是把相同或相似的功能结合在一起来执行，通过简化功能的执行过程，简化构造和操作，从而可以简化维修、节省资源，通俗来讲，就是"一次办几件事"。

3) 减少元器件零部件的品种和数量

元器件零部件的品种和数量越少，对保障资源的要求越低，保障系统也就越简洁，但要以不减少必要功能为前提，因此常常需要综合权衡。

4）改善产品检测维修的可达性

可达性是影响维修的一个重要的因素,可达性好,维修越方便,维修性就越好。

5）装备与其维修工作协调设计

在设计装备的同时设计维修保障,这样在装备故障时可以方便地按照方案维修,无疑提高其维修性。

对于汽车在这方面的具体体现在如下方面。

(1) 在保证性能要求的前提下,应结构简单,不需要或很少需要进行预防维修,避免经常拆卸和维修,减少维修内容和频率,必要的维修应简便、迅速。

(2) 宜采用不需添加润滑剂和无需调整等结构设计。

(3) 密封设计应保证密封可靠,且易保持再装后的密封性能。

(4) 应降低对维修人员技能的要求,结构复杂和维修难度大的零部件宜采用无维修设计。

(5) 对不易拆卸的过盈配合件,应设有顶丝孔或设计成可使用拉器等便于拆卸的结构。

(6) 风扇及其他皮带驱动装置的调整应简单方便,应优先采用自调整结构。

(7) 空气、燃油、润滑油滤清器应便于拆装,其滤芯应易于清洗和更换,有条件的应采用一次性滤芯。

(8) 制动器和离合器的检查与调整,应简单容易,并标明调整方向。

(9) 离合器分离轴承和传动轴万向节轴承应优先采用无需定时加注润滑剂的结构,当采用定时润滑时,应便于加注。

(10) 电气设备宜采用模件化结构设计,并明确规定其测试方法和报废标准。

(11) 发动机应更换方便,其外部的附件、接线、管路等应易于拆装。

(12) 应优先采用预配型曲轴轴承。

(13) 散热器各软管应有足够长的握持部分,以便于拆装,加液口的位置应便于加注和目测液面高度。

(14) 化油器应便于调整,油管接头应容易拆装,浮子室油平面高度应便于观察。

(15) 制动鼓或制动盘应有足够的修理加工余量,使其至少能镗削两次。

(16) 转向器、主减速器和差速器应便于调整。

(17) 更换车轮应简便易行,驾驶员用随车工具就能进行。

(18) 车厢和驾驶室的结构应便于自身和其他系统的维修作业。

(19) 燃料系统的排气阀位置应能保证排气干净,且便于操作。

(20) 燃油箱、润滑油箱和散热器内壁应经防腐蚀处理,并便于清洗。

(21) 应减少对专用维修机工具和设施的需求。

2. 具有良好的维修可达性

维修可达性是指在维修产品时,接近维修部位的难易程度。维修可达性好,维修人员就能够迅速方便地达到维修的部位并且能够操作自如。用一句通俗的话来说,维修可达性就是设计得使维修部位能够或者很容易"看得见、够得着",而不需要过多的拆装和搬动。

很显然,维修可达性好,能够提高维修的效率,减少差错,降低维修工时和维修费用。

实现可达性需要两个方面的措施:一是合理设置各部分的位置,并要有适当的维修操作空间,包括工具的使用空间;二是要提供便于观察、检测、维护和修理的通道。

对于汽车在这方面的具体体现有如下方面。

(1)所有的液体排放口应易接近,不用工具或只用随车工具就能开闭。当汽车停放于平坦路面时能排净液体,且不得排放到其他零部件上。

(2)加注嘴、孔、口的数量宜少,并应可见、易达、便于加注。

(3)宜做到在检查或维修任一部分时,不拆卸、不移动或少拆卸、少移动其他部分。

(4)应设置电气设备的超载和超压保护装置,各类保护装置及显示仪表一般应集中布置在驾驶室内易检修的部位。

(5)仪表板应是一个独立的组合体,并应设置必要的标志或文字说明,便于拆装、测试、校准和更换元件等维修作业。

(6)分电器及其他故障率高的电气总成的安装位置应易接近,并便于检查、调整和迅速拆装。

(7)加注制动液、排放液压制动管路中的空气应简便,且不必拆去其他零部件就能完成。

(8)摩擦式离合器的结构及其在整车中的布置,宜在少拆卸其他零部件的条件下,就能拆装从动盘或压盘等。

(9)所有车轮都应便于充气和测量气压。

(10)变速器、分动器一般应在不拆卸驾驶室、车厢的条件下就能进行拆装。

(11)喷油泵和喷油器的安装位置应便于拆装。

(12)制动系管路及各阀的布置应便于检查和更换。

3. 提高标准化程度和互换性

在维修过程中实现标准化和互换性有利于产品的设计与制造,有利于零部件的供应、储备和调剂,从而使产品的维修更为简便。

标准化的主要形式是系列化、通用化和模块。系列化是对同类的一组产品同时进行标准化的一种形式,比如说装备的家族谱;通用化是指同类型或不同类型产品中,如果零部件相同,可以彼此通用;而模块化设计则实现了部件之间的互换互通,也是比较常见的,比如我们的笔记本相对于台式机来说模块化程度就高。

互换性是指同种产品之间在实体上、功能上能够彼此互相替换的性能。实体相同是几何形状或尺寸的相同。如果两个产品实体和功能都相同,能用一个去代替另一个而不需改变产品或母体的性能时,则称该产品具有互换性,比如说我们外科手术中的心脏移植、眼角膜移植、骨髓移植等;如果两个产品仅具有相同的功能,那就称之为具有功能互换性或具有替换性,比如说,用钳子代替剪刀。

实现标准化和互换性可以从三个方面入手:优先选用标准件;提高互换性和通用化程度;尽量采用模块化设计。

对于汽车在这方面的具体体现有如下方面。

(1)应优先选用标准化的设备、工具和零部件,减少其品种和规格,易损件应具有良好的互换性和必要的通用性。

(2)应减少全车所使用的润滑剂品种,尽量做到多种车型通用。

(3)不同工厂生产的相同型号的成品件、附件必须具有安装和功能的互换性。

(4)修改零部件设计时,不要任意更改安装的结构要素。

(5)宜采用模块化设计。

4. 具有完善的防差错措施及识别标记

墨菲定律指出:"如果某一事件存在着搞错的可能性,就肯定会有人搞错",产品维修也不例外。产品在维修中,常常会发生漏装、错装或其他操作差错,轻则延误时间,影响使用;重则危及安全。因此,应采取措施防止维修差错。

防止维修差错主要是从设计上采取措施,保证关键性的维修作业"错不了""不会错""不怕错"。

"错不了"是指产品设计时使维修作业不可能发生差错,比如零件装错了就装不进去,漏装某个步骤就不能继续操作等。

"不会错"是指产品设计时应该保证,按照一般的习惯操作不会出错,比如螺纹向右旋为紧,左旋为松。在设计时最好不要脱离日常习惯。

"不怕错"是指设计时采取种种容错技术,使某些安装差错不至于造成严重的事故,比如超差强制装配技术,大家感兴趣的话可以下去查一查。

实际上,除产品设计上采取措施防差错外,设置识别标志,也是防差错的辅助手段。

对于汽车在这方面的具体体现有如下方面。

(1)结构相同而又不能互换使用的零部件,应有明显的鉴别标志。

(2)需要进行注油维护的部位应设置永久性标志,必要时应设置标牌。

(3)安装空间较小、周围机件较多、定位困难的零部件,应注有安装位置标志或设有定位装置。

(4)对使用和维修时易造成人为差错的零部件或部位,应有必要的防差错结构或标志,标志可采用形象图案、文字、颜色或刻线等。

(5)复杂管路、线路应用不同颜色或其他符号作出标记,其布置要错落有序。

(6)电气线路的各接头,应优先采用标准接插件,保证连接解脱迅速可靠。

(7)电气设备的接插件、调整点和控制器等应标出有关极性、调整方向以及必要的名称和数据等。

(8)蓄电池应注有极性、电压和容量等必要的永久性标志,安装位置应保证安全,并便于就车维护和迅速更换,其接线应能快速解脱。

(9)发动机应有正时标志,且查视方便。

(10)传动轴花键轴与套管叉的安装应简便,且有防错标志或结构。

5. 保证维修安全

维修安全性是指能避免维修人员伤亡或产品损坏的一种设计特性。维修性中所说的安全是指维修活动的安全。它比使用时的安全更复杂,涉及的问题更多。保证维修安全,不仅要保证维修人员的安全,还要保证维修时不对环境造成大的危害。

为了保证维修安全,在设计时可以从以下几个方面入手。

(1)设计装备时,应使装备在故障状态或分解状态进行维修是安全的。也就是说,设计应该保证维修人员在这种情况下工作,不会引起电击或有害气体泄漏等。

(2)设计装备时,在可能发生危险的部位,应该提供辅助预防手段,比如说,提供醒目的标记、警告灯或声响警告等。

(3)设计装备时,对于严重危及安全的部分,应有自动防护措施。比如说,对于装备的核生化、高辐射、高电压的部位,尤其应该设置自动防护措施。

(4)设计装备时,对于储有很大能量但维修时需要拆卸的装置,应该设有专用的释放能量的设备工具。比如,对于盛装有高压气体、弹簧、高压电等的装置,就要采取这样的措施,保证拆卸安全。

对于汽车在这方面的具体体现有如下方面。

(1)设计汽车时,应保证贮存、运输和维修时的安全。

(2)对易受泥污或人为损坏的润滑点和调整部位应采取防护措施。

(3)在可能严重危及维修作业安全的部位上,应设有保险装置或醒目标志。

(4)维修通道不得有尖锐边角,应避开高温热源,不能避开时,应采取隔热措施。维修空间应能保证维修人员在穿着寒区冬服时能顺利地进行维修作业。

(5)汽车上容易起火的部位,应安装有效的报警器和灭火设备。

(6)风扇叶片等易伤人的外部运动件应装有防护罩。

6. 测试准确、快速、简便

产品测试是否准确、快速、简便,对维修有重大影响。对于汽车的具体要求有如下方面。

(1)应尽量采取原位检测方式。

(2)经常需要原位检测的部位要设置检测点,检测点的布置要便于检测设备的使用。

(3)发动机、制动、转向和电气等系统应设必要的工作状态指示装置和危险征候的报警装置。

(4)灯光信号系统应有必要的故障显示装置,并便于检查和调整,灯泡等易损件应便于更换。

(5)检测设备应考虑检测技术的发展,与新车型同时进行选配或研制并交付使用。宜选用编制中适用的或通用的检测设备。

(6)检测设备要求体积小、质量小、可靠性高、成本低、操作方便、维修简单和尽量通用化、多功能化。

7. 重视贵重件的可修复性

可修复性是当产品的零部件磨损、变形、耗损或其他的形式失效后,可以对原件进行修复,使之恢复原有的特性。实践证明,贵重件的修复,不仅可节省维修资源和费用,而且对提高汽车可用性有着重要的作用。因此,设计中要重视贵重件的可修复性。

对于汽车在这方面的具体体现有如下方面。

(1)易磨损或易发生其他损伤的部位,应容易修复。

(2)需要原件修复的零件,修理方法应简便易行、成本低。

(3)需要调整和修复的易磨损或成本高的零部件,应留有一定的调整余量或修理加工余量。

(4)需加工修复的零件应设计成能保持其工艺基准不受工作负荷的影响而磨损或损坏。

必要时可设计专门的修复基准。

(5)应优先采用可更换的缸套,当采用整体式缸体时,应留有足够的修理加工余量。

8. 符合人机环工程要求

人机工程主要研究如何达到人与机器有效地结合和对环境的适应。维修的人机工程是研究在维修中人的各种因素,包括生理因素、心理因素和人体尺寸与机器和环境的关系,以提高维修工作效率、质量和减轻人员劳动强度等方面的问题。

对于汽车在这方面的具体体现有如下方面。

(1)设计汽车时应按照使用和维修时人员所处的位置、姿势与使用工具的状况,并根据人体量度,提供适当的操作空间,使维修人员有个比较合理的维修姿态,尽量避免以跪、卧、蹲、趴等容易疲劳或致伤的姿势进行操作。

(2)对汽车的维修部位应提供自然或人工的适度的照明条件。

(3)设计时应考虑使维修人员的工作负荷和难度适当,以保证维修人员的持续工作能力、维修质量和效率。

(4)维修人员不易直接移动而且在形状上又不便吊装的部件,应设有易于接近的标准吊环或安装吊环的螺孔。

(5)各部件的设计应符合维修的人机工程要求。维修时依靠人力操作的有关零部件的重量和紧固件的扭矩应适合人的体力限度。

(6)备用车轮的固定装置应结构简单,操作安全、可靠,中型以上的汽车应设有备用车轮升降装置。

3.3 汽车可用性

3.3.1 可用性的定义

汽车是可维修装备。对于汽车而言,总是处于两种状态,一种是完好状态,一种是发生故障后的维修状态。完好——故障——完好交替进行。从开始工作到发生故障(指最初一次故障),这一阶段是可靠性研究的问题;从发生故障后进行修复,至恢复到正常工作这一阶段是维修性问题。把两者统一起来进行研究,就是可用性问题。

汽车可用性指汽车在任一随机时刻需要和开始执行任务时,处于可工作或可使用状态的程度。可用性的概率度量称为可用度,记为 $A(t)$。

可用性越高,表示汽车的可用工作时间就越长,停用的时间就短,即表明汽车随时随地都可以执行任务的反应能力强,保证汽车能快速出动。

可用性和可靠性是两个不同的概念。可用性强调在任意时刻需要使用汽车时,汽车在此时刻所具有的可利用性,而不考虑汽车在该时刻之前是否发生故障维修过。而可靠性强调的是汽车在该时刻之前,一定是未出现过故障。例如,现有100辆汽车,在行驶10万km时,其可用度 $A(t) = 0.8$,表明在10万km时,100辆汽车中有80辆汽车可以正常使用,这80辆汽车中,可能有的汽车从未发生过故障,可能有的汽车发生故障,甚至多次发生故障,是经修复后可以使用的。显然,可用性不仅包括可靠性,把维修性也考虑进去了。如果在10万km时,其可靠度$R(t) = 0.8$表明在10万km时,100辆汽车中有80辆汽车未出现故障,有20辆汽车发生故障,可靠性未把维修性包括进去。

对于汽车使用部门来说,比较关心的是某一特定时刻汽车的可用性,以保证汽车随时都可以使用。显然,汽车能否有效利用,是与其可靠性和维修性密切相关的。

可用性在有的资料中又称为有效性、利用率;可用度又称为有效度、可用率。

3.3.2 可用性的计算

1. 可用度的基本公式

对于研究汽车长时间使用中的可用度,工程上常采用稳态可用度。

当故障时间、修复时间均服从指数分布时,可用度为:

$$A = \frac{\mu}{\lambda + \mu} \tag{3-80}$$

由于$\lambda = \frac{1}{T_{BF}}$, $\mu = \frac{1}{M_{ct}}$,所以

$$A = A(\infty) = \frac{1/\lambda}{1/\lambda + 1/u} = \frac{T_{BF}}{T_{BF} + M_{ct}} \tag{3-81}$$

在装备处于稳定状态时,装备的能工作时间与平均无故障工作时间成正比,不能工作时间与平均修复时间成正比,因此,式(3-81)又可写成:

$$A = \frac{U}{U + D} \tag{3-82}$$

式中:U——能工作时间;
D——不能工作时间。

2. 三种可用度的计算公式

(1) 固有可用度A_i。

固有可用度是指汽车在理想的保障环境中(例如有合用的工具、备件与人力),在指定的条件下使用时,能在给定的时刻正常工作的概率,记为A_i。是仅与工作时间和修复性维修时间有关的一种可用度。它不包括预防维修工作、补给时间与行政管理的停机时间。其数学表达式为:

$$A_i = \frac{U}{U + D} = \frac{T_{BF}}{T_{BF} + M_{ct}} \tag{3-83}$$

上式中的能工作时间,仅指无故障的工作时间,而不包括待命、反应等时间因素。不能工作时间也仅包括平均修复时间,而不包括延误时间、后勤保障时间、等待时间,也不包括预防维修时间。这种可用度是通过设计赋予装备内在的可用度,反映了装备可靠性和维修性的固有属性,是设计时考虑的一项重要指标。

(2) 可达可用度 A_a。

可达可用度是指在不包括补给时间与行政管理停机时间的条件下,某一装备在理想的保障环境中(例如有合用的工具、备件和人力),在指定的条件下使用时,能在给定的时刻正常工作的概率,记为 A_a,是仅与工作时间、修复性维修和预防性维修时间有关的一种可用度。它把预防维修工作包括在内,但不包括补给时间与行政管理延误时间。数学表达式为:

$$A_a = \frac{T_{BM}}{T_{BM} + M_{Mt}} \tag{3-84}$$

式中:T_{BM}——平均维修间隔时间,其度量方法是在规定的条件下和规定的时间内,汽车寿命单位总数与该汽车修复性维修和预防性维修事件总数之比;

M_{Mt}——平均维修时间。

其中:

$$T_{BM} = \frac{1}{\lambda + f}$$

式中:λ——故障率;

f——预防性维修的频数。

$$M_{Mt} = \frac{\sum_{i=1}^{n} \lambda_i M_{ct} + \sum_{j=1}^{m} f_j M_{pt}}{\sum_{i=1}^{n} \lambda_i + \sum_{j=1}^{n} f_j}$$

则:

$$A_a = \frac{T_{BM}}{T_{BM} + M_{Mt}} = \frac{1}{\lambda + f} \cdot \frac{1}{\frac{1}{\lambda + f} + M_{Mt}} = \frac{1}{1 + (\lambda + f) M_{Mt}} \tag{3-85}$$

从式(3-85)可看出,可达可用度不仅受设计制约,而且也受到维修制度的影响。因为预防维修制度的频数随预防维修制度所规定的预防维修周期不同而改变。如果预防维修周期太短,预防维修频数就会提高,从而会使 A_a 降低。

(3) 使用可用度 A_O。

装备在实际使用环境中,在规定的条件下使用时,一旦需要即能良好工作的概率,称为使用可用度,记为 A_O,是仅与能工作时间和不能工作时间有关的一种可用度。其数学表达式为:

$$A_O = \frac{T_{BM}}{T_{BM} + MDT} \tag{3-86}$$

式中:T_{BM}——平均无维修工作时间;

MDT——平均停机时间,包括除了装备改进以外的所有停机时间。

使用可用度可由下式表达:

$$A_O = \frac{T_{BM} + RT}{T_{BM} + RT + MDT} \tag{3-87}$$

式中:RT——汽车待命,而实际并未工作的时间,即待机时间。

使用可用度不仅受设计、维修制度的制约,而且与整个管理制度有关。

【例3-11】 某汽车行驶1000h,发生10次故障,每次排故障时间平均为5h。其计划预防维修小修6次,每次40h;中修两次,每次需80h;大修一次,需200h。试求其A_i和A_a。

解:

① 平均故障间隔时间 $$T_{BF} = \frac{1000}{10} = 100\text{h}$$

平均维修时间 $$M_{CT} = 5\text{h}$$

所以 $$A_i = \frac{T_{BF}}{T_{BF}+M_{ct}} = \frac{100}{100+5} = 0.952$$

② 平均维修间隔时间 $$T_{BM} = \frac{1000}{10+6+2+1} = 52.36\text{h}$$

平均维修时间 $$M_{Mt} = \frac{(6 \times 40 + 2 \times 80 + 1 \times 200) + 5 \times 10}{10+9} = 34.2\text{h}$$

所以 $$A_a = \frac{T_{BM}}{T_{BM}+M_{Mt}} = \frac{52.63}{52.63+34.2} = 0.606$$

3.3.3 提高可用性的措施

汽车的可用性与可靠性、维修性、管理水平有关。提高汽车可用性,必须在汽车的论证、研制、生产、使用直至退役全过程中采取的措施,全面贯彻可靠性、维修性大纲,实施科学管理,才能达到提高可用性的目的。

1. 提高汽车可靠性

系统可靠性的基础是单元可靠性。汽车可靠性的基础是总成、部件、零件的可靠性。提高汽车的可靠性,必须提高总成、零部件的可靠性。在汽车设计时,要考虑相应的技术问题,比如:合理选用零部件;选用强度好、刚度好、耐磨性好的零部件,结构合理,合理地选用材料;进行强度计算,合理选择安全系数;提高耐磨性、耐腐蚀性、耐疲劳性、抗振能力等;重视小零部件的可靠性。

除了注意提高单元的可靠性,还应注意提高系统的可靠性,即提高整车的可靠性,可以采取一些措施,比如:对于容易出故障的重要部位,可采用贮备方式。

对于有多种不同影响的故障模式的汽车,改善一种故障模式下的可靠性,有时会导致另一种故障模式下可靠性的降低,应选用可靠性降低少的一种。

除了在设计中采取措施以外,在生产当中要加强管理,确保汽车质量,保证汽车的可靠性。

2. 提高汽车的维修性

汽车是可修复系统,出了故障后容易修复,可以大大提高汽车的可用性。提高维修性,必须在汽车的论证、研制过程中采取措施。

3. 加强后勤保障

制订合理的维修制度。有足够的备件供应,特别是总成互换修理时的总成供应,要有一定的周转量。必要的专用工具和专用维修设备,应及时配发。保证必要的维修技术资料。对专业人员进行技术培训,提高维修技术水平。

4.加强科学管理

采取先进的维修手段,合理的维修工艺,科学的维修组织,提高维修效率,减少待料时间和行政延误时间,都可提高汽车的可用度。

3.4 维修方式与维修策略

3.4.1 维修的定义

维修是为使产品保持或恢复到规定技术状态所进行的全部活动。

维修是一个非常广泛的概念。它贯穿于装备使用全过程,包括使用与储存过程。一般维修的直接目的是使装备保持在规定状态,即预防故障及其后果,而当它受到破坏(发生故障或遭到损伤后)后,则使其恢复到规定状态。现代维修还扩展到对装备进行改进以局部改善装备的性能(通常称改进性维修)。维修主要包括以下两方面的活动。

技术性活动:检测、隔离故障、拆卸、安装、更换、修复零件、校正、调试等。

管理性活动:使用与储存条件的监测、使用或运转时间及频率的控制等。

从不同的角度出发,维修有不同的分类方法,最经典的分类是将维修划分为修理和维护;按维修活动计划与否可分为计划维修和非计划维修;按照维修的目的和维修时机分类,可将维修分为预防性维修、修复性维修、应急维修和改进性维修。

3.4.2 修复性维修

修复性维修也称修理或排除故障维修,它是装备(或其部分)发生故障或遭到损伤后,使其恢复到规定技术状态所进行的维修活动。它可以包括下述一个或全部活动:故障定位、故障隔离、分解、更换、装配、调试、检验、修复等。假设某辆汽车的出车日期为2006年6月19日,在行驶过程中,离合器发生故障,必须立即修理。其修理作业流程如图3-8所示。

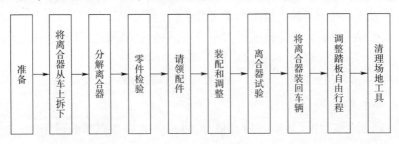

图3-8 修理离合器的维修作业流程

3.4.3 预防性维修

预防性维修是在发生故障前,使装备保持在规定状态所进行的各种维修活动。它一般包括:擦拭、润滑、调整、检查、定期拆修、定期更换等。预防性维修的目的是发现并消除潜在故障,或避免故障的严重后果,防患于未然,适用于故障后果危及安全和任务完成或导致较大经济损失的情况。

(1)定期维修。

依据规定的间隔期或固定的累计工作时间或里程,按事先安排的计划进行的维修。其优点是便于安排维修工作,组织维修人力和准备物资。定期维修适用于已知寿命分布规律且确有耗损期的装备。如汽车大修、一级维护、二级维护、三级维护,定期更换空气滤芯等维修活动均属于定期维修。

(2)视情维修。

通过检测、监控掌握装备的状况,对其可能发生功能性故障的项目,作必要的预防性维修。视情维修适用于耗损故障初期有明显劣化征候的装备,并需有适当的检测手段和标准。其优点是维修的针对性强,能够充分利用机件的工作寿命,又能有效地预防故障。

(3)预先维修。

针对故障根源采取的维修措施,包括对故障根源的监测和排除。故障根源或诱因是指机件所处的外部环境、介质以及其他产品(如:液压油、润滑油或气体)的物理、化学性质劣化,产生渗漏、温度变化、气蚀、机件不对中等各种"稳定性"问题。预先维修通过监测和排查故障诱因,即对故障诱因进行维护、更换、修复、改进、替换等,从根本上消除机件故障。通过预先维修有可能实现设备的"零失效",但它只适用于那些能够确定机件故障根源的设备并需要较高的投入。

(4)故障检查。

检查产品是否仍能工作的活动称为故障检查或功能检查。故障检查是针对那些后果不明显的故障,所以它适用于平时不使用的装备或产品的隐蔽功能故障。通过故障检查可以预防故障造成严重后果。

以上几种维修方式各有其适用的范围和特点,并无优劣之分。正确运用定期维修与视情维修相结合的原则,适时进行故障检查,积极研究和适当应用预先维修,可以在保证装备战备完好性的前提下节约维修人力与物力。

平时对装备所进行的例行擦拭、清洗、润滑、加油注气等,是为了保持装备在工作状态正常运转,也是一种预防性维修,通常叫作维护。

3.4.4 维修方式及其选取方法

维修方式,是指为完成汽车维修任务所采取的形式。在维修活动中,应当不断寻找和追求运用最优、最佳的方式,以便最有效地完成汽车维修任务。维修方式也可以分为多种类型。

1. 维修方式的分类

1)按故障发生与否

(1)预防维修。

故障发生前预先对汽车(或其机件)进行维修。其目的是预防故障,防患于未然。

(2) 故障维修。

故障维修(也称事后维修)是让汽车(部件)用到发生故障后才进行修理的维修方式。这种方式可以充分利用汽车的使用寿命,但前提是发生的故障不会直接影响使用安全和任务完成。这种方式适用于故障率不会随使用时间的增加而增高,或虽会增高但预防性维修费用大于故障损失费用的汽车维修。

2) 按维修对象与母体关系

(1) 离位维修。

离位维修指需要将汽车的局部或全部拆卸后进行维修。

(2) 原位维修。

原位维修指不需要拆卸就能直接进行的维修。原位维修一般是指日常的维护,连接件松动后的紧固、重新调整,简单弃件或模件的更换,某些修补及整形等,其最大的优点是简便迅速,不需要高的维修技术。

离位维修和原位维修,各有所长,但也都有不足之处。前者虽然能较全面地排除各种故障,但大拆大卸不但需要较多的人力物力和较长的时间,而且还可能在拆卸中造成人为损坏。后者虽有不少优点,但目前使用范围有一定的局限性,所以离位维修仍不可缺少。随着技术的进步、维修性的改善和采用先进的维修手段,原位维修的范围和深度会不断增加。

3) 按维修深广度

(1) 大修。

汽车已达到或超过大修周期,各部机构严重磨损或老化,出现系统性故障,严重影响技术性能或主要部件严重损坏,修理工艺复杂,需要使用大型、精密、专用设备才能修复的属于大修。

(2) 小修。

汽车的零件松动、调整不当或轻微损伤影响使用,而利用简单工具或随分队配备的备件就可以调整、更换、修复的属于小修。

2. 维修方式的确定

汽车的维修方式,是编制其他技术文件,如维修工作卡、维修技术规程和准备维修资源,如:备品、消耗器材、仪器设备及人力等的依据。选定维修方式,应根据维修质量、维修时间、维修费用及安全性等许多因素综合权衡。其中维修费用是一个很重要的决定因素,即应选用维修费用小、维修质量高、维修时间短、安全性好的维修方式。对于不同的零部件应根据具体情况选择不同的维修方式。

正确地确定汽车产品的维修方式,是关系维修工作是否高效益的关键。下面介绍一种用逻辑分析决断法来确定维修方式的方法。逻辑分析决断法可以帮助人们正确、迅速地确定维修项目和维修方式,从而主动地有目的地实施维修工作,不做引起早期故障或人为故障的无效工作。

维修方式的决断是以揭示汽车产品故障的发生、发展规律为基础,以保证汽车安全性、可用性、经济性为目标,综合分析和考虑产品可靠性和维修性等多种因素,确定适当的维修方式。维修方式的确定是个多因素多指标的决策过程。

逻辑分析决断法确定维修方式的程序如图3-9所示。

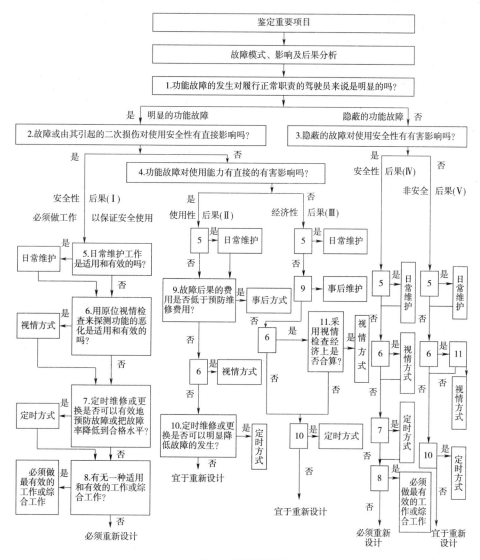

图 3-9 逻辑决断图

1) 确定分析项目

分析项目是指汽车的众多项目中需作进一步分析的项目。通过大量的使用、维修数据的统计分析结果和实际经验,回答下述问题。

(1) 该项目对汽车的安全性有无有害影响或有无隐蔽功能?所谓隐蔽功能是指该产品仍能使用,若继续使用下去将发生功能故障而对驾驶员又无任何预先警告。

(2) 该项目对费用有无客观影响?

(3) 该项目对汽车的使用能力有无有害影响?

对上述任何一个问题作肯定回答的项目就是需要分析的项目,如果对这三个问题回答都是否定的,则该项目就不需要分析。

2) 故障模式、影响及其后果分析

上述步骤只给出了一个初步而且是近似的结果,以便大大减少分析的工作量。下面接着要对这些项目作故障模式、影响及其后果分析。根据统计的结果,列出项目的功能、各种故障模式并评定其后果。经过这一步后,有可能又去掉一些分析项目。留下的项目即重要项目,通过逻辑决断图确定其适用的维修方式。当没有适用的工作可做时,需改进设计。

3)确定适用的维修方式

经故障后果评定后,将其划分为安全性后果、使用性后果和纯经济性后果,并具体划分出 5 个分支。这一步骤根据汽车产品的可靠性特性,并考虑其维修、备件支持等因素,进行可行性研究后,确定既适用又经济的维修方式。

3.4.5　维修策略及制订方法

维修策略是对维修各个方面活动的安排、方法和要求的具体规定,是为了达到组织既定的维修目标而预先确定的一套用以指导维修活动的方针、计划、标准、作业指导文件等的集合。

维修策略是由对维修模式和实现模式的具体维修活动两个部分的规定内容共同构成。其中,对维修模式的规定一般都体现在所确立的维修方针之中,而对具体维修活动的规定则主要体现在指导维修活动的各种作业指导文件之中,是组织开展维修活动的基础。

对维修策略的研究流程如图 3-10 所示。

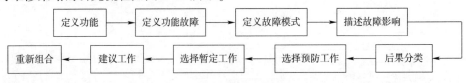

图 3-10　维修策略研究流程

定义功能是要回答现行使用环境下,设备的功能和相关功能的性能标准是什么?

定义功能故障是要回答什么情况下设备无法实现其功能?

定义故障模式是要明确引起各功能故障的原因是什么?

描述故障影响是说明各故障发生时会出现什么?

后果分类是要明确什么情况下各故障至关重要?

选择预防工作是指做什么能预防各故障发生?

选择暂定工作是要回答找不到适当的预防性措施怎么办?

对维修策略的研究就是要依次回答上述 7 个问题的过程。针对 7 个问题的答案提出一些相关维修策略的建议工作,并归纳整理和批准需要进行的相关工作,也就是建议工作。最后,对所批准的相关工作进行重新组合。

3.5　维修工程技术

3.5.1　失效模式影响及危害性分析

1.概述

失效模式影响分析(failure mode and effect analysis,FMEA)是指在产品设计过程中,通过对产品各组成单元潜在的各种失效模式及其对产品功能的影响进行分析,并把每一个的潜在失效模式按它的严酷度予以分类,提出可以采取的预防改进措施,以提高产品可靠性的一种设计分析方法。

失效模式影响及危害性分析(failure mode effect and criticality analysis,FMECA)是在FMEA的基础上再增加一层任务,即判断这种失效模式影响的致命程度有多大,使分析量化,因此,FMECA可以看作是FMEA的一种扩展与深化。

注意:早期引进FMEA时曾称之为故障模式影响分析,其实,FMEA用的是失效(failure)而不是故障(fault),主要是因为两者是两个完全不同的概念,故障没有模式,只有失效才有模式,而国内很多人认为两者是一个相同的概念。实际上,GJB 1391—2006仍使用故障模式与影响分析一词,而国家标准最近版本已经更名为失效模式与影响分析。

2. FMECA的基本内容

1)失效模式影响分析

(1)失效模式影响。

失效影响是指每个假设的失效对产品使用、功能或状态所导致任务成功、安全性、经济性及使用与维修要求的影响。由于一种失效不仅对所分析的约定层次,而且可能会影响多个约定层次。根据影响范围的不同,可分为局部影响、对上一层的影响和最终影响。局部影响是指假定的失效模式对当前所分析约定层次或单元的影响,可能就是所分析的失效模式本身,分析的目的在于为评价补偿措施及提出改进措施建议提出依据。对上一层的影响是指假定的失效模式对当前所分析约定层次的上一层的影响。最终影响是指假定的失效模式通过所有中间功能层对最高功能层的影响。

(2)失效模式影响分析的方法。

FMEA有两种基本方法:硬件法和功能法。当产品可按设计图纸及其他工程资料明确确定产品硬件构成时,一般采用硬件法。当产品构成不能明确确定时,或当产品的复杂程度要求从初始约定层次开始向下分析,即自上而下分析时,一般采用功能法。可根据设计的复杂程度和可利用的信息选择分析方法。对于复杂的系统,可以综合使用这两种法。

①硬件法。

该方法根据产品的功能对每个失效模式进行评价,用表格列出各个产品,并对可能发生的失效模式及其影响进行分析。各产品的失效影响与分系统及系统功能有关。该分析方法适用于从零件级开始分析再扩展到系统级,即自下而上进行分析;也可以从任一层次开始向任一方向进行分析。该方法的优点是较为严格。

②功能法。

该方法认为每个产品可以完成若干功能,而功能可以按输出分类。使用该方法时,将输出一一列出,并对它们的失效模式进行分析。功能法一般从初始约定层次开始向下分析,即自上而下进行分析,也可以从产品的任一层次开始向任一方向进行分析。该方法的优点是比硬件法简单,但可能忽略某些失效模式。

2)危害性分析

危害性分析是对失效后果严重程度的分析与评价。每一失效模式的危害性取决于其失效后果严酷度和该失效模式出现的概率。当失效模式的失效后果严重且又发生的概率高,则危害性大;反之亦然。

危害性分析有定性与定量两种方法。当不能获得产品技术状态数据或失效概率数据时采用定性分析,此时只能大致地用失效模式的严酷度类别和发生概率等级来表示。当能获得足够的产品性能状态数据或失效率数据时,采用定量方法计算失效模式的危害性。

(1)危害性分析的目的。

进行危害性分析的目的为:尽量消除危害性高的失效模式;当无法消除危害性高的失效模式时,要尽量从设计、制造、使用维修等方面去减少发生的失效概率;根据零部件或产品不同的危害性,相应提出不同的质量要求;根据零部件或产品危害性的不同情况,相应地对零部件或产品有关部位增设保护装置、检测系统或告警系统等。

(2)严酷度类别。

严酷度类别是产品失效造成的最坏潜在后果的量度表示,可将每一失效模式和每一被分析的产品按损失程度进行分类。严酷度一般分为以下四类。

Ⅰ类(灾难失效):它是一种会造成人员死亡或系统毁坏的失效。

Ⅱ类(致命失效):这是一种导致人员严重受伤,系统性能严重降低或系统严重损坏,从而使任务失败的失效。

Ⅲ类(临界失效):这类失效将使人员轻度受伤,系统性能轻度下降或系统轻度损坏,从而导致任务延误或任务降级。

Ⅳ类(轻度失效):这是一种不足以导致上述三类后果的失效,但它会导致需要进行非计划维修。

确定严酷度类别的目的在于为安排改进措施提供依据。最优先考虑消除严酷度为Ⅰ类与Ⅱ类的失效模式。

(3)失效模式发生概率。

进行 FMECA 时,可根据失效模式发生概率来评价失效模式的影响及危害性。失效模式发生概率划分为以下几个等级。

A 级(经常发生):在产品工作期间,发生失效的概率是很高的,即一种失效模式出现的概率大于总失效概率的 0.2。

B 级(很可能发生):产品工作期间发生失效的概率为中等,即一种失效模式出现的概率为总失效概率的 0.1~0.2。

C 级(偶然发生):在产品工作期间发生失效是偶然性的,即一种失效模式出现的概率为总失效概率的 0.01~0.1。

D 级(很少发生):在产品工作期间发生失效的概率是很小的,即一种失效模式发生失效的概率为总失效概率的 0.001~0.01。

E 级(极不可能发生):在产品工作期间发生失效的概率接近于零,即一种失效模式发生概率小于总失效概率的 0.0001。

3)危害度估计

(1)危害性矩阵图法。

采用危害性矩阵图法,可以确定每一失效模式的危害程度并与其他失效模式相比较,进而为确定补偿措施的先后顺序提供依据。在危害性矩阵图中横坐标表示严酷度类别,纵坐标表示危害度或失效模式出现的概率等级,如图 3-11 所示。

在危害矩阵图上,以失效模式 A 和失效模式 B 相比较,B 点比 A 点离原点远,则 B 点的危害程度比 A 点严重,即线段离原点越远,其危害程度越严重。

(2)计算估计法。

在特定严酷度类别下,产品的失效模式中的某一模式所具有的危害性度量值为 C_{mj}。对给定的严酷度类别和任务阶段而言,产品第 j 个失效模式的危害度可由下式计算:

$$C_{mj} = \beta_j \alpha_j \lambda_p t$$

式中:β_j——产品以失效模式 j 发生失效而导致丧失规定功能的条件概率;

α_j——产品以失效模式 j 发生失效的频率比;

λ_p——零部件的失效率;

t——对应任务阶段的持续时间,通常它以工作小时或工作循环次数表示。

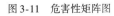

图 3-11 危害性矩阵图

下面分述 β_j、α_j、λ_p、t 的求法。

①失效影响概率 β_j。

β_j 是一个条件概率,它表示产品在第 j 种失效模式发生的条件下,失效影响将造成的危害度级别。通常 β_j 的值可按表 3-2 进行定量选择。

表 3-2　β_j 值 的 数 据 表

失效影响	β_j 值	失效影响	β_j 值
实际丧失规定功能	1.00	可能丧失规定功能	0~0.10
很可能丧失规定功能	0.10~1.00	无影响	0

②失效模式频数比 α_j。

它表示零部件或产品按第 j 种失效模式出现次数与该零部件或产品出现的全部失效次数之比,用小数来表示。

α_j 的求法,可以从失效数据源或从试验及使用数据中寻出。如果没有可利用的失效模式数据,则 α_j 值可由分析人员根据零部件或产品的功能分析判断出来。

③零部件失效率 λ_p。

λ_p 可通过可靠性预计获得,通常是从有关手册或国内外有关资料中查得。

④工作时间 t。

t 可以从系统定义中得到,通常以工作小时或产品每次任务的工作循环次数表示。

就某一特定的严酷度类别和任务阶段而言,产品的危害度 Cr 是该产品在这一严酷度类别下的各种失效模式危害度 C_{mj} 的总和。

3. FMECA 的实施

1)实施步骤

在产品设计和研究阶段,均可采用 FMECA 来确定产品的所有失效模式,但是应尽早确定所有能造成灾难性和致命性失效的因素,以便改进设计来消除或减少这些潜在的设计缺陷。因此,应在方案设计阶段就应进行 FMECA,其主要有如下步骤。

(1) 弄清与系统有关的全部情况。

①系统结构有关的资料。

必须知道组成系统的各个部件的特性、功能及互相间的联结,即应知道系统的结构图。

②与系统运行、控制和维护有关的资料。

例如,系统的运行方式和运行的额定参数以及参数的允许变化范围,各种运行方式的转换操作程序和控制;维护操作和例行试验的步骤;系统的不同运行方式所对应的不同可靠性逻辑图;系统的最低性能要求,以便确切地定义失效判断依据;系统每项任务的持续时间和周期性测试的时间间隔等。

③与系统所处环境有关的资料。

这些资料包括本系统和其他系统的相互关系。特别弄清人机关系以及外界环境。

这些资料在设计的初始阶段,往往不能一下子掌握。开始时,只能做某些假设,用来确定一些很明显的失效模式,但即使是初步的 FMECA,也能指出许多失效部位,且其中有些可通过结构的重新安排而消除。随着设计工作的进展,可利用的信息不断增多,应重复进行 FMECA 工作,根据需要和可能应把分析扩展到零件级。在进行分析时,应注意和产品设计进度协调,使设计工作充分及时地利用分析结果。

(2) 根据产品的功能方框图画出其可靠性方框图。

(3) 根据所需要的结果和现有的资料的多少来确定分析级别。

(4) 根据要求建立所分析系统的失效模式清单,尽量不要遗漏。

(5) 分析造成失效模式的原因。

(6) 分析各种失效模式可能导致对分析对象自身的影响与对上一级的影响及对整个系统的最终影响。

(7) 研究失效模式及对其失效影响的检测方法。

(8) 针对各种失效模式、原因和影响提出可能的预防措施和纠正措施。

(9) 确定各种失效影响的严酷度类别。

(10) 确定各种失效模式的发生概率。

(11) 估计危害度。

(12) 填写 FMECA 表格。

2) FMECA 表格及实例

FMECA 的工作表格是实施分析的工具,也是可靠性设计和审查中的一个重要文件。例如发动机本体主要部件由进气门、排气门、凸轮轴、活塞、连杆、曲轴、汽缸盖等组成,对每个主要部件都应进行 FMECA 工作。失效模式影响及危害性分析工作的数据要记入失效模式及影响分析表、危害分析表、FMECA 维修性信息表和损坏模式及影响分析表。表 3-3 为凸轮轴的失效模式及影响分析表,是上述 FMECA 几种表格形式的一种。表中所列失效模式仅为凸轮轴失效模式的一部分。

设 $\lambda_p = 0.3 \times 7 - 6(1/h)$,

$\alpha_1 = 0.3$(严酷度为 I 类的失效模式),

$\alpha_2 = 0.2$(严酷度为Ⅱ类的失效模式),

$\alpha_3 = 0.5$(严酷度为Ⅲ类的失效模式),

故:严酷度为Ⅰ类:

$C_{m1} = 0.3 \times 7 - 6 \times 0.3 \times 1 \times 10 \times 7 - 6 = 0.9$

严酷度为Ⅱ类:

$C_{m2} = 0.3 \times 0.2 \times 1 \times 10 \times 7 - 6 = 0.6$

严酷度为Ⅲ类:

$C_{m3} = 0.3 \times 7 - 6 \times 0.5 \times 1 \times 10 \times 7 - 6 = 0.18$

凸轮轴失效模式及影响分析表　　　　　　　　　　表3-3

代码	产品或功能标志	功能	失效模式	失效原因	任务阶段与工作方式	失效影响 局部影响	失效影响 上一级影响	失效影响 最终影响	失效检测方法	补偿措施	严酷度类别	备注
0072	凸轮轴组	控制气门按时开闭	疲劳损坏	装配调整不当	发动	无法控制气门开启或关闭引起相关机件损坏	…	丧失功能	工况检测仪检测	…	Ⅰ	
			早期磨损	工艺不良	发动	影响进气相位	…	丧失功能	工况检测仪检测	…	Ⅱ	
			松脱	装配调整不当	发动	间隙失控,相关件不固定	…	丧失功能	工况检测仪检测	…	Ⅲ	

3.5.2 全寿命费用分析

1. 概述

1) 全寿命费用分析概念

汽车从开始研究到退役止的时间,称为全寿命,或寿命周期。在全寿命期内为汽车的论证、研制、生产、使用与保障、报废所付出的一切费用之和,称为全寿命费用,或寿命周期费用。

全寿命费用分析是对汽车全寿命期的各项费用进行分析,把全寿命费用作为汽车经济性指标,供决策者决定汽车的性能指标、可靠性指标和维修性指标的依据。在汽车研制的各阶段中,全寿命费用分析所起的作用是不同的。

在论证阶段,因有多种设计方案存在,通过分析能为决策者提供选择哪种方案具有最好的费用—效果,虽然分析的数据不那么准确,但却是方案选择的重要依据。

在方案阶段,这时的全寿命费用分析帮助决策者对拟用的诸方案作出验证,这对最佳方案的最后选定有着关键性的作用。

在工程研制阶段,因这时汽车的设计已经确定,进行权衡的可能已不多了,故全寿命费用分析已丧失其主要作用。尽管如此,它仍是决定维修原则和维修措施的一个重要因素。因为在全寿命费用中,使用维修费主要取决于可靠性和维修性。订购方提出最低的全寿命费用要求,能促使设计生产部门在全面研制时主动考虑改进可靠性和维修性设计。

在生产阶段,全寿命费用分析主要用于数据收集和反馈,以提高对未来产品的全寿命费用分析准确性。

2)全寿命费用划分与要素构成

全寿命费用的划分和构成,如图3-12所示。

图3-12 全寿命费用的划分和构成

(1)购置费用。

从装备的论证到方案到工程研制到生产,这个过程是装备的获取过程。

在装备的获取过程中,论证、方案、工程研制三个阶段所产生的费用,我们叫作研制费用;生产阶段所产生的费用,叫作生产费用。那么,由装备的研制和生产成本所形成的费用的总和,叫作采购费用。这个费用是用于购买装备的,也叫作获取费用。同时,由于它是一次性投资,所以又叫作非再现费用。也就是说,这部分费用一次性支出后,汽车就购买过来使用了。

(2)使用维修费。

汽车购买回来以后,就进入了使用阶段。那么,从使用到退役,称之为使用过程。

在汽车的使用过程中,在使用阶段除了会产生使用费用外,还会产生一个不可忽视的费用开支,那就是维修保障费用。因此,把在使用过程中所产生的使用和维修保障费用统称为使用保障费用。同时,由于这部分费用是重复性的,是需要不断投资的,汽车只要失效就要维修,就需要费用,而且常常以年度计算,因此,它又称为再现费用或继生费用。

(3)报废处理费用。

在汽车的报废阶段,也会产生一定的报废处理费用。

上述三项费用之和便是汽车的全寿命费用,用公式表示为:

$$全寿命费用 = 购置费用 + 使用维修费用 - 报废处理费用$$

因报废处理费用和其他费用比较少,常不专门列入,故公式中的全寿命费用主要就是购置费用和使用维修费。

传统的费用观念只看重订购时一次性投资的费用,而随着科学技术飞速发展,汽车的性能和技术复杂程度迅速提高以后,使用与保障费用已上升到占寿命周期费用的60%甚至超过80%,人们才逐渐地认识到汽车的订购费用仅仅是浮在水面上的冰山,而沉在水底下的用于使用与保障的费用才是费用的大头,这就是所谓的冰山效应(图3-13)。

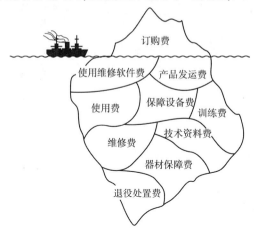

图3-13　寿命周期费用的冰山效应

2.全寿命费用估算方法

1)全寿命费用的影响因素分析

从论证、研制、生产、使用直至退役各阶段的费用,看起来似乎是由各个有关部门决定的,其实在决定投产之前就基本确定了,这是因为在生产和使用阶段,特别是使用阶段要修改汽车的性能、结构是很困难的,而且花钱也是很多的,因此要想大幅度地降低使用维修费用的可能性很小。如寿命周期费用的帕累托曲线(图3-14)所示,各阶段对寿命周期费用的影响程度是不同的,越往后影响越小。对于全寿命费用,在初步设计阶段结束时就决定了70%;到审批阶段结束时就决定了80%;到试制阶段结束时就决定了45%;到生产阶段结束时就决定了99%;取决于使用阶段的仅占1%,对不同的装备各阶段决定全寿命费用的比例有所不同,但基本规律是一致的,即全寿命费用主要决定于设计研制阶段,而到了生产使用阶段就很难再作大的更改了。因此与全寿命费用有关的各种因素必须及早考虑,特别是减少使用、维修费用的措施,必须在设计阶段考虑。在审批阶段结束前就应确定维修方式、方法,否则会影响全面研制(结构设计和试制)阶段的进程,最后会因可靠性和维修性差而使用维修费用猛增,且直接影响使用,必须树立全寿命费用主要取决于"先天性"的观点。为了控制和节省全寿命费用必须采用全寿命分析方法,这种方法要求,从汽车的初步设计开始就考虑全寿命费用,在产品定型之前必须对性能、可靠性、维修性、可生产性及其他重要性能同全寿命费用作全面的综合权衡,选择最佳方案。

在全寿命费用中汽车的购置和使用维修费并不是彼此孤立的,它们是通过设计互相联系着的。在性能一定的条件下提高可靠性和维修性,能降低使用和维修费用,但会增加设计研制费用,即增加购置费用;反之,降低可靠性和维修性要求能降低购置费用,但会导致使用和维修费用上升。究竟应采用什么水平的可靠度和维修度,应针对汽车的具体情况,应用全寿命费用分析方法作具体分析。经验证明,由于可靠性与维修性是决定维修保障费用的首要因素,在研制过程中对可靠性维修性增加较小的投资,可以换来较大的节约。这就是从费用角度反映了国际上十分重视对可靠性和维修性的研究,总是力图找出最佳的可靠性和维修性水平的原因。

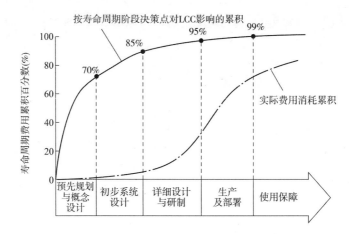

图 3-14　寿命周期费用的帕累托曲线

2) 相互关系费用分析法

在全寿命费用分析中,如有相类似的老车型,可将这些汽车的结构、性能与费用数据与新研制的汽车相互比较,运用统计学分析方法来预测新车型的各种费用。通过曲线拟合技术,新车型的费用就可以同相似老车型的各种度量组合联系起来。同样,汽车的最低费用也可以同它们的实体与性能特性联系起来。这种相互关系通常就叫作"费用分析的相互关系"。

这种分析方法能够反映出汽车的研制、生产和使用维修保障费用,既能反映所有费用的组成,也能反映这些费用中的个别部分。分析的准确性取决于所采用的老车型数据是否充分反映了它与新车型之间的共同性,是否充分考虑了新车型的特点并进行了适当调整。

3) 专家判断估算法

这种方法由专家根据经验判断估算或由几个专家分别估算后加以综合确定,它要求估算者拥有关于系统和系统部件的综合知识。一般在数据不足或没有足够的统计样本以及费用参数与费用关系难以确定的情况下使用这种方法。

4) 参数估算法

这种方法是把费用和影响费用的因素之间的关系,看成是某种函数关系。为此,首先要确定影响费用的主要因素,然后利用已有的同类装备的统计数据,运用回归分析方法建立费用估算,以此预测新研装备的费用。建立费用估算参数模型后,则可通过输入新装备的有关参数,得到新装备费用的预测值。一般来说,费用和参数之间的关系,最简单的是线性关系。对于某些非线性函数,可变换成线性函数。

参数估算法最适用于装备研制的初期,如论证时的估算。这种方法要求估算人员对系统的结构特征有深刻的了解,对影响费用的参数找得准,对两者之间的关系模型建立得正确,同时还要有可靠的经验数据,这样才能使费用估算得较为准确。

5) 工程监督费用分析法

工程监督费用分析法,考虑汽车的总费用是由各单项费用之和所决定的,而各个单项费用要素又是通过费用方程联系起来的。该费用方法反映了该汽车在研制、生产、使用与维修保障过程中各费用互相作用的实际情况。因此,将各单项费用的结果相加,即可分析出汽车的全寿命费用。由于各单项费用方程都是在"工程"之下产生的,所以,该方法叫工程监督费用分析法。

3.5.3 以可靠性为中心的维修分析

1. 概述

1) 以可靠性为中心的维修的定义

以可靠性为中心的维修(RCM：Reliability Centered Maintenance)，是目前国际上流行的、用以确定设备预防性维修工作、优化维修制度的一种系统工程方法，也是发达国家军队及工业部门制订军用装备和设备预防性维修大纲的首选方法。随着RCM技术的发展，在不同领域其定义也不同，但最基本的定义仍属莫布雷教授的定义：RCM是确定有形资产在其使用背景下维修需求的一种过程。

以可靠性为中心的维修分析(简称RCMA)，是按照以最少的维修资源消耗保持装备固有可靠性和安全性的原则，应用逻辑决断的方法确定装备预防性维修要求的过程。装备的预防性维修要求一般包括：需进行预防性维修的产品、预防性维修工作类型及其简要说明、预防性维修工作的间隔期和维修级别的建议。

以可靠性为中心的维修分析的目的，是通过确定适用而有效的预防性维修工作，以最少的资源消耗保持和恢复装备的安全性和可靠性的固有水平，并在必要时提供改进设计所需的信息。通过以可靠性为中心的维修分析制定预防性维修大纲和确定预防性维修的保障资源要求。

表3-4列出了RCM与传统维修理念的主要观点对比，也体现出RCM理论的主要观点。

传统维修思想与以可靠性为中心的维修理论的观点比较　　　　表3-4

序号	传统维修思想	以可靠性为中心的维修理论
1	设备老，故障多。设备故障的发生、发展都与使用时间有直接的关系。定时拆修对各种设备都普遍地适用	设备老，故障不见得就多；设备新，故障不见得少。只要做到机件随坏随修，则设备故障与使用时间一般没有直接的关系。定时拆修不是对各种设备都普遍地适用
2	无明确的潜在故障概念，少量视情维修也往往是根据故障率或危险程度来确定的。如果定时维修和视情维修两者在技术上都可行时，采用定时维修	有明确的潜在故障概念，视情维修是根据潜在故障发展为功能故障的间隔时间来确定的。如果定时维修和视情维修两者在技术上都可行时，采用视情维修
3	无隐蔽功能故障概念，不了解隐蔽功能故障与多重故障的关系，并认为多重故障的后果是无法预防的	有隐蔽功能故障概念，了解隐蔽功能故障与多重故障有密切关系，认识到多重故障的严重后果是有办法预防的，至少可以将多重故障概率降低到一个可以接受的水平，它取决于对隐蔽功能故障的检测率和更改设计
4	预防性维修能提高设备的固有可靠性水平，能够使设备保持所期望做到的事情	预防性维修不能提高设备的固有可靠性水平，最高只能保持或达到设备固有可靠性水平

续上表

序号	传统维修思想	以可靠性为中心的维修理论
5	预防性维修能避免故障发生，能改变故障后果	预防性维修难以避免故障发生，不能改变故障后果，只有通过设计才能改变故障后果
6	对可能出现的任何故障都要做到预防性维修工作	只有出现后果严重，而且所做的维修工作既要技术可行又要有效果时才能做到预防性维修工作，否则，不做预防性维修工作
7	初始预防性维修大纲是在设备投入使用之后才去制订，一经制订一般不再进行修改	初始预防性维修大纲是在设备投入使用之前的研制阶段就着手制订，一般需要在使用中不断地修订，才能逐步完善
8	一个完善的预防性维修大纲能单独由使用或研制部门制订出来	一个完善的预防性维修大纲不能单独由使用部门或者研制部门制订出来，只能通过双方长期共同协作才能完成

2）以可靠性为中心的维修分析的基本原理

RCM 分析立足于装备故障模式与影响分析。故障的发展总有一个过程，尤其是磨损、腐蚀、老化、断裂、失调和漂移等引起的故障更为明显。根据故障发展过程可以分为：功能故障和潜在故障。

针对功能故障，根据故障是否可见，可区分为明显功能故障和隐蔽功能故障。具有隐蔽功能的产品可能有两种：在正常情况下是工作的，但它工作是否正常，操作人员不能知道；在正常情况下是不工作的，它的状态是否正常，操作人员不能知道。

按照故障的相互关系可以分为单个故障和多重故障。多重故障与隐蔽功能故障有着密切的联系。

除了上述划分方法之外，故障还可以按照故障后果进行分类。可以便于针对不同的故障后果，提出不同的对策。故障按故障后果分为四种。

①隐蔽故障后果：一般没有直接的影响，但它有可能导致严重的、经常是灾难性的多重故障后果。

②安全性后果：可能直接导致人员或装备的严重损伤故障后果。

③任务性后果：妨碍装备完成任务的故障后果。

④经济性影响：不影响安全和任务，只是导致经济损失的故障后果。

在故障模式影响分析的基础上，以维修的适用性、有效性和经济性为决断准则，进而确定科学合理的维修决策，这就是 RCM 的基本方法。RCM 的方法是建立在一些基本原理的基础上的。

RCM 的基本原理为如下。

①装备的固有可靠性和安全性是由设计制造赋予的特性，有效的维修只能保持而不能提高它们。

②产品故障有不同的影响和后果，应采取不同的对策。

③产品的故障规律是不同，应采取不同的方式控制维修工作的时机。

④对产品采取不同的维修工作类型，其消耗资源、费用难度和深度不同，可以排序。

装备在使用中,故障是不可避免的。早期故障和偶然故障更是不可能靠维修来预防的。对有安全性或任务性后果的偶然故障,如果故障率超过可接受水平,则只能改进产品的设计。耗损性故障也不必全部预防,只对会产生严重后果的故障才需要预防。因此,对于故障应按其性质和后果通过分析采用相应的维修对策。

2. 以可靠性为中心的维修分析方法

为保证顺利地进行 RCMA,应尽可能收集下列有关信息。

①产品的概况,例如产品的构成、功能(产品的全部功能,包括隐蔽功能)和余度等。

②产品的故障信息,如产品的功能故障模式、故障原因和故障影响,产品可靠性与使用时间的关系,预计的故障率,潜在故障判据,产品有潜在故障发展到功能故障的时间,功能故障或潜在故障可能的检测方法。

③产品的维修保障信息,如维修的方法和所需的人力、设备、工具、备件等。

④费用信息,包括产品预计或计划的研制费用、预防性维修和修复性维修费用,以及维修所需保障设备的研制和维修费用。

⑤类似产品的上述信息。

下面简要阐述以可靠性为中心的维修分析方法的一般步骤。

(1) 重要功能产品的确定。

分析应首先确定重要功能产品(FSI)。对于大型复杂装备,其零部件的数量很大,如果都要求进行详细的以可靠性为中心的维修分析,则工作量很大,而且也无此必要。事实上,许多产品的故障,对装备的使用来说其后果都是可以容忍的,也就是说不会带来什么严重的影响。对于这些产品可以不作预防性维修工作,可等产品工作到发生故障后再做处理。因此,只有会产生严重故障后果的重要功能产品才需要作详细的维修分析。确定重要功能产品就是对装备中的产品进行初步的筛选,剔除那些明显的不需要做预防性维修工作的产品。

重要功能产品一般是指其故障符合下列条件之一的产品:可能影响安全;可能影响任务完成;可能导致重大的经济损失;产品隐蔽功能故障与另一有关或备用产品的故障的综合可能导致上述一项或多项后果;可能引起从属故障导致上述一项或多项后果。

(2) 进行故障模式和影响分析。

对每个重要功能产品进行 FMEA,确定其所有的功能故障、故障模式和故障原因,以便为下一步维修工作逻辑决断分析提供所需的输入信息。装备在可靠性设计中已进行了故障模式和影响分析的,则可直接引用其分析的结果。

(3) 逻辑决断分析。

重要功能产品的逻辑决断分析是以可靠性为中心的维修分析的核心,应用逻辑决断图可以确定对各重要功能产品需做的预防性维修工作或其他处置。一般来说,逻辑决断图分为两个层次。

第一层主要是确定 FSI 故障后果的类型。明显功能故障和隐蔽功能故障的影响相同,均为安全性、任务性和经济性影响,并按照不同的故障影响进行下一步分析。

第二层主要是选择预防性维修工作类型。根据 FSI 故障原因,结合维修条件实际情况选择适当有效的维修工作类型。

逻辑决断图如图 3-15 所示。

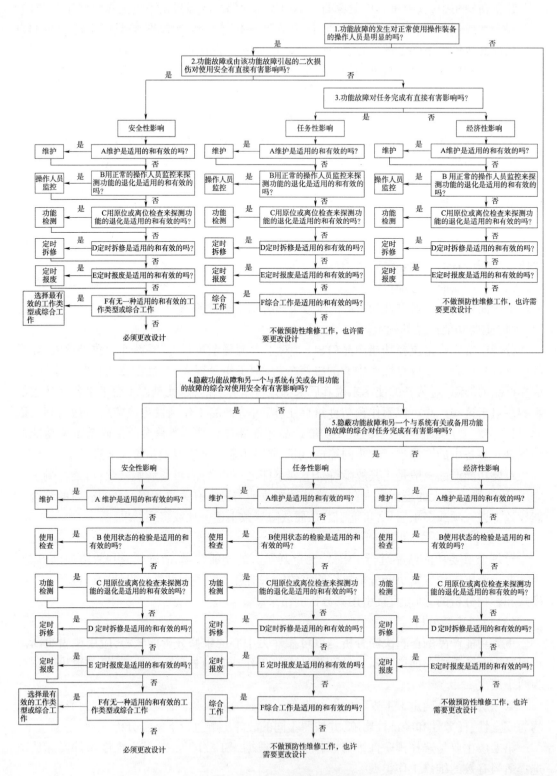

图 3-15 汽车系统 RCM 逻辑决断图

(4)预防维修间隔期的确定。

预防维修间隔期的确定比较复杂,涉及各个方面的工作,一般先由各种维修工作类型做起,经过综合研究并结合修理级别分析和实际使用进行。因此,首先应确定各类维修工作类型的间隔期,然后归并成产品或部件的维修工作间隔期,再与修理级别分析相协调,必要时还要影响设计。

工作间隔期直接与工作效能有关。对于有安全性或任务性后果的故障,工作间隔期过长则不足以保证装备所需的安全性或任务能力,过短则不经济。对于有经济性后果的故障,工作间隔过长或过短,都会影响经济性。但往往由于信息不足,难以一开始就定得很恰当。一般开始定得保守一些,在装备投入使用后,通过维修间隔期探索再做调整。

维修工作间隔期的确定,一般根据类似产品以往的经验和承制方对新产品维修间隔的建议,结合有经验的工程人员的判断确定。在能获得适当数据的情况下,可以通过分析和计算确定。

(5)提出修理机构的建议。

(6)进行维修间隔期探索。

3. RCM 分析确定的预防性维修工作类型

预防性维修工作类型共有 7 种,按照所需的资源和技术要求可大致排序如下:维护、操作人员监控、使用检查、功能检测、定时(期)拆修、定时(期)报废和综合工作。

(1)维护。

此项工作和通常所讲的日常维护是不相同的,甚至范围还较窄。因为这里讲的维护是为保持汽车产品的固有性能而进行的,主要包括清洁、擦拭、通风、添加油液及充气等作业。

(2)操作人员监控。

此项工作只适用于具有明显功能故障的汽车产品,其目的是通过对产品的运行状况与特征参数指标(如声音、振动信号灯)进行监控,发现产品的潜在故障。

(3)使用检查。

此项工作只适用于具有隐蔽功能故障的汽车产品,其目的是按照工作计划,通过观察、演示、操作手感等方法进行检查,以便能够及时发现隐蔽功能故障,保证产品的可用度。

(4)功能检测。

此项工作是指按照工作计划进行的、确定产品功能参数指标是否满足规定要求的定量检查,其目的是发现产品的潜在故障,避免或者消除功能故障。

(5)定时(期)拆修。

此项工作指产品工作到规定时间后应进行拆修,恢复其规定的技术状态。

(6)定时(期)报废。

此项工作指产品工作到规定时间后应进行报废。

(7)综合工作。

上述两种或者多种工作类型的组合。

本章小结

本章主要介绍了可靠性理论、维修性理论、汽车可用性、维修方式与维修策略、维修工程技术等内容。具体如下：

1. 可靠性理论

主要介绍了可靠性的基本定义、可靠性函数、故障规律、寿命特征、常见的寿命分布及典型系统的可靠性等内容。

2. 维修性理论

主要介绍了维修性的定义、维修时间、维修性函数和常用维修时间的估算等内容。

3. 汽车可用性

主要介绍了可用性的定义、可用性的计算和提高可用性的措施等内容。

4. 维修方式与维修策略

主要介绍了维修的分类、修复性维修、预防性维修、维修方式及其选取方法、维修策略等内容。

5. 维修工程技术

主要介绍了故障模式影响及危害性分析、全寿命费用分析、以可靠性为中心的维修分析等内容。

自测题

一、单项选择题

1. 汽车在规定的条件下，在规定的时间内完成规定功能的能力称为(　　)。
   A. 可靠性　　　　　　　　B. 耐久性
   C. 通过性　　　　　　　　D. 维修性

2. (　　)是按照以最少的维修资源消耗保持装备固有可靠性和安全性的原则，应用逻辑决断的方法确定装备预防性维修要求的过程。
   A. FMEA　　　　　　　　B. RCMA
   C. LORA　　　　　　　　D. LCC

3. (　　)适用于具有恒定故障率的部件。
   A. 指数分布　　　　　　　B. 正态分布
   C. 威布尔分布　　　　　　D. 对数正态分布

二、判断题(在括号内，正确打√、错误打×)

1. 汽车的维修性是通过汽车设计赋予汽车的一种固有属性。　　　　(　　)
2. 汽车的全寿命费用主要取决于汽车的初步设计阶段。　　　　　　(　　)
3. 中位寿命是可靠寿命的一种。　　　　　　　　　　　　　　　　(　　)
4. 汽车的可用性与维修性无关。　　　　　　　　　　　　　　　　(　　)
5. 使用检查只适用于具有隐蔽功能故障的汽车产品。　　　　　　　(　　)

三、简答题
1. 画图并描述对产品进行大量的试验得到的故障率曲线。
2. 汽车常用的维修时间有哪些?
3. 可靠性函数有哪些?
4. 简述汽车的维修与汽车的维修性的不同。

第4章 汽车维修工艺

导言

本章主要介绍了汽车维修工艺与设计、汽车维护工艺、汽车养护作业和汽车修理及修理工艺。为从事汽车维修工艺设计、管理、分析与运用等工作打下坚实的基础。

学习目标

1. 认知目标

(1) 了解整车修理工艺过程,以及入厂检验、车身修理、喷漆、磨合、汽车总装与修竣检验等作业的基本内容与方法。

(2) 理解汽车日常维护、一级维护、二级维护的作业流程、作业项目与要求,典型维护作业及要求,汽车养护作业的内容与方法。

(3) 理解汽车清洗与零件清洗的基本原理与技术,常用的零件修复方法的基本原理与操作工艺,零件检验与分类的基本方法。

(4) 掌握工艺、工艺过程、工艺规程及相关术语,工艺规程的内容,以及工艺文件的内容与格式。

(5) 掌握维护与修理的定义,汽车维修工艺规程设计的基本程序与方法。

2. 技能目标

(1) 正确识别汽车轮胎、润滑油、电刷镀液和清洗液。

(2) 熟悉汽车维修工艺过程卡、工艺卡、工序卡的编制方法。

(3) 熟悉汽车维修常用的零件修复方法,并灵活应用。

(4) 能掌握汽车拆卸与装配作业、零件清洗、零件检验与分类的基本技能。

3. 情感目标

(1) 初步养成用工艺设计与分析的方法,看待汽车维修工艺与维修作业。

(2) 培养灵活运用汽车维修工艺知识,解决汽车维修工艺实践问题的能力。

(3) 增强自觉从工艺角度分析汽车维修作业的能力。

4.1 汽车维修工艺与设计

4.1.1 工艺的基本概念

1. 工艺

按照 GB/T 4863—2008《机械制造工艺基本术语》,工艺是使各种原材料、半成品成为产品的方法和过程。

机械制造工艺是各种机械的制造方法和过程的总称。机械加工常用的工艺方法包括铸造、锻造、焊接、热处理、表面处理、表面涂覆、粉末冶金、机械加工、压力加工等,不同的工艺方法通常会对应不同的工艺过程。

工艺不仅包含各种工艺方法和工艺过程,也包括相应的工具。受生产能力、精度以及工人熟练程度等因素影响,对于同一种产品而言,不同的工厂制订的工艺可能是不同的,甚至同一个工厂在不同的时期做的工艺也可能不同。因此,对特定产品,工艺并不是唯一的。

以齿轮生产加工为例,加工齿轮可以使用铣齿、插齿和精密铸造等多种方法,每种方法需要不同的工具,对应不同的过程。对于汽车轮胎修补,可以采用冷补或热补方法,相应的补胎工艺也会不同。

产品工艺工作是从新产品技术开发阶段的工艺调研开始,至产品包装入库结束,涉及一系列设计、审查、评审、试验、文件编制等工作,主要工作包括工艺调研、产品结构工艺性审查、工艺方案设计与评审、工艺路线设计、工艺规程设计、工艺定额编制、专用工装设计、工艺试验、设备与工装采购、生产现场工艺管理、工艺验证、工艺总结、工艺整顿等十几个环节。

2. 工艺过程

改变生产对象的形状、尺寸,相对位置或性质等,使其成为成品或半成品的过程。

工艺过程由许多工序组成,一个工序可能有几个安装,一个安装可能有几个工位,一个工位可能有几个工步,其相互关系如图 4-1 所示。

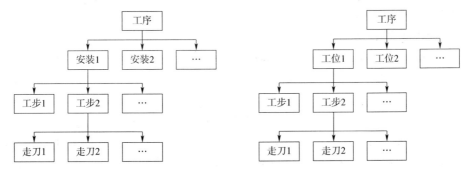

图 4-1 工序、安装、工位、工步与走刀的关系

工序是指一个或一组工人,在一个工作地对同一个或同时几个工件所连续完成的那一部分工艺过程。只要操作者、工作地点或机床、加工对象三者之一变动或加工不是连续完成

的,就不是一个工序。

安装是指工件(或装配单元)经一次装夹后完成的那一部分工序。如果在一个工序中需要对工件进行几次装夹,则每次装夹下完成的那部分工序内容称为一个安装。

工位是指为了完成一定的工序部分,一次装夹工件后,工件(或装配单元)与夹具或设备的可动部分一起相对刀具或设备的固定部分所占据的每一个位置。零件在一个安装中,在机床上所占据的每一个待加工位置都是一个工位。

工步是指在加工表面(或装配时的连接表面)和加工(或装配)工具不变的情况下,所连续完成的一部分工序。工位的特征是在一个工序中,加工表面不变、切削工具不变、切削用量中的进给量和切削速度均不变。有时会出现用多个不同的刀具同时加工一个零件的几个表面的工步,称复合工步。

走刀是指切削刀具在加工表面上切削一次所完成的工步内容。一个工步可能包括一次或多次走刀,当需要切削的表面很厚,不能在一次走刀下切完,则需要几次走刀。

工艺过程与生产过程不同,生产过程包括原材料的运输和保管、生产技术的准备、毛坯制造、零件的加工、处理、产品装配、调试、检验以及涂装和包装等过程,而工艺过程是生产过程的一个重要组成部分,分为机械加工过程和部件或成品装配工艺过程。

3. 工艺文件

指导工人操作和用于生产、工艺管理等的各种技术文件。

4. 工艺设计

编制各种工艺文件和设计工艺装备等的过程。

5. 工艺规程

1)工艺规程的定义

工艺规程是规定产品或零部件制造工艺过程和操作方法等的工艺文件,是指导施工的技术文件,是一个将生产各要素有机结合到一起的文件。

一个同样要求的零件,可以采用几种不同的工艺过程来加工,但其中总有一种工艺过程在给定的条件下是最合理的,人们把工艺过程的有关内容用文件的形式固定下来,用以指导生产,这个文件就是"工艺规程"。

2)工艺规程的分类

(1)专用工艺规程。

针对一个产品或零件所设计的工艺规程。

(2)通用工艺规程。

适用于多个产品或零件的工艺规程,可分为以下3种。

①典型工艺规程:为一组结构特征和工艺特征相似的产品设计的工艺规程。

②成组工艺规程:按成组原理将零件分类成组,针对每一组零件所设计的工艺规程。

③标准工艺规程:已纳入标准的工艺规程。

3)工艺规程的内容

(1)工艺过程卡。

描述加工过程中的工种(工序)流转顺序,主要用于单件、小批生产的产品,包括标准零件或典型零件工艺过程卡片、机械加工工艺过程卡片、装配工艺过程卡片等。

工艺过程卡样式如图4-2。

图4-2 机械加工工艺过程卡(样式)

(2)工艺卡。

描述一个一种(工序)中工步的流转顺序,是最主要的工艺文件,用于各种批量生产产品。典型的工艺卡有铸造工艺卡片、铸造工艺卡片、焊接工艺卡片、热处理工艺卡片、表面处理工艺卡片等。

工艺卡样式如图4-3所示。

图4-3 机械加工工艺卡(样式)

(3)工序卡。

是根据每一道工序制订的,工序卡中详细标识了该工序的加工表面、工序尺寸、公差、定位基准、装夹方式、刀具、工艺参数等信息,绘有工序简图和有关工艺内容的符号,是指导操作员的一种工艺文件。

主要用于大批量生产的产品或单件、小批量生产中的关键工序,如装配工序卡片、机械加工工序卡片、机械加工工序操作指导卡片等。

工序卡样式如图4-4。

(单位名称)	机械加工工序卡片	产品型号		零件图号					
		产品名称		零件名称				共 页	第 页
				车间	工序号	工序名称		材料牌号	
				毛坯种类	毛坯外形尺寸	每毛坯可制件数		每台件数	
(工序图)				设备名称	设备型号	设备编号		同时加工件数	
				夹具编号		夹具名称		切削液	
				工位器具编号		工位器具名称		工序工时	
								准终	单件
工步号	工步名称	工步内容	工艺设备	主轴转速 r/min	切削速度 m/min	进给量mm/r	切削深度mm	进给次数	工步工时
									机动 辅助
插图									
描校									
底图号									
装订号									
						设计(日期)	审核(日期)	标准化(日期)	会签(日期)
	标记	处数	更改文件号	签字	日期	标记 处数	更改文件号	签字	日期

图4-4 机械加工工序卡(样式)

(4)作业指导书。

为确保某一过程的质量,对操作人员应做的各项活动所作的详细规定,用于操作内容和要求基本相同的工序或工位。

(5)工艺守则。

某一专业应共同遵守的通用操作要求。

(6)检验卡。

用于关键重要工序检查。

(7)调整卡。

用于自动、半自动、弧齿锥齿轮机床、自动生产线等加工。

(8)毛坯图。

用于锻、铸件等毛坯的制造。

(9)装配系统图。

用于复杂产品的装配,与装配工艺过程卡配合使用。

4)工艺规程设计

(1)设计的基本要求。

工艺规程是直接指导现场操作的重要技术文件,在设计中,应做到以下几点。

①正确、完整、统一和清晰。

②在充分利用现有生产条件的基础上,尽可能采用先进工艺技术和经验。

③在保证质量的前提下,尽量提高生产率,降低成本、资源和能源消耗。

④必须考虑安全和环境保护要求。

⑤结构特征和工艺特征相近的项目,尽量设计典型工艺规程。

⑥各专业工艺规程在设计过程中应协调一致,不能相互矛盾。

⑦工艺规程的编号、使用的幅面、格式和内容,使用的术语、符号、代号要符合相应标准。

(2)设计的基本程序。

专用工艺规程设计,包括准备资料、设计工艺过程、设计工序、工艺装备设计和编制工艺定额五个步骤。

设计工艺过程是基础,主要工作是选择、设计合理的工艺过程,编制工艺过程卡。

设计工序是核心,包括工作包括确定工艺所需工序,确定工序中各工步的内容与顺序,选择或计算有关工艺参数,选择设备或工具,编制和绘制必要的工艺说明和工序简图,编制工艺卡和工序卡,编制工序质量控制、安全控制文件。

典型工艺规程和成组工艺规程设计,基本上也是按专用工艺规程设计的程序与方法实施,只是在具体实施中有所不同:典型工艺规程设计,需要先将产品零部件分组,然后再按分组零部件设计其工艺规程;成组工艺规程设计,要先按成组技术将零部件分类、编组和编码,确定同一代码零件组的复合体,然后再设计复合体的工艺规程和复合体的成组工序。

4.1.2 汽车维修工艺的定义与分类

1. 汽车维修工艺的定义

汽车维修工艺是汽车产品的各种维修方法和过程的总称。汽车产品包括整车、总成或零部件,因此,汽车维修工艺包括汽车产品的各种维护方法、修理方法和检测方法及相应的过程。

2. 汽车维修工艺的分类

按照作业类别,可分为维护工艺、修理工艺和检测工艺。

按照作业对象,可分为整车修理工艺、总成修理工艺和零部件修理工艺等。

按照适用对象,可分为针对具体车型的专用维修工艺和适用多种型号的通用维修工艺。

4.1.3 汽车维修工艺规程设计

1. 汽车维修工艺规程的定义与内容

汽车维修工艺规程是规定汽车维修工艺过程和操作方法等的工艺文件,是指导汽车维修工作的技术文件。

汽车维修具有小规模、单件生产的特点,除了需要机械加工的零件修复和再制造工艺外,没有明显的加工工艺特征,其工艺规程也呈现出不同的特点。对于涉及机械加工和处理的原件修复和再制造工艺,可参照4.1.1中有关内容,按照机械制造有关标准与规范,设计原件修复或再制造工艺规程;对于一般性维修作业,如检查、调整、检测、拆卸、装配、更换、润滑等,应按照汽车维修惯例,按照维修作业类别,根据作业项目,合理确定工序,明确各工序的操作程序,编制符合汽车维修作业需要的维修工艺规程。

汽车维修常用的工艺规程有以下几种。

(1) 汽车维修作业工艺过程卡。

针对一次维修作业,详细描述维修作业中各工序和流转顺序,以及要求、工种、工时和设备与设施等。工艺过程卡是一个概括性技术文件,适用于各种维修工艺,如一级维护工艺过程卡、二级维护工艺过程卡、汽车大修工艺过程卡等,主要作为生产管理使用,具体操作指导则需要工艺卡或工序卡,其样式见表4-1。

汽车维修工艺过程卡(样式) 表4-1

序号	项目	项数	要求	工种	设备	时间(h)	地点	附注
(企业名称)				(品牌)		实施日期		
(文件编号)				(系列型号)		共 张	第 张	
1	进厂接待	1	查、建档案	业务员		0.15	接待室	
2	车况调查	1	定检测项目	业务员		0.3	接待室	
3	入厂检验		定附加作业	检验员	检测设备	1	检测间	
4	维护作业						维护车间	
4-1	整车检查	3		检验员		0.5		
4-2	电器电控系统	4		电器		1.5		
4-3	发动机	12		机修	换油机	2.5		
4-4	离合器	1		机修		0.4		
4-5	传动系	2		机修		0.4		
4-6	转向系	2		机修		0.4		
4-7	制动系	4		机修		0.4		
4-8	行驶系	2		机修		0.4		
4-9	全车润滑	1		机修	加注枪	0.3		
5	附加作业			机修			维护车间	视项目
6	竣工检验	29	按技术标准	检验员	检测设备	0.5	检测间	
7	填写合格证书	1		检验员		0.15	接待室	
8	填写维护档案	1		业务员		0.4	接待室	
9	出厂交接	1		业务员		0.2	接待室	
合计						9.5		

(2) 汽车维修作业工序卡。

为具体工序制订的工艺文件。其一般需要详细地说明各工序的操作步骤、要求、工艺参数、工具与设备等,直接指导操作人员开展维修作业,其样式见表4-2。

工序卡通常只针对作业过程卡中的重要工序,适用于比较复杂的项目,以及涉及安全、环保等方面的作业项目,以保证维修作业的规范性和安全性。

(3) 汽车维修作业工艺卡。

为维修作业中的通用作业制订的工艺文件,如表面喷涂、刷镀、焊接等,详细说明其工艺过程,用来指导操作人员。

第4章 汽车维修工艺

汽车维修工序卡(样式)　　　　　　　表 4-2

(企业名称)		作业名称	入厂检验		品牌					实施日期		
(文件编号)		工序编号	(工艺过程卡编号)		型号					共 张	第 张	
序号	项目	内容	要求	标准	工种	等级	人数	设备	仪器	量具	时间(h)	材料	检验	附注
1	故障诊断	OBD 的故障信息	载有 OBD 车辆,不应有故障信息		检验员	初级	1				0.15			
2	行车制动性能	检查行车制动性能	采用台架或路试试验	符合 GB 7258	检验员	中级	1				0.3			
3	排放	排气污染物	采用双怠速法	GB 18285	检验员	中级	1				1			
合计											1.45			

2. 汽车维修工艺规程设计的基本程序

汽车维修工艺规程是维修企业建设、维修组织管理和维修操作的重要技术文件,为保证工艺规程的先进性、合理性和规范性,确保维修作业符合环保和安全等方面的要求,应根据需要开展维修工艺规程设计,编制维修工艺规程。

1)准备资料

(1)国家或行业有关政策法规与技术标准。汽车维修工作必须符合的国家、行业或地方有关政策法规和标准,如《机动车维修管理规定》、GB 7258—2017《机动车运行安全技术条件》、GB 21861—2014《机动车安全技术检验项目和方法》、GB/T 18344—2016《汽车维护、检测、诊断技术规范》、JT/T 816—2011《机动车维修服务规范》等。

(2)汽车产品使用与维修技术文件。具体型号汽车的使用手册、维修手册,以及相关维修技术文件。

(3)汽车维修企业的实际生产条件。企业现有的生产条件,如设备工具、人员、作业区面积、配件供应和流动资金规模,以及现有的技术水平等。

(4)国内外先进的汽车维修工艺规程。

2)确定需要编制的工艺规程的类别

按照维修类别的划分,根据维修作业实际需要,确定编制需要编制的工艺规程。通常包括一级维护工艺、二级维护工艺、汽车大修工艺、总成修理工艺、检测工艺等。

3）编制工艺规程

（1）针对具体维修作业,确定作业方法,制订作业流程图,明确作业项目,设计工序及流转顺序,选择、设计合理的工艺过程,编制工艺过程卡。

（2）根据工艺过程卡,制订工序卡和工艺卡。

3. 汽车维护工艺规程设计

1）确定汽车维护工艺规程的类别

按照 GB/T 18344—2016《汽车维护、检测、诊断技术规范》,汽车维护分日常维护、一级维护和二级维护,其中,每种维护均由若干维护项目组成,一级维护包含日常维护项目,二级维护包含一级维护项目。汽车维护工艺可分为日常维护工艺、一级维护工艺和二级维护工艺,相应地,其工艺规程也包括上述三种。

对于具体型号汽车,应按照维修手册中有关维护的有关要求,确定维修工艺规程的类别。另外,应根据具体情况,确定是否将季节性维护和走合维护纳入工艺规程编制范围。

2）确定维护项目与周期

具体型号维护作业的项目与周期可按其使用与维修手册确定,如果要设计通用车型的维护工艺规程,可参照 GB/T 18344—2016《汽车维护、检测、诊断技术规范》或类似标准实施。

确定维护项目时,要根据汽车维护的特点和惯例,对附加项目进行分析,采用适当的办法,尽可能将常见的附加项目纳入维护项目中,以提高维护规程的实用性。

3）确定维护作业组织方法

汽车维护作业可以采用定位作业法和流水作业法,其中:定位作业法是指汽车在全能工位上进行维护作业的方法,对于简单的维护作业或小型维护企业,可选择此类作业方法;流水作业法是指汽车在维护生产线的各个工位按确定的工艺顺序和节拍进行作业的方法。

4）合理安排作业项目的流转顺序

维护作业涉及多个项目,为提高效率,应合理安排作业顺序,通常应当按照惯例,在适当优化的基础上实施,为提高效率,缩短维护时间,通常应安排多个工位并行作业。

5）编制维护工艺过程卡

（1）绘制作业流程图。

作业流程图详细描述维修作业过程,是设计工艺过程的基础,维护作业流程图可参考图 4-5 和图 4-6（第 4.2 节）。

（2）编制作业项目表。

根据有关标准或维修手册,编制作业项目及要求表,表 4-3 和表 4-4 分别为日常维护和一级维护项目及要求。

（3）编制维护工艺过程卡。

按作业流程图,根据项目及要求表,编制工艺过程卡。过程卡应充分考虑各作业项目间的作业顺序,以方便作业、提高效率为基本点,二级维护作业工艺过程卡的样式见表 4-1。

第4章 汽车维修工艺

日常维护作业项目及技术要求　　　　　　　　　　　　　　　　表4-3

序号	作业项目	作业内容	技术要求	维护周期
1	车辆外观及附属设施	检查、清洁车身	车身外观及客车车厢内部整洁，车窗玻璃齐全、完好	出车前或收车后
		检查后视镜，调整后视镜角度	后视镜完好、无损毁，视野良好	出车前
		检查灭火器、客车安全锤	灭火器配备数量及放置位置符合规定，且在有效期内。客车安全锤配备数量及放置位置符合规定	出车前或收车后
		检查安全带	安全带固定可靠、功能有效	出车前或收车后
		检查风窗玻璃刮水器	刮水器各挡位工作正常	出车前
2	发动机	检查发动机润滑油、冷却液液面高度，视情补给	油（液）面高度符合规定	出车前
3	制动	制动系统自检	自检正常，无制动报警灯闪亮	出车前
		检查制动液液面高度，视情补给	液面高度符合规定	出车前
		检查行车制动、驻车制动	行车制动、驻车制动功能正常	出车前
4	车轮及轮胎	检查轮胎外观、气压	轮胎表面无破裂、凸起、异物刺入及异常磨损，轮胎气压符合规定	出车前、行车中
		检查车轮螺栓、螺母	齐全完好，无松动	
5	照明、信号指示装置及仪表	检查前照灯	前照灯完好、有效，表面清洁，远近光变换正常	出车前
			转向灯、制动灯、示廓灯、危险报警灯、雾灯、喇叭、标志灯及反射器等信号指示装置完好有效，表面清洁	出车前
		检查仪表	工作正常	出车前、行车中

注："符合规定"指符合车辆维修资料等有关技术文件的规定。

一级维护作业项目及技术要求　　　　　　　　　　　　　　　　表4-4

序号	作业项目	作业内容	技术要求
1	发动机	空气滤清器、机油滤清器和燃油滤清器	清洁或更换	按规定里程或时间清洁或更换滤清器。滤清器应清洁，衬垫无残缺，滤芯无破损。滤清器安装牢固，密封良好
2		发动机润滑油及冷却液	检查油（液）面高度，视情更换	按规定的里程或时间更换润滑油、冷却液，油液面高度符合规定

续上表

序号	作业项目		作业内容	技术要求
3	转向系	部件连接	检查、校紧万向节、横直拉杆、球头销和转向节等部位螺栓、螺母	各部件连接可靠
4		转向器润滑油及转向助力油	检查油面高度,视情更换	按规定的里程或时间更换润滑油和助力油,油面符合规定
5	制动系	制动管路、制动阀及接头	检查制动管路、制动阀与接头,拧紧接头	制动管路、制动阀固定可靠,接头紧固,无漏气(油)现象
6		缓速器	检查、校紧缓速器连接螺栓、螺母,检查定子与转子间隙,清洁缓速器	缓速器连接紧固,定子与转子间隙符合规定,缓速器外表、定子与转子间清洁,各插接件与接头连接可靠
7		储气筒	检查	无积水及油污
8		制动液	检查制动液高度,视情更换	按规定里程或时间更换制动液,液面高度符合规定
9	传动系	各连接部位	检查校紧变速器、传动轴、驱动桥壳、传动轴支撑等部位连接螺栓、螺母	各部位连接可靠,密封良好
10		变速器、主减速器和差速器	清洁通气孔	通气孔通畅
11	车轮	车轮及半轴螺栓、螺母	校紧车轮及半轴的螺栓、螺母	拧紧力矩符合规定
12		轮辋及压条挡圈	检查轮辋及压条挡圈	轮辋及压条挡圈无裂损及变形
13	其他	蓄电池	检查	液面高度符合规定,通气孔通畅,夹头清洁、牢固,免维护电池电量状况指示正常
14		防护装置	检查侧防护装置及后防护装置,校紧螺栓、螺母	完好无损,安装牢固
15		全车润滑	检查、润滑各润滑点	润滑嘴齐全有效,润滑良好。各润滑点防尘罩齐全完好。集中润滑装置正常,密封良好
16		整车密封	检查泄漏情况	全车不漏油、液、气

注:一级维护包含日常维护项目。

6)编制维护工序卡和工艺卡

以表4-1为例,该车型的二级维护工艺过程卡设计了9个工序,其中:"附加作业"内容事先无法确定,因此,只能在确定具体项目后,根据实际情况,按照实际项目,选择合适的工艺卡或参照相应的工序卡实施维护作业;"维护作业",应包含二级维护的基本作业项目,过程卡中已经列出了9个项目,可根据需要,分别制作工序卡,对于"整车检查"子项目,可考虑制订一个通用的可适用于更多车型作业的工艺卡;其他的7个项目,可视情制订工序卡或工艺卡。表4-2给出了"入厂检验"的工序卡。

4.修理工艺规程设计

汽车修理分为汽车大修、汽车小修、总成修理、发动机检修和零件修理,相应地,其修理工艺规程也涉及这几个方面。不过,随着汽车工业的发展和维修理念的改进,汽车大修、总成修理和零件修理等作业,正逐渐被再制造取代,对于大多数修理机构,修理工艺由于换件修理的普及而变得更加简单,对修理工艺规程的需求也在降低。

1)汽车大修工艺规程

汽车大修过程包括接车检查、签约交接、外部清洗、拆卸分解、零件清洗检查分类、零件修理、总装、磨合、出厂检验、验收交接等环节。

汽车大修作业比较复杂,应当绘制汽车大修作业流程图,主要工艺规程文件可能包括:大修作业工艺过程卡和工序卡;拆卸工艺过程卡、重要工序的工序卡;总成修理工艺过程卡、重要工序的工序卡;总装工艺过程卡和工序卡;零件修理工艺过程卡和工序卡或工艺卡。

2)汽车小修工艺规程

汽车小修作业包括故障隔离、故障定位、拆卸、更换、安装、调试等工序,对于常见故障和小修项目,可编制工艺卡,规范小修作业。

3)总成修理

与汽车大修类似,主要工艺规程文件包括工艺过程卡和工序卡,也可能需要工艺卡。

4)零件修理

零件修理过程包括零件清洗、检验、修复等环节,应根据采用的修复方法,制订修理工艺规程。

5.汽车检测工艺规程设计

汽车综合性能检测工艺规程,应根据 GB 18565—2016《道路运输车辆综合性能要求和检验方法》的技术要求和检验方法,根据检测线的设备设施,选择合适的检测方法,合理安排检测工序,制订工艺过程卡、工艺卡和工序卡。通常,应针对动力性、燃料经济性、制动性、排放性、转向操纵性和悬架特性,分别制订检测工艺规程。

4.2 汽车维护及维护工艺

4.2.1 汽车维护的定义与分类

1.汽车维护的基本概念

1)汽车维护

汽车维护是指为维持汽车完好技术状况或工作能力而进行的作业,也俗称汽车保养。

2)汽车维护作业

汽车维护作业中的技术操作。汽车维护作业包括清洁、检查、紧固、调整、润滑、补给和更换。

(1) 清洁。

清洁车辆外部、驾驶室和车身内部,发动机、底盘各部位外表,燃油、机油、空气滤清器、蓄电池、通气孔等。

(2) 检查。

检视汽车各总成、机构的外表,检查各机件外部连接螺栓的紧度,检查电气、照明、信号、仪表设备的技术状况,检查轮胎气压及外胎损伤情况。

(3) 紧固。

对汽车各总成、机构外露部分的紧固点,按规定予以紧固,并配换失落或损坏的紧固件。

(4) 调整。

按规定对汽车各总成、机构和电器设备等进行必要的调整,使其符合技术要求。

(5) 润滑。

按照汽车润滑图表用规定牌号的润滑油(脂)定期进行润滑,各润滑油嘴和通气塞必须配齐并保持畅通。

(6) 补给。

检视燃油、润滑油、冷却液、制动液、蓄电池的电解液和空调装置的工质,视需要进行添加,按规定给气压不足的轮胎充气。

(7) 更换。

按照需要或规定更换燃油滤清器、机油滤清器、空气滤清器,更换润滑油,给轮胎换位以及更换轮胎,配换损坏的电气元件及电线等。

3) 汽车维护规范

对汽车维护作业技术要求的规定。主要包括需要实施的作业项目、作业内容与技术要求。维护规范指的是技术规范,不同于工艺规程,不涉及操作过程。

2. 汽车维护类别

汽车维护分为日常维护、一级维护和二级维护。

1) 日常维护

以清洁、检查和安全性能检视为中心内容的维护作业,适用于出车前、行车中和收车后,由驾驶员实施。

2) 一级维护

除日常维护外,以润滑、紧固为作业中心内容,并检查有关制动、操纵等系统中的安全部件的维护作业,由维修企业实施。

3) 二级维护

除一级维护外,以检查、调整制动系、转向操纵系、悬架等安全部件,并拆检轮胎,进行轮胎换位,检查调整发动机工作状况和汽车排放相关系统等为主的维护作业,由维修企业实施。

4) 维护周期

一级维护的周期为 10000/15000km 或 30 天,二级维护的周期为 40000/50000km 或

120天,表4-5为GB/T 18344—2016《汽车维护、检测、诊断技术规范》给出的指导性汽车维护周期。

汽车维护周期表　　　　　　　　　　　　　　　　　　　　　　表4-5

适用车型		维护周期	
		一级维护行驶里程间隔上限值或行驶时间间隔上限值	二级维护行驶里程间隔上限值或行驶时间间隔上限值
客车	小型客车(含乘用车) (车长≤6m)	10000km 或 30 日	40000km 或 120 日
	中型及以上客车 (车长>6m)	15000km 或 30 日	50000km 或 120 日
货车	轻型货车 (最大设计总质量≤3500kg)	10000km 或 30 日	40000km 或 120 日
	轻型以上货车 (最大设计总质量>3500kg)	15000km 或 30 日	50000km 或 120 日
挂车		15000km 或 30 日	50000km 或 120 日

4.2.2　汽车维护的作业流程

1. 日常维护

汽车日常维护以清洗、补给和检查为主要内容。可按出车前、行驶中和收车后的维护项目要求,按先外后内或先内后外的顺序按项目实施。

如出车前,可按以下流程开展维护作业:

(1)外部:可按左侧外部、左侧车轮、后侧外部、右前外部、右侧车轮和前方外部顺序,按项目检查、清洁。

(2)发动机舱:动力转向油箱,冷却系。

(3)内部:座椅、安全带、灭火器、仪表盘、制动系、离合器、信号指示装置等。

2. 一级维护

一级维护以清洁、润滑、紧固、补给和检查为主,需要检查发动机、制动、转向等系统中的安全部件。其作业流程如图4-5所示。

3. 二级维护

汽车二级维护作业是比较全面的维护,包括一级维护和日常维护项目,与一级维护相比,不仅对发动机、传动系、制动系、转向系等各系统的维护作业更深入,内容也更多,还增加了入厂检验和出厂检验两个重要的环节,其作业流程如图4-6所示。

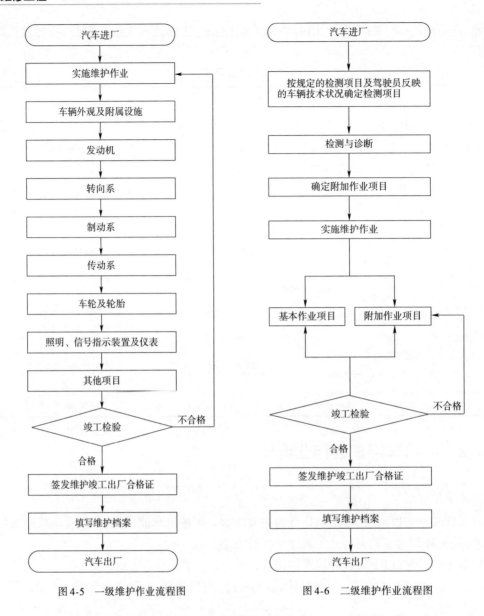

图 4-5　一级维护作业流程图　　　图 4-6　二级维护作业流程图

4.2.3　汽车维护的作业项目与技术要求

1. 日常维护

日常维护是汽车维护的基石,以检查和清洁为主,主要目的是保持汽车清洁、保证行车安全,及时发现、排除故障或故障隐患,有效避免行车事故和零部件意外损坏。涉及外观与附属设备、发动机润滑系和冷却系、制动系、车轮与轮胎、照明、信号指示装置及仪表。

日常维护项目与技术要求,见表4-6。在实际工作中,通常以制造单位或相关部门或企业制订的具体项目与要求实施。

日常维护作业项目及技术要求   表 4-6

序号	作业项目	作业内容	技术要求	维护周期
1	车辆外观及附属设施	检查、清洁车身	车身外观及客车车厢内部整洁,车窗玻璃齐全、完好	出车前或收车后
		检查后视镜,调整后视镜角度	后视镜完好、无损毁,视野良好	出车前
		检查灭火器、客车安全锤	灭火器配备数量及放置位置符合规定,且有有效期内。客车安全锤配备数量及放置位置符合规定	出车前或收车后
		检查安全带	安全带固定可靠、功能有效	出车前或收车后
		检查风窗玻璃刮水器	刮水器各挡位工作正常	出车前
2	发动机系统	检查发动机润滑油、冷却液面高度,视情补给	油(液)面高度符合规定	出车前
3	制动系统	制动系统自检	自检正常,无制动报警灯闪亮	出车前
		检查制动液液面高度,视情补给	液面高度符合规定	出车前
		检查行车制动、驻车制动	行车制动、驻车制动功能正常	出车前
4	车轮及轮胎	检查轮胎外观、气压	轮胎表面无破裂、凸起、异物刺入及异常磨损,轮胎气压符合规定	出车前、行车中
		检查车轮螺栓、螺母	齐全完好,无松动	
5	照明、信号指示装置及仪表	检查前照灯	前照灯完好、有效,表面清洁,远近光变换正常	出车前
			转向灯、制动灯、示廓灯、危险报警灯、雾灯、喇叭、标志灯及反射器等信号指示装置完好有效,表面清洁	出车前
		检查仪表	工作正常	出车前、行车中

注:(1)"符合规定"指符合车辆维修资料等有关技术文件的规定。
(2)表中数据来源,GB/T18344—2016《汽车维护、检测、诊断技术规范》。

2. 一级维护

一级维护是典型的等级维护,定期(定程)项目中,除了日常维护项目外,还要对发动机、转向系、制动系、传动系、车轮、蓄电池等进行全面的检查与维护,通常需要更换三滤、润滑油和冷却液。

一级维护项目与技术要求见表4-7。

一级维护作业项目及技术要求　　　　　　表4-7

序号	作业项目		作业内容	技术要求
1	发动机系统	空气滤清器、机油滤清器和燃油滤清器	清洁或更换	按规定里程或时间清洁或更换滤清器。滤清器应清洁,衬垫无残缺,滤芯无破损。滤清器安装牢固,密封良好
2		发动机润滑油及冷却液	检查油(液)面高度,视情更换	按规定的里程或时间更换润滑油、冷却液,油液面高度符合规定
3	转向系统	部件连接	检查、校紧万向节、横直拉杆、球头销和转向节等部位螺栓、螺母	各部件连接可靠
4		转向器润滑油及转向助力油	检查油面高度,视情更换	按规定的里程或时间更换润滑油和助力油,油面符合规定
5	制动系统	制动管路、制动阀及接头	检查制动管路、制动阀与接头,拧紧接头	制动管路、制动阀固定可靠,接头紧固,无漏气(油)现象
6		缓速器	检查、校紧缓速器连接螺栓、螺母,检查定子与转子间隙,清洁缓速器	缓速器连接紧固,定子与转子间隙符合规定,缓速器外表、定子与转子间清洁,各插接件与接头连接可靠
7		储气筒	检查	无积水及油污
8		制动液	检查制动液高度,视情更换	按规定里程或时间更换制动液,液面高度符合规定
9	传动系统	各连接部位	检查校紧变速器、传动轴、驱动桥壳、传动轴支撑等部位连接螺栓、螺母	各部位连接可靠,密封良好
10		变速器、主减速器和差速器	清洁通气孔	通气孔通畅
11	车轮	车轮及半轴螺栓、螺母	校紧车轮及半轴的螺栓、螺母	拧紧力矩符合规定
12		轮辋及压条挡圈	检查轮辋及压条挡圈	轮辋及压条挡圈无裂损及变形
13	其他	蓄电池	检查	液面高度符合规定,通气孔通畅,夹头清洁、牢固,免维护电池电量状况指示正常
14		防护装置	检查侧防护装置及后防护装置,校紧螺栓、螺母	完好无损,安装牢固
15		全车润滑	检查、润滑各润滑点	润滑嘴齐全有效,润滑良好。各润滑点防尘罩齐全完好。集中润滑装置正常,密封良好
16		整车密封	检查泄漏情况	全车不漏油、液、气
注:一级维护包含日常维护项目。				

注:表中数据来源,GB/T 18344—2016《汽车维护、检测、诊断技术规范》。

3. 二级维护

二级维护与传统的以定期定项目为特征的等级维修有所区别,维护项目包括基本作业项目和附加作业项目,以及日常维护和一级维护项目。

二级维护基本作业项目与要求,见表4-8～表4-14。

二级维护基本作业项目及技术要求(发动机)   表4-8

序号	作业项目	作业内容	技术要求
1	发动机工作状况	检查发动机起动性能和柴油发动机停机装置	起动性能良好,停机装置功能有效
		检查发动机运转情况	低、中、高速运转稳定,无异响
2	发动机排放机外净化装置	检查发动机排放机外净化装置	外观无损坏、安装牢固
3	燃油蒸发控制装置	检查外观,检查装置是否畅通,视情更换	炭罐和管路外观无损坏、密封良好、连接可靠,装置畅通无堵塞
4	曲轴箱通风装置	检查外观,检查装置是否畅通,视情更换	管路和阀体外观无损坏、密封良好、连接可靠,装置畅通无堵塞
5	增压器、中冷器	检查、清洁	增压器运输正常,无异响,无渗漏。中冷器散热片清洁,管路无老化,连接可靠
6	发电机、起动机	检查、清洁	外表清洁,导线接头无松动,运转无异响,工作正常
7	发动机传动带(链)	检查空压机、水泵、发电机、空调机组和正时传动带(链)磨损及老化程度,视情调整传动带(链)松紧度	按规定里程更换传动带(链)。传动带(链)无裂痕和过量磨损,表面无油污,松紧度符合规定
8	冷却装置	检查散热器、水箱及管路密封	散热器、水箱及管路固定可靠,无变形、堵塞、破损及渗漏。箱盖接合表面良好,胶垫不老化
		检查水泵和节温器工作状况	水泵不漏水、无异响,节温器工作正常
9	火花塞、高压线	检查火花塞间隙、积炭和烧蚀情况,按规定里程和时间更换火花塞	无积炭,无严重烧蚀现象,电极间隙符合规定
		检查高压线外观及连接情况,按规定里程或时间更换高压线	外观无破损、连接可靠
10	进、排气歧管、消声器、排气管	检查各部位	外观无破损,无裂痕,消声器功能良好
11	发动机总成	清洁发动机外部,检查隔热层	无油污、无灰尘,隔热层密封良好
		检查校紧连接螺栓、螺母	油底壳、发动机支撑架、水泵、空压机、进排气歧管、消声器、排气管、输油泵和喷油泵等部位连接可靠

二级维护基本作业项目及技术要求(制动系统)　　　　表 4-9

序号	作业项目	作业内容	技术要求
12	储气筒、干燥器	检查紧定储气筒,检查干燥器功能,按规定里程或时间更换干燥剂	储气筒安装牢固,密封良好,干燥器功能正常,排水阀通畅
13	制动踏板	检查、调整制动踏板自由行程	自由行程符合规定
14	驻车制动	检查驻车制动性能,调整操纵装置	功能正常,操纵机构齐全完好、灵活有效
15	防抱死制动装置	检查连接线路,清洁轮速传感器	各连线及插接件无松动,轮速传感器清洁
16	鼓式制动器	检查制动间隙调整装置	功能正常
		拆卸制动鼓、轮毂、制动蹄,清洁轴承外座圈、轴承、支承销和制动底板等	清洁无油污,轮毂通气孔畅通
		检查制动底板和制动凸轮轴	制动底板安装牢固、无变形、无裂损。凸轮轴转动灵活,无卡滞和松旷
		检查轮毂内外轴承	滚柱保持架无断裂,滚柱无缺损、脱落,轴承内外圈无裂损和烧蚀
		检查制动摩擦片、制动蹄及支承销	摩擦片表面无油污、破损,厚度符合规定。制动蹄无裂纹及明显变形,铆接可靠,铆钉沉入深度符合要求。支承销无过量磨损,与制动蹄轴承衬套配合无明显松旷
		检查制动蹄复位弹簧	复位弹簧不得有扭曲、钩环损坏、弹性缺失,自由长度改变
		检查轮毂、制动毂	轮毂无裂纹、损伤。制动鼓无裂缝、沟槽、油污及明显变形
		装复制动鼓、轮毂、制动蹄,调整轴承松紧度,调整制动间隙	润滑轴承,轴承位涂抹润滑脂后再装轴承。装复制动蹄时,轴承孔均应涂抹润滑脂,开口销或卡簧固定可靠。摩擦片与制动鼓摩擦面应清洁、无油污,配合间隙符合规定。轮毂转动灵活且无轴向间隙。锁紧螺母、半轴螺母及车轮螺母齐全,扭紧力矩符合要求
17	盘式制动器	检查制动摩擦片和制动盘磨损量	磨损量应在标记或要求的范围内,摩擦表面无油污、裂纹、失圆和沟槽等
		检查制动摩擦片和制动盘间的间隙	间隙符合规定
		检查密封件	无裂纹、无损坏
		检查制动钳	安装牢固、无油流泄漏。制动钳导向销无裂纹或损坏

第4章 汽车维修工艺

二级维护基本作业项目及技术要求（转向系统） 表4-10

序号	作业项目	作业内容	技术要求
18	转向器及转向传动装置	检查转向器及转向传动装置	转向轻便、灵活、无卡滞，锁止、限位功能正常
		检查部件技术状况	转向节臂、转向器摇臂及横直拉杆无变形、裂纹和开焊，球销无裂纹、不松旷，转向器无裂损、无漏油
19	转向盘最大自由转动量	检查、调整	最高设计时速不小于100km/h的车辆，转向盘最大自由转动量不大于15°，其他车辆不大于25°

二级维护基本作业项目及技术要求（行驶系统） 表4-11

序号	作业项目	作业内容	技术要求
20	车轮及轮胎	检查轮胎规格型号	规格型号符合规定，同轴轮胎的规格型号应相同，公路客车（客运班车）、旅游客车、校车和危险物运输车的所有车轮及其他车辆的转向轮不得装用翻新的轮胎
		检查轮胎外观	轮胎的胎冠、胎壁不能有长度超过25mm或深度足以暴露出帘布层的破裂和割伤，以及凸起、异物刺入等影响使用的缺陷。具有磨损标志的轮胎，胎冠的磨损不能触及磨损标志；无磨损标志或标志不清的轮胎，乘用车和挂车胎冠花纹深度应不小于1.6mm，其他车辆的转向轮的胎冠花纹应不小于3.2mm，其余轮胎的胎冠花纹深度应不小于1.6mm
		轮胎换位	根据轮胎磨损情况或相关规定，视情进行轮胎换位
		检查调整前束	车轮前束值符合规定
21	悬架	检查悬架弹性元件，校紧连接螺栓螺母	空气弹簧无泄漏、外观无损伤；钢板弹簧无断片、缺片、移位和变形，各部件连接可靠，U形螺栓螺母扭紧力矩符合规定
		减振器	减振器稳固有效，无漏油现象，橡胶垫无松动、变形及分层
22	车桥	检查车桥、车桥与悬架之间的拉杆和导杆	车桥无变形，表面无裂纹，油脂无泄漏，车桥与悬架之间的拉杆和导杆无松旷、移位和变形

二级维护基本作业项目及技术要求（传动系统） 表 4-12

序号	作业项目	作业内容	技术要求
23	离合器	检查其工作状况	接合平稳,分离彻底,损伤轻便,无异响、打滑抖动或沉重
		检查、调整自由行程	自由行程符合规定
24	变速器、主减速器、减速器	检查、调整	变速器操纵轻便,挡位准确,无异响、打滑及乱挡,主减速器、差速器工作无异响
		检查、调整润滑油液面高度,视情更换	按规定的里程或时间更换润滑油,液面高度符合规定
25	传动轴	检查防尘罩	防尘罩无裂痕、损坏,卡箍连接可靠,支架无松动
		检查传动轴及万向节	传动轴无弯曲,运转无异响。传动轴及万向节无裂纹、不松旷

二级维护基本作业项目及技术要求（灯光导线） 表 4-13

序号	作业项目	作业内容	技术要求
26	前照灯	检查远光灯发光强度,检查、调整前照灯光束照射位置	符合 GB 7258 规定
27	线束及导线	检查发动机舱及其他可视的线束及导线	插接件无松动、接触良好。导线布置整齐、固定可靠,绝缘层无老化、破损,导线无外露。导线与蓄电池桩头连接牢固,并有绝缘套

二级维护基本作业项目及技术要求（车架车身） 表 4-14

序号	作业项目	作业内容	技术要求
28	车架和车身	检查车架和车身	车架和车身无变形、断裂开焊,连接可靠,车身周正。发动机舱盖锁扣锁紧有效。车厢铰链完好,锁扣锁紧可靠,固定集装箱箱体、货物的锁止机构工作正常
		检查车门、车窗启闭和锁止	车门和车窗应启闭正常,锁止可靠。客车动力开启闭车门的车内应急开关及安全顶窗机件齐全、完好有效
29	支撑装置	检查、润滑支撑装置,校紧连接螺栓螺母	完好有效,润滑良好,安装牢固
30	牵引车与挂车连接装置	检查牵引销及其连接装置	牵引销安装牢固,无损伤、裂纹,牵引销颈部磨损量符合规定
		检查、润滑牵引座及牵引销锁止、释放机构,校紧连接螺栓螺母	牵引座表面油脂均匀,安装牢固,牵引销锁止、释放机构工作可靠
		检查转盘与转盘架	转盘与转盘架贴合面无松旷、偏斜。转盘与牵引连接部件连接牢靠,转盘连接螺栓应紧固,定位销无松旷、无磨损,转盘润滑
		检查牵引钩	牵引钩无裂纹及损伤,锁止、释放机构工作可靠

汽车二级维护前应先进行入厂检测,依据检测结果确定附加作业项目,维护过程中发现的维修项目也应作为附加作业项目。

二级维护规定的进厂检验项目及要求,见表 4-15。

二级维护的进厂检测项目与要求　　　　　　　　　　　　　　　表 4-15

序号	作业项目	作业内容	技术要求
1	故障诊断	车载诊断系统(OBD)的故障信息	装有 OBD 的车辆,不应有故障信息
2	行车制动性能	检查行车制动性能	采用台架检验或路试检验,应符合 GB 7258 相关规定
3	排放	排气污染物	汽油车采用双怠速法,应符合 GB 18285 相关规定,柴油车采用自由加速法,应符合 GB 3847 相关规定

二级维护完成后,必须进行竣工检验,竣工检验项目及要求,见表 4-16。

二级维护竣工检验项目及技术要求　　　　　　　　　　　　　表 4-16

序号	部位	项目	技术要求	检验方法
1	整车	清洁	全车外部、车厢内部及各总成外部清洁	检视
2		紧固	各总成外部螺栓、螺母紧固,锁销齐全有效	检查
3		润滑	全车各个润滑部位的润滑装置齐全,润滑良好	检视
4		密封	全车密封良好,无漏油、漏液和漏气	检视
5		故障诊断	装有 OBD 的车辆,无故障信息	检视
6		附属设施	后视镜、灭火器、客车安全锤、安全钳、刮水器等齐全完好、功能正常	检视
7	发动机及附件	发动机工作状况	在正常工作温度状态下,发动机起动 3 次,成功起动次数不少于 2 次,柴油机 3 次停机均有效,发动机低、中、高速运转稳定、无异响	检视
8		发动机装备	齐全有效	检视
9	制动系	行车制动性能	符合 GB 7258,运输车辆符合 GB 18565	路试或检测
10		驻车制动性能	符合 GB 7258	路试或检测
11	转向系	转向机构	各部件连接可靠,锁止、限位功能正常,转向时无运动干涉,转向轻便、灵活,转向无卡滞	检视
12		转向盘最大自由转动量	最高设计时速不小于 100km/h 的车辆,转向盘最大自由转动量不大于 15°,其他车辆不大于 25°	检测

续上表

序号	部位	项目	技术要求	检验方法
13	行驶系	轮胎	同轴轮胎的规格型号应相同,公路客车(客运班车)、旅游客车、校车和危险物运输车的所有车轮及其他车辆的转向轮不得装用翻新的轮胎。轮胎花纹深度及气压符合规定,轮胎的胎冠、胎壁不得有长度超过25mm或深度足以暴露出帘布层的破损和割伤,无凸起和异物刺入	检查、检测
14		转向横轮向侧滑量	符合 GB 7258,道路运输车辆应符合 GB 18565	检测
15		悬架	空气弹簧无泄漏、外观无损伤;钢板弹簧无断片、缺片、移位和变形,各部件连接可靠,U 形螺栓螺母扭紧力矩符合规定	检查
16		减振器	减振器稳固有效,无漏油现象,橡胶垫无松动、变形及分层	检查
17		车桥	无变形、表面无裂痕,密封良好	检视
18	传动系	离合器	离合器接合平稳,分离彻底,损伤轻便,无异响、打滑、抖动和沉重等现象	路试
19		变速器、传动轴、主减速器	变速器操纵轻便,挡位准确,无异响、打滑及乱挡等异常现象,传动轴、主减速器无异响	路试
20	牵引连接装置	牵引连接装置和锁止机构	汽车与挂车连接可靠,锁止、释放机构工作可靠	检查
21	照明、信号指示装置和仪表	前照灯	完好有效,工作正常,符合 GB 7258	检视、检测
22		信号指示装置	转向灯、制动灯、示廓灯、危险报警灯、雾灯、喇叭、标志灯及反射器等信号指示装置完好有效	检视
23		仪表	各类仪表工作正常	检视
24	排放	排气污染物	汽油车采用双怠速法,应符合 GB 18285 相关规定,柴油车采用自由加速法,应符合 GB 3847 相关规定	检测

4.2.4 典型维护作业及要求

1. 轮胎维护

轮胎是车辆的重要部件,对汽车的行驶安全性、行驶稳定性、平顺性、越野性和燃料经济性等都有直接影响。轮胎的品种、规格繁多,其使用寿命受使用与维护条件影响大。因此,维护轮胎是汽车维护的一项重要的工作,无论是日常维护,还是一级和二级维护,均要求对轮胎的外观和性能进行适当的检查和维护。

1) 轮胎气压检查

轮胎气压指轮胎内部空气的压强。大部分轮胎内部充满的是压缩空气,一些零售商会给轮胎充满氮气,以便使轮胎长时间保持气压。受轮胎结构限制,正常的轮胎在正常条件下使用,气压下降通常是不可避免的。

轮胎气压过高时,会造成胎面中间部分不规则磨损,影响操纵稳定性,降低燃油经济性,引起过热甚至爆胎;气压过低时,汽车的载荷则不能均匀地分布在整个胎面上,而是集中在胎面的两侧,易导致胎面两侧过度磨损,损伤轮胎的内部结构,影响操纵稳定性和舒适性,在面对道路异物时引起严重的损伤。

同轴两侧轮胎气压的差异,也不利于汽车行驶的稳定性和安全性。

在具体检查与维护作业中,可按照以下方法,查找合理的气压范围。

(1) 具体车型的厂家推荐值。汽车用户手册、驾驶室车门旁边的标签、车辆驾驶座旁的抽屉或油箱盖小门等。

(2) 参照 GB/T 2978—2014《轿车轮胎规格、尺寸、气压与负荷》的相关标准。
①标准型轮胎:2.4~2.5bar;②增强型轮胎:2.8~2.9bar;③最高气压:不应大于3.5bar。

(3) 轮胎标志。每种轮胎都会在显著位置明确给出该轮胎的气压范围。

轮胎气压可通过目测方法检查,有条件情况下或在等级维护中,一定要用轮胎气压表检查。一些汽车可能提供轮胎气压提醒装置,以方便气压检查。

注意:轮胎气压测量应当在冷车时进行,在热车状态下,应考虑气压升高的因素。目测法检查轮胎气压可能带来问题,对于子午线轮胎,即使气压偏低,但看上去也可能是正常的。

2) 轮胎磨损检查

检查轮胎磨损,查看其是否被割破、擦伤、隆起或物体嵌入胎面。主流轮胎在轮胎的显著位置都会有耐磨指数或磨损标志。

(1) 耐磨指数。以数字表示的轮胎的耐磨指数。可理解为在相同使用环境下可行驶里程的多少,数字越大,其耐磨性更高。标准轮胎为 100(48000km),因此,200 对应的是 96000km,300 对应的是 144000km。耐磨指数可作为判断轮胎是否应更换的参考。

(2) 磨损标志。极限磨损标志,是胎面磨损状况的直观标记,通常被模压在胎面纹槽的底部,横贯胎面的带形区。当轮胎磨损到磨损指示标记显露,应更换轮胎。

检查轮胎时,只能用淡肥皂水清洗,并用清水冲净,不要使用腐蚀性液体或研磨材料清洗轮胎。清洗胎壁的凸起字符和数字时,只能使用被认可的清洗物。不要使用钢丝棉、钢丝刷、带矿物油基的清洗液(如汽油、油漆稀料和松节油),这些液体对轮胎有害,并使胎侧凸起字符数字变色。

3) 车轮平衡检查

轮胎更换后,必须进行车轮平衡的检查。

检查车轮的平衡:当车速在46km/h 和64km/h 之间产生车轮回转振动时,应做静平衡;当车速在64km/h 以上产生车轮偏摆振动时,应做动平衡。

未装轮胎时,轮辋的不平衡度应不大于 $0.05N \cdot m$;装上轮胎后,车轮的不平衡度应不大于 $0.12N \cdot m$,轮辋边缘允许的平衡块质量不大于70g。

4) 车轮换位

为充分利用轮胎的有效使用寿命,应根据汽车或轮胎生产厂家的建议,或相关规定,在适当的时机,进行轮胎换位。换位后,按照轮胎压力要求,调整充气压力。

子午线轮胎与斜交轮胎应采用不同的换位方式。

(1) 斜交轮胎。采用交叉换位,将同一车桥上的轮胎对换。

(2) 子午线轮胎。采用同侧换位(非交叉换位),可由前到后和由后到前换位。子午线胎、宽胎面轮胎必须成套安装,对用于深凹式轮辋的轮胎最好进行充分清洗,不同宽度的轮胎,不能混用。

注意:修补过的轮胎不要安装在前轮,也不可在高速公路上长时间使用。

5) 轮胎更换

轮胎超过磨损极限或受到外力损坏时,应及时更换。更换时,要依据车辆使用说明书进行选用轮胎,选用时,要注意轮胎气压、负荷和速度,确保满足使用要求。

轮胎的结构、强度以及使用气压和速度,都是经过厂家严格计算或试验确定的,超载使用轮胎不仅有安全隐患,也会影响使用寿命。根据实验证明:超负荷 10% 时轮胎寿命降低 20%;超负荷增大 30% 时轮胎滚动阻力将增加 45%,同时燃油消耗也会增加。

6) 轮胎修理

轮胎作为极其重要的影响安全的部件,与地面直接接触,容易损坏,其修理曾经很"平常"。在过去,修理人员可以按照顾客的要求修理包括胎肩或胎侧穿孔在内的各种修理,而不会承担更大的责任。

但是,随着时代的变迁,各国政府都从安全性出发,对汽车修理做出了严格的限制,任何侥幸都可能引发灾难性后果。对于修理机构和人员来说更是如此。注意:修理人员或机构与车主达成的任何"免责"协议均是无效的,无法起到保护自己的作用。

轮胎的修理应严格遵守相关规定,避免不必要的麻烦。通常,只有轮胎胎面部位的穿孔才能修理。有下列损伤的轮胎不能修理:胎肩或胎侧穿孔;直径大于 6.5mm 的穿孔;胎圈断裂或开裂;隆起或鼓包;胎体帘布开裂或割断;轮胎帘布层分离;轮胎磨损到胎体纤维或磨损标记有可见的损坏。

2. 蓄电池维护

1) 蓄电池的使用与维护

从维护角度出发,汽车用蓄电池大致可分为两种:传统的铅酸蓄电池和免维护型蓄电池。其中:传统蓄电池需要经常维护,包括检查和加注电解液;免维护蓄电池需要或根本就无法补充电解液。

对于免维护蓄电池,其状态检查也比较方便。免维护蓄电池在盖上通常会设有一个孔形液体比重计,它会根据电解液比重的变化而改变颜色。可以指示蓄电池的存放电状态和电解液液位的高度。当比重计的指示眼呈绿色时,表明充电已足,蓄电池正常;当指示眼绿点很少或为黑色,表明蓄电池需要充电;当指示眼显示淡黄色,表明蓄电池内部有故障,需要修理或进行更换。

因此,在实际操作中,标准规范中有关蓄电池的检查、补充电解液等方面的操作,通常仅针对普通电池。

蓄电池在使用及维护过程中,需要注意以下问题。

(1)蓄电池长期不用,会慢慢自行放电。因此,每隔一段时间就应给蓄电池充电。

(2)蓄电池有一定的使用寿命,到期就要更换。

(3)蓄电池电量不足时,要及时充电。因蓄电池电量不足使发动机无法起动时,可以用其他车辆上的蓄电池来起动,即将两个蓄电池的负极和负极相连,正极和正极相连。

(4)电解液的密度应按照不同的地区、不同的季节,进行相应的调整。

(5)在电解液不足时,应补充蒸馏水或专用补液,切忌用饮用纯净水代替。因为纯净水中含有多种微量元素,对蓄电池会造成不良影响。

(6)在起动汽车时,连续不间断地使用起动机会导致蓄电池过度放电。正确的起动方法是每次起动的时间不超过 5s,再次起动的间隔时间不少于 15s。多次起动无效时,应从电路或油路等方面寻找原因。

(7)日常行车时应经常检查蓄电池盖上的小孔是否通气;电池的正、负极有无被氧化的迹象;电路各部分有无老化或短路的地方。

2)蓄电池的拆除与安装

拆除与安装蓄电池,应注意以下事项。

(1)拆卸蓄电池时,应先拆搭铁(负极)线,然后再拆带有正极标志的电源线。在连接蓄电池时,次序则相反,即先接正极,然后再接负极。

(2)未读取发动机电控单元(ECU)记录的故障码之前,不应随意拆卸蓄电池连接线,以保留故障记录信息。因为在读取故障码之前便贸然拆下蓄电池连接线或拔下电源熔断器时,由于中断 ECU 的电源,存储在其随机存储器中的故障码便会自动消除,失去了一个重要的故障判断信息。

(3)点火开关接通(ON)时,不能随意拆除蓄电池连接线。当点火开关处于(ON)位置时,无论发动机是否运转,不可以拆下蓄电池连接线或拔下电源熔断器。因为突然的断电会使电路中的线圈产生自感电动势,从而出现很高的瞬时电压,使 ECU 及相关的传感器等电子器件严重受损。

(4)不能随意用拆除蓄电池连接线的方法清除故障码。对于大多数电控发动机而言,拆下蓄电池连接线或拆下 ECU 线路上的熔断器,保持断电 30s,即可清除 ECU 中存储的故障码。但对有些汽车来说,这种方法则不合适。因为车辆防盗、音响、石英钟等设备的内存(包括防盗密码)中的信息也存在于随机存储器中,断电后这些内存也会被一起清除掉,从而导致音响锁码等现象。对这些汽车应该按维修手册上要求的方法来清除故障码,切不可随意拆除蓄电池连接线。

3. 发动机润滑系维护

1)润滑油牌号

更换或补充润滑油时,都要求采用符合要求的机油,应根据发动机润滑油牌号、分级,确认所加机油符合原车要求。

(1)机油标记方法。

按照 GB 11121—2006《汽油机油》和 GB 11122—2006《柴油机油》,内燃机油分为 3 种:汽油、柴油机油和通用内燃机油,产品标记方式如图 4-7 所示。

| 质量等级 | 黏度等级 | 汽油机油 |
| 质量等级 | 黏度等级 | 柴油机油 |
| 汽油机油质量等级/柴油机油质量等级 黏度等级 通用内燃机油 |
| 柴油机油质量等级/汽油机油质量等级 黏度等级 通用内燃机油 |

图4-7 机油标记

如：SF10W-30为汽油机油，质量等级为SF级，黏度10W-30；CD10W-30为柴油机油，质量等级为CD级，黏度等级10W-30；SJ/CF-45W-30为通用内燃机油，品质同时满足汽油SJ级和柴油CF-4级要求，黏度等级5W-30。

（2）机油质量等级。

市面上见到的机油质量等级有两种：API（美国石油协会）和ILSAC（国际润滑剂标准化和批准委员会）的分级，通常都是按API分级。

汽油机油（API）分为SC、SD、SE、SF、SG、SH、SJ、SL和SM，按第2个字母的顺序，品质依次提高，可向前兼容，SC和SD已经被淘汰。ILSAC分级包括GF-1、GF-2、GF-3和GF-4，分别与SH、SJ、SL和SM对应，不过前者增加了节能。

柴油机油（API）分为CC、CD、CF、CF-4、CH-4和CI-4，同样也是向前兼容的。

（3）黏度等级。

发动机润滑油的黏度多使用SAE等级别标识，如SAE10W-30，其中：夏季用油牌号为20、30、40、50，数字越大其黏度越大，适用的最高气温越高；冬季用油牌号为0W、5W、10W、15W、20W、25W，符号W代表冬季，W前的数字越小，低温黏度越小低温流动性越好，适用的最低气温越低，如0W表示最低气温为-35℃，5W表示最低气温-30℃，10W为-25℃；冬夏通用油牌号为5W-20、5W-30、5W-40、5W-50、10W-20、10W-30、10W-40、10W-50、15W-20、15W-30、15W-40、15W-50、20W-20、20W-30、20W-40、20W-50，代表冬用部分的数字越小，代表夏季部分的数字越大者黏度越高，适用的气温范围越大。

应确认机油的牌号和规格符合原车要求。即核对机油黏度和性能等级。大多数发动机要求使用多级黏度复合机油，因为多级黏度机油适合的工作温度范围较广，且消耗率比单级黏度机油低约30%。此外，机油的性能等级代表了机油添加剂的水平。

对于重载荷的发动机，起保护作用的主要是机油中的添加剂。由于添加剂随着时间的延续会逐渐消耗，只有选用足够等级的机油，才能保证发动机在整个换油周期内都能得到可靠的润滑保障。

2）检查机油液位

检查机油液面高度时，首先是要求车辆处于水平位置；其次是要求发动机停止运转，并且要等一段时间，使机油流回油底壳，以保证检查的准确性。

3）核实加注数量

若进行机油补给作业，则应根据机油液位高度检查的结果，决定加注数量。如果是进行更换机油作业，则应根据使用说明书的要求确定加注数量。

4）加注操作要求

加注时车辆应置于水平位置，通过加油口加注机油。加完油后要等一段时间，再检查油尺上的油位标记，即等机油都流入油底壳后才进行油位的检查。

5）机油更换

机油在使用一段时间后，会出现润滑性能下降，因此，定期更换润滑油是汽车的一项重要维护项目。

几十年来，机油更换周期得到了大幅提升，根据 Noria Corporation 提供的资料，早期汽车机油更换里程仅为 500 英里(800km)，但是，由于高性能润滑油、清洁燃料、先进过滤技术和更可靠的发动机，同类型汽车的换油周期已经达到了 50000 英里(80000km)，无论如何，对于此类汽车，25000 英里(40000km)换油周期是没有问题的。影响汽车换油周期的主要因素包括：发动机设计、年龄和使用状况、驾驶模式与状况、机油性能。

机油更换时机通常可按以下方法确定。

(1)汽车生产厂家推荐换油周期。使用手册都会给出具体车型的润滑油建议更换周期，需要注意的是，使用该周期的前提条件是使用厂家推荐的机油牌号。通常，这一换油周期偏于保守。

(2)机油生产厂家推荐的换油周期。通常，各主流机油厂家通常会在其网站给出保证的行驶里程，可作为换油周期的基础，如：美孚 Mobil01，推荐更换周期为 20000 英里(约 32186km)或 1 年，道达尔 Quartz 给出的换油周期 20000km 至 40000km，不过，他们都会告诉用户，应当遵守汽车生产厂家推荐的换油周期。在实际操作中，也可参考主流机油生产商提供的 App。

(3)根据机油指标换油。可按照 GB/T 8028《汽油机油换油指标》和 GB/T 7607《柴油机油换油指标》提供的指标的测试方法，通过对机油性能进行分析，确定是否需要更换机油，或确定最佳换油周期。

(4)采用适当的计算方法确定更换周期。Noria Corporation 提供了 3 种方法计算换油周期，包括 Kublin 法、ParadiseGarage 法和 Heidebrecht 法。

6)机油滤清器更换

应按照汽车生产厂家推荐的周期，更换机油滤清器。更换时，应加满清洁机油，然后才能装到发动机上。在具体操作中，通常换油与更换滤清器同时进行。

4. 冷却系统维护

加注冷却液时，应打开发动机上部冷却系统的放气阀门，缓慢地将冷却液从散热箱的加注口加入到发动机中，直至没有气泡再从放气阀门中排出为止。冷却液应加注至规定的高度，不宜过满。加注完毕后，将放气阀门关闭。

冷却系统所用冷却液主要应由纯净水、防冻液及添加剂 3 种成分构成。配好的冷却液一年四季均可使用，并且一般可以连续使用 2 年。

纯净水由于经过净化，因而可避免形成水垢。防冻液系指工业用的乙烯乙二醇或丙烯乙二醇，可以降低水的冰点及提高水的沸点。防冻液的浓度过高或过低均会影响冷却液的防冻能力。在大多数气候条件下，推荐使用的防冻液浓度为 50%，此时冷却液的冰点可达 −33℃。

添加剂可在水系统内表面形成一层保护膜，以防止缸套和机体产生穴蚀及阻止沉淀物堆积。有的发动机安有水滤器，水滤器除了有过滤介质外，内部还含有添加剂。添加剂的浓度有一定要求，可以通过检测包来检测。

5. 空调系统维护

汽车空调必须及时清洗和维护，通常应按汽车使用说明书开展维护作业。

1) 检查

在使用汽车空调之前,应检查冷凝器、蒸发器表面的清洁情况。如果灰尘较多,应予以清洗并用压缩空气吹净。

检查各开关、控制元件的性能是否可靠,空调制冷剂是否缺少。制冷剂不足是空调失效的原因之一。

检查制冷剂是否泄漏,可以通过观察压缩机零件表面、软管、管子接头处油迹的多少来判断。如果油迹很多,说明系统泄漏,应及时进行修理。

检查空调滤芯是否需要更换。如果长时间不更换,其上面吸附堆积的尘土会在空调开启时吹进车内。

检查与冲洗空调的散热器和散热风扇,以免过厚的油泥和尘土影响散热效果。可使用发动机外部专用清洁剂进行清洗。

2) 清洗

汽车的空调系统最常见的故障是空调制冷不良、压缩机噪声过大及空调霉味、臭味严重等。其主要原因是空调系统在使用一段时间之后,由于压缩机工作时高温、磨损及外界环境的影响,将不可避免地产生机械杂质、油泥和污物。这些杂质和污物在空调系统运行过程中,将会随着制冷剂的循环,附着在空调系统的高低压管部、冷凝器、蒸发器及膨胀阀等处。经过长时间积累,将会极大地影响空调系统的制冷效果,造成制冷不良、空调系统停止工作和冷气时有时无的故障现象。而且这些杂质随着系统循环,还可能阻塞膨胀阀、储液干燥器等。只要这些装置发生阻塞,就必须更换;同时,系统内机械杂质和污物会在系统内部循环下与制冷剂一起进入压缩机,造成液击和拉缸,使压缩机报废。对于一般修理因为管路里的杂质和污物会随系统的循环,有可能很快再次阻塞膨胀阀、储液干燥器等,甚至再次损坏压缩机。这样残留和新生的杂质及污物周而复始,因此,空调系统必须定期进行清洗。

空调系统内部清洗剂与清洗设备配合使用,具有较强溶解能力和清洗能力。其可以有效清除系统内部各处的机械杂质和污物,使系统的压缩机、膨胀阀和储液干燥器得到有效保护,确保整个系统保持最佳状态。

整个空调系统要进行全面清洗,用专用的空调泡沫清洗剂,将冷凝器、蒸发器彻底洗净,同时,还应把空调进、出风口之间的风道洗净。

3) 润滑

空调系统的润滑维护同发动机的润滑维护同等重要。维护不好,会加剧压缩机的磨损,同时噪声很大,会影响驾乘人员的舒适性和安全性。因此,为了有效减少压缩机运行中的磨损,降低空调系统噪声,使整个空调系统可靠工作,还必须在空调管路中加入一种空调系统润滑油。

4) 除臭

在夏季,当进入开有空调的密闭车内,有时会感到头疼、头晕甚至呕吐,这是由于在潮湿的蒸发器及通风管道中极易滋生霉菌和真菌。这些真菌和霉菌会带来腐烂性异味,并导致乘车人头疼、眩晕、眼睛灼痛和呼吸困难等过敏性反应,尤其是在刚开启空调时,很多车内的气味简直让人难以忍受。传统的方法只是用空气清新剂改善驾驶室气味,或者卸下蒸发器组件以清除蒸发器的霉菌团,但这不能彻底根除异味源。高效空气净化剂能快捷清除空调系统中蒸发器上、进出风口通道上以及驾驶室内各处滋生的霉菌和异味,并且不用拆卸,使用方便,定期使用能彻底根除异味源,使车内空气清新。

6. 进排气系统维护

进、排气系统的主要部件有:过滤灰尘的空气滤清器、反映空气滤清器清洁状态的进气阻力指示器、提高进气压力的增压器、输送空气的进气管路、冷却增压空气的中冷器以及排放废气的排气管路。

进气系统应保证发动机吸取干净的空气,因而空气滤清器必须安装到位;进气管路应密封良好、没有裂纹、卡箍安装紧密和管路支架支撑牢靠;进气阻力指示器应安装稳固、密封胶密封可靠;排气系统应与底盘接线、冷却系统、起动系统等没有干扰;增压器要有充足的润滑油来润滑。

4.3 汽车养护作业

4.3.1 汽车清洗

清洗是车辆维护项目中清洁作业的内容,是汽车美容的基本工序,也是汽车修理作业的基础性工序。主要目的是使车容整洁、干净、亮丽,防止汽车面漆和外部零件的异常损坏。

汽车面漆除了具有装饰性、使汽车美观大方外,还有防腐、防锈、耐高低温、耐污和耐冲击等防护性能。风化、酸雨、高温、强光、树汁、鸟粪及虫尸等的侵蚀,会给漆面造成诸多不良影响,因此,应及时进行清洗。

汽车零部件大多暴露在恶劣的外部或内部工作环境中,很容易沾染各种有害的腐蚀性物质,为防止过早损坏,实现其预期寿命,也需要经常性地清洁和清理。

1. 外部清洗

1) 清洗作业

汽车清洗不应理解为只是用清水去冲洗,而是使用专业清洗设备和专业清洗剂进行专业化清洗的过程。洗车是一个复杂的化学现象和物理现象相互作用的过程,如果清洗不当,不仅没有起到养护的目的,还可能造成损伤。

开展汽车清洗作业时,应注意以下几点。

① 清洁车身油漆表面时,切勿使用刷子、粗布,以避免留下刮伤痕迹。

② 注意不要将水喷在锁孔内。

③ 用分散水流使坚硬泥土浸润而被冲去,再用海绵从上而下擦洗,最后用布擦掉水迹。

④ 清洗发动机舱时,不要将水溅到电器上。否则,会影响发动机工作性能。如果溅到电器件上,应使用布擦干净或用压缩空气把水吹除,并将分电器盖内的水分擦净。

⑤ 清洗时可能使制动器浸湿,导致制动效能降低。因此,清洗后开始行驶时,应首先轻踩制动踏板判断制动状态。当制动不正常时,应低速行驶,并通过断续制动恢复制动效能。

⑥不要用高压水枪垂直方向冲洗车漆,高压水可能对油漆造成损坏。这些损伤虽然一次两次看不出来,但天长日久,危害不可忽视。

2)节水清洗技术

(1)循环水洗车。

自动洗车基本上是采用循环水形式或利用中水进行清洗。清洗时在水中加入pH值为中性的专用洗车香波和水蜡,在清洗车身的同时保护车漆不受腐蚀。洗车后,漆面光滑并留有清香。

自动洗车机的设计会针对车身不同流线造型调节最佳力度和角度,彻底洗净全车所有部位,更会细致到在车身和轮胎部位分别用软、硬两种清洁刷清洗,既保证不伤车漆,又能把轮胎、轮毂等容易堆积污垢的部位彻底洗净。

(2)免擦拭清洗。

免擦拭清洗是采用专用清洗机和清洗液的一种汽车清洗方式。通过对车身喷洒含护理成分的活性物质后,再用清水冲洗,整个洗车过程不需要清洁工具直接接触汽车表面即达到清洁汽车目的。这种洗车方式具有以下特点。

①免擦拭。车身喷上具有活性物质的环保型清洗液后,直接用清水冲洗。消除传统洗车方式过程中用海绵、抹布擦拭车身可能造成的漆面划痕。

②防结垢。彻底清洗车身、胎冠等部位的油垢、污渍、泥沙及表面氧化物。

③多功效。清洗液中含有护理成分,每次洗车即对漆面进行一次护理。洗车、打蜡、上光一次完成,不会再有脱蜡、失光现象。

④用水少。一辆轿车清洗用水大约30~40L,免擦拭清洗比传统洗车方法节约用水50%。

(3)蒸汽清洗。

利用蒸汽热降解原理,用蒸汽将附着在汽车表面的污垢结合、软化、膨胀、分离,再用干净抹布将剩余的污垢和少许的水渍去除。

与常规洗车方法相比,蒸汽洗车有明显的优势,如节水、高效,不需要单独的车内清洗设备,不需要添加有害化学物质等。采用蒸汽洗车,一名熟练操作人员只需要大约15min,消耗3.78L水。蒸汽清洗有助于漆面的保护、缝隙的清洗,不损伤电路,能够有效清洗复杂部位,如发动机、仪表盘、空调口等部位。

3)清洗剂

理论上,含有活性剂成分的通用型清洗剂,如洗衣粉、肥皂、洗涤灵等,用作清洗剂有一定的去污能力。但是,这些物质通常呈碱性,会对车辆清洗表面尤其是面漆产生副作用。因此,专业化汽车清洗应禁止使用这类碱性清洗剂。

汽车清洗剂应采用专业的中性或弱碱性清洗剂,如汽车美容用品中常见的汽车清洗香波、清洗及上蜡香波,其pH值为7.0~9.8,均属专业汽车美容用品。

汽车其他部位的清洗按照同样的道理,对不同属性的材料制成的部件必须使用不同的专业清洗剂。这些清洗剂都是根据汽车技术的要求,按照独特的配方和生产工艺而制造出来的,是一般普通清洗剂不能替代的专用清洗剂。

在实际应用中,不同部位应当采用不同的清洗剂。

2. 发动机积炭清洗

1) 积炭产生的原因

积碳是指一种发动机的气门、燃烧室和进气管上积累的混合物。它是由发动机的油料未能充分燃烧,在高温和氧的催化作用下形成盐酸和树脂状的胶质,黏附在零件表面上,再经过高温作用进一步浓缩成沥青质和油焦质等复杂的混合物。

容易产生积炭的部位主要有:进气门头部和颈部、进气门、进气歧管、节气门、喷油嘴、活塞和燃烧室等。

理论上,发动机积炭的形成是不可避免的。以燃烧室为例,内燃机靠燃料与氧气在燃烧室混合燃烧释放大量热能工作,现有设计都不能保证其完全燃烧,也无法完全避免润滑油进入燃烧室。发动机在正常工作中,燃烧室产生油烟和润滑油烧焦微粒在所难免。发动机继续工作时,这些微粒进一步受到氧化变成胶质,会牢固地黏在活塞、活塞环、气门、进气管、节气门体和燃烧室内部。在高温的反复作用下,又将胶质变成沥青质、树脂质及炭质,从而形成积炭。因此,产生积炭是迟早的事,甚至仅跑了几百小时就会产生。

汽车发动机通常会面临各种非正常工作条件和工作状态,加剧了积炭的产生,主要包含如下情况。

(1) 频繁起停。由于喷油嘴正对着进气门头颈部喷射,发动机在停止运转前喷出的油不能被燃烧,沉积在进气门头、颈部。进气门头、颈部的环境高达 300℃,燃油中的汽油挥发走了,其中的胶质、蜡质则逐步沉积在进气门上。

(2) 短时运行。发动机长期处在正常工作温度以下运转,导致汽油燃烧不充分,汽油中未燃烧成分会沉积在活塞和燃烧室表面,加速积炭的形成。

(3) 未及时清理积炭。多孔的积炭容易吸收汽油,产生更多的积炭。

2) 积炭的危害

(1) 功率下降。积炭减小了进气通道、降低了充气系数,引起汽缸压力增高、点火时间推迟,导致发动机功率下降。

(2) 发动机起动困难或无法正常起动。积炭落入进气门座的通道,会造成汽缸压力不足。此外,起动时喷射的燃油被积炭吸附,导致汽缸内混合气稀薄,发动机无法正常起动。

(3) 急速不稳。当积炭附着在进气门和节气阀时,发动机无法准确控制送往燃烧室的汽油和空气的数量,从而引起发动机急速不稳。

(4) 废气排放超标。积炭导致汽油和空气的混合比失调,从而导致汽油燃烧不充分,尾气中 CO、HC、NO_x 含量增加,排放不达标。

3) 发动机积炭免拆清洗

发动机免拆养护就是在不用对发动机总成解体的情况下,清除相关部件灰尘、积炭和油泥的养护方法。由于免拆养护时无需拆解发动机部件,从而避免因拆装而造成发动机原始参数改变、性能受损、密封性被破坏、原配件损伤等现象。

(1) 发动机免拆清洗时机。

一般是在发动机出现以下状况时,进行拆免拆清洗:冷起动困难,加速不良,从其他转速回到急速时常有短时不稳,经常发生爆震;氧传感器电压在 0.10~0.95V 间,且变化较慢(正常情况下,电压在 0.3~0.7V 间变化),燃油修正值大于 10%;常在市区行驶的车辆,每行驶

1.5万~2万km就应清洗一次;车辆正常使用中,油耗比新车时明显增加;由于积炭落在进气门与气门座圈之间使缸压突然降低,发动机不能起动或起动困难;节气门开度超过30°;车辆年检或正常养护时,排放超标。

(2)免拆清洗方法。

①清洗剂清洗。把清洗剂直接加入油箱中与燃油混合在一起,发动机在运行过程中即可完成对油路和燃烧系统的清洗。

②免拆清洗机清洗。利用发动机原有系统及压力,用清洗剂替代燃油完成对发动机的清洗。免拆清洗大致分为三个步骤:浸润、清洗及清洁。每一个环节对时间和工况有不同的要求,如果操作不规范,即便设备和步骤都没有问题,也难以达到最佳的清洗效果。

积炭是长时间积累的,需要一个浸泡、冲刷的过程。但是为了达到最好的清洗效果,不是简单的一次性浸泡、冲刷就足够,而是需要反复多次。在长时间的浸润之后,发动机怠速运行,通过清洗剂慢慢浸透积炭的表层,然后靠气流冲刷。

清洗开始10min内不允许加速,10min后表层的积炭清洗掉了,加速到2000~2500r/min,保持1min,利用加速的气流继续冲刷。然后,再回到怠速工况,再做10min的浸润,使新的表层出现。然后再按照上面的操作过程再重复循环,一般需要进行6次,直到用清洗剂把积炭全部洗掉。

清洗后的发动机也需要进行一系列的调试,如电控系统的重新设定等。因此,必须严格按照厂家规定的流程进行操作。

4)喷油器清洗

对喷油器的清洗有也分为三种类型:清洗剂清洗、免拆清洗和清洗机清洗。

(1)清洗剂清洗。把清洗剂直接加入油箱里,随发动机工作对喷油嘴进行清洗。此种方法简便易行,只需要将合适的清洗剂加入油箱即可。这种清洗方法具有预防作用,产生维护效果。但是,应注意由于清洗剂热值不同(一般都偏大),燃烧时的温度和压力比单纯汽油时要高,部件承受的热负荷与机械负荷都会增大。

(2)免拆清洗。免拆清洗机清洗的原理就是利用发动机燃油系统的压力进行循环,用清洗剂替代油料燃烧对喷油嘴的积炭进行清洗。免拆清洗的优点在于方便快捷,而且对于喷油嘴的清洗效果也比较明显;缺点是喷油嘴的运行状况检查不出来。

(3)专用清洗机。这种清洗方式与上述两种清洗方式不同,需要把喷油器从发动机上拆下来,使用专用的喷油器清洗机对喷油器清洗。

清洗机一般都具有化学清洗、物理清洗、超声波清洗功能以及检测功能,可以对喷油嘴雾化参数、响应程度、密封状态等进行检测。在超声波清洗喷油器过程中,喷油器清洗过程中也通电,让阀芯往复运动,改进了清洗效果。

3.冷却系统清洗

一般防冻液的更换周期为2年。更换防冻液前,应进行发动机冷却系统的清洗。

1)怠速清洗

发动机散热器性能不正常,可能导致发动机过热,使汽缸产生黏着磨损的危险。要想避免这类严重故障的发生,必须保持冷却系统的功效。冷却系统的清洗能使散热器的工作效率提高,清洗程序如下:

(1)确保发动机处于冷却状态并熄火时取下散热器盖。

(2)打开散热器底部的排放塞(或水管),让冷却液流入桶里。

(3)关上排放塞(或装上水管),并给散热器注水。

(4)起动发动机,添加冷却系统清洁剂,发动机怠速30min(或者按照指示进行操作)。

(5)关掉发动机冷却5min,将散热器内液体排空。

(6)关上排放塞,往散热器注水并让发动机空转5min。然后重新注入1∶1比例的水和乙二醇防冻剂/冷却液的化合物(或使用汽车以前用过的冷却液)。

2)运行清洗

将大偏磷酸钠20mg加入1L水中,然后再加入羟基乙叉二膦酸钠盐35mg,聚丙烯酸钠30mg,并搅拌均匀。然后加入冷却系中,控制pH值为5.5~6,运行48h左右,排放、清洗即可。

4. 自动变速器清洗

一般情况下需要每两年更换一次自动变速器传动液,每行驶40000km需要对自动变速器进行清洗维护。

自动变速器传动液的更换与机油更换要求有些不同,需要使用自动变速器换油设备对旧传动液和其他杂物进行清除。因为自动变速器油液不可能通过利用大气压力自动排出变速器,残余的油液会与油泥、杂质等聚集在阀体、液力变矩器和冷却管路中,如果不处理干净就会造成系统内部油路堵塞。自动变速器工作失效大多数是由于过热和自动变速器传动液久未更换,出现杂质引起的。对于自动变速器的维护,合理更换自动变速器传动液是关键。

自动变速液通过传动液的流动传递发动机的动力。自动变速器传动液本身具有润滑、清洁、散热等作用,防止自动变速器机件磨损。由于自动变速器内的工作温度较高,各个零部件配合精密,对自动变速器传动液的质量及清洁度有很高的要求。如果自动变速器传动液老化和衰变,将会使内部的传动机件抗磨能力下降,缩短自动变速器的使用寿命;自动变速器中的油泥、杂质会直接影响到系统油压和动力传递,使自动变速器升速减慢或失效,甚至使某个挡位失灵。

5. 内饰清洗

汽车内饰件主要是由塑料、皮革、纤维等材料制成的,这些材料容易在使用过程中被外界污染或腐蚀。比如塑料制品在风吹日晒下会出现氧化龟裂而失去光泽,皮革品会出现老化、磨损、褪色,纤维容易被尘埃脏物污染及氧化褪色,从而影响内部的舒适度和美观,还会缩短使用寿命。

1)座椅清洗

汽车座椅一般有两种类型,一是绒毛类,二是皮革类。

清洗绒毛座椅必须采用专用的丝绒清洁剂,绝对不能使用漂白粉。皮革类的座椅分为真皮革和人造革,清洁时切不可使用清水或洗衣粉,否则不仅清洗不干净,还会产生裂纹。

清洗皮革座椅应该使用专门的清洁产品皮革保护剂,不但能迅速清洁上光,更能有效去除静电,增强保护功能。

对于较脏的皮革表面,要先使用丝绒清洗剂进行预先处理,因为有些污垢可能硬结在皮革表面,使用丝绒清洗剂能有效地润湿和分解油污,可使清洁工作更加顺畅。对汽车内饰的清洗,应遵照产品标签上的说明选用清洗剂。使用某些去污剂去除十分明显的污渍之前,应该先在不影响观瞻的地方进行测试,看看是否会掉色。如果需要使用溶剂类去污剂,要确保良好的通风状况,使用量越少越好。用得太多,难闻的气味会长时间挥之不去。

2)仪表板清洗

仪表盘面板等多为塑胶或皮革制品,表面较多细条纹,沾染物多藏里面。

清洗这些部件过程中要注意,不应该将丝绒清洗剂、全能泡沫清洗剂、塑胶护理剂等喷到电器、开关及车身漆面上。

对仪表盘、变速器操作杆清洗时,必须先去除仪表盘区的条纹、褶皱和边角上的灰尘。清洗转向盘时,因为转向盘多为人造革或真皮材料,沾染物多为人体油脂,不容易清洗。要在清洗剂喷敷上后,用软毛刷刷洗,并配合干净毛巾擦拭。

如果转向盘有外套,要将其拆下,单独进行清洁上光。对转向盘的清洗护理要求是应该不黏手、不打滑。

3)其他部件清洗

空调通风口清洁要小心,空调通风口的材料多为硬质塑料、栅格式。沾染的污垢多为粉尘、沙土。特别在栅格处清洗,由于较细和脆,一定要小心,要将栅格拆下清洗,用小毛刷清洁空调通风口的栅格窗。

清洁地毯和布面时,若用水过多会引起过度的潮湿。因为需要很长时间才能干,并且会存留在织物中,可能引发霉变。清洁地毯或座位污垢时,在硬刷子上缠块干净的毛巾,这个工具有助于吸收水分和灰尘。如果清洁污渍后留下圈印,应立刻清洁整块地方,否则圈印会固定下来。

在车内饰材料上不要使用如下物质:汽油、苯、石脑油、四氯化碳、丙酮、油漆稀释剂和松节油等。只有用户手册特别建议时,才可使用酒精、洗衣皂和漂白剂等。

4.3.2 漆面护理

1. 打蜡

汽车打蜡是汽车漆面养护的基本方法,主要作用有:提高美感,增进漆面的光泽,在抛光基础上可达到镜面效果,打蜡是使汽车光亮如新的最简单最经济的办法;保护漆面,在汽车漆面形成保护膜,有效隔离外部环境对面漆的不良影响,如阳光、酸雨、鸟粪、灰尘、工业污染等;遮丑与防划,打蜡可以有效地将漆面划痕遮住,或使其不太明显,另外,打蜡可以使漆面更加光滑,避免或减轻在行驶过程中被微小颗粒划出微小划痕的概率。

1)车蜡选择

车蜡种类繁多,但其基本功能只有两个:美观和保护。通常可分为天然蜡和合成蜡,按形态可分为液态蜡、糊态蜡和喷雾蜡。

①天然蜡是植物提取物,通常被认为是最佳选择,不过价格较高。最有名的自然车蜡是

棕榈(carnauba)蜡,提取自巴西产棕榈树,其主要成分是纯棕榈或棕榈与石油产品的混合物,其缺点是保持时间短,需要更频繁地打蜡。

②合成蜡是化学混合物,比天然蜡便宜,使用更广泛,通常以液态或喷雾态形态,其特点是易于使用,清除更容易,比天然蜡更持久。

③液态蜡是最常见形态的车蜡,是最持久的车蜡。

④糊态蜡能够提供更好的保护和更深层光泽,但总体效果不如液态车蜡。使用不方便,需要适当的工具。

⑤喷雾蜡是最容易使用的车蜡。

各种车蜡的性能不同,其作用与效果也不一样,所以在选用时必须要慎重,选择不当不仅不能保护车体,反而使车漆变色。

一般情况下,应根据车蜡的特点、车辆的新旧程度、车漆颜色及行驶环境等因素综合考虑。

对于高级轿车,可选用高档车蜡;新车最好用彩涂上光蜡以保护车体的光泽和颜色;夏天宜用防紫外线车蜡;行驶环境较差时则用保护作用突出的树脂蜡;对于普通车辆,用普通的珍珠色或金属漆系列车蜡。

选用车蜡时应与漆面颜色适应,一般深色车漆选用黑色、红色和绿色系列的车蜡,浅色车漆选用银色、白色、珍珠色系列车蜡。

2)作业要点

(1)新车不要急于打蜡。新车本身的漆层上已有一层保护蜡,过早打蜡会把新车表面的蜡层除掉,造成不必要的浪费。一般新车购回5个月内不必急于打蜡。

(2)要掌握好打蜡频率。由于车辆行驶的环境、停放场所不同,打蜡的时间间隔也应有所不同。一般有车库停放,多在良好道路上行驶的车辆,每3~4个月打一次蜡;露天停放的车辆,由于风吹雨淋,最好每2~3个月打一次蜡。一般用手触摸车身感觉不光滑时,就可再次打蜡。

(3)打蜡前最好用洗车液清洗车身外表的泥土和灰尘。不能盲目使用洗涤精和肥皂水,因其中含有的氯化钠成分会侵蚀车身漆层、蜡膜和橡胶件,使车漆失去光泽、橡胶件老化。如无专用的洗车液,可用清水清洗,将车体擦干后再上蜡。

(4)应在阴凉处给汽车打蜡,保证车体不致发热。因为随着温度的升高,车蜡的附着性变差,会影响打蜡质量。

(5)上蜡时,应用海绵块涂上适量车蜡,在车体上直线往复涂抹,不可把蜡液倒在车上乱涂或做圆圈式涂抹;一次作业要连续完成,不可涂涂停停;一般蜡层徐匀后5~10min,再用新毛巾擦亮,但快速车蜡应边涂边抛光。

(6)车身打蜡后,在车灯、车牌、车门和行李舱等处的缝隙中会残留一些车蜡,使车身显得很不美观。因此,打完蜡后一定要将蜡垢彻底清除干净,这样才能得到完美的打蜡效果。

3)操作要求

(1)首先必须要确认车子已经清洗干净并已经擦干。

(2)在上蜡作业中,要防止烤漆面被刮伤,所以手表、戒指等要全部都拿下来。

(3)打蜡作业环境清洁,有良好通风。

(4)应在阴凉且无风沙处打蜡,避免车表温度高,车蜡附着能力下降,影响打蜡效果;沙尘若附着在车身上,极易产生划痕。

2. 抛光

1)材料选用

全能抛光剂含有研磨剂、去污剂、还原剂、光亮剂等多种成分,可解决漆面划痕、哑光、褪色、氧化、粗糙等漆面缺陷,适用于旧车漆面、划痕较深的漆面和橘皮、流挂等。若配合镜面釉使用,可达到镜面效果。

2)抛光方法

将抛光机调整好转速,海绵轮用水充分润湿后,甩去多余水分。先取少量抛光剂涂于漆面,每一小块作一次处理,不可大范围涂抹,从车顶开始抛光。

抛光机的海绵轮应保持与漆面相切,力度适中,速度保持一定。抛光时按一定的顺序抛光,不可随意进行。用过抛光剂后,再换用增艳剂按以上步骤操作。

3. 釉化

1)封釉原理

釉实际上是一种从石油副产品中提炼出来的抗氧化剂,其特点是防酸、抗腐、耐高温、耐磨、耐水洗、渗透力强、附着力强、光泽度高等。封釉就是用柔软的羊毛或海绵通过振抛机的高速振动和摩擦,利用釉特有的渗透性和黏附性把釉分子强为渗透到汽车表面油漆的缝隙中,使油漆也具备釉的上述特点,从而起到美观和对车漆保护作用。

2)釉化效果

当整车漆面处理完毕后,漆面会很平滑、光亮,但有时也还会有一些极其细小的划痕和花痕或光环,为了保持漆面的光滑和光亮,则需镜面釉化。这种镜面釉以高分子釉剂等聚合物为主要原材料,不含蜡、硅及硝基合成氨,可在任何车型的漆面上做出釉质镜面效果。在汽车漆面上形成具有光滑、明亮、密封的釉质镜面保护膜,保持光亮如镜。同时具有防酸雨、抗氧化、防紫外线、防褪色等多项显著功能,还可抵御硬物轻度刮伤,不怕火和油污等。

3)处理方法

釉化时,先用干净软布将抛光残留物清除干净,摇匀镜面釉,用软布或海绵将其涂在漆面上,停留60s后用手工或机器抛光。机器抛光保持转速在1000r/min以下,最后用干净软布擦去残留物。手工处理时,直线抛光、抛亮即可。操作注意事项如下。

①控制抛光机的转速,不可超过选定的速度范围。

②保持抛光方向的一致性,应有一定的次序。

③更换抛光剂的同时更换海绵轮,不可混用海绵轮。

④严禁使用羊毛轮进行镜面釉处理。

4)漆面保护

抛光后并做过镜面釉处理的漆面,必须再上蜡层才能完成最后的保护,这样才能更充分保护汽车。

4. 补漆

1) 汽车油漆

汽车生产工艺中,上漆是车架、车身焊接完成后的下一道工序,主要是为了车体防腐,增加其美观程度。其基本工艺是:涂底漆——烘干——喷面漆——烘干。

汽车油漆一般都是烘烤漆,常用的面漆有普通漆、金属漆、珠光漆等。普通漆的主要成分为树脂、颜料和添加剂;金属漆也称金属鳞片或多色漆,在漆基中加有细微金属粒子(铝、铜等)的一种常温固化涂料,光线射到金属粒上后,又被铝粒透过漆膜反射出来,因此,看上去好像金属在闪闪发光一样,改变金属粉末的形状和大小,就可以控制金属闪光漆膜的闪光度;珠光漆也称云母漆,与金属漆类似,只是用云母代替了金属粒,光线射到云母颗粒上后,带上二氧化钛和氧化铁的颜色,然后在云母颗粒中发生复杂的折射和干涉,形成色彩斑斓的效果。

2) 补漆的基本要求

小的擦伤、油漆表面有伤痕、伤痕泛白或者油漆表面被刮成发丝状,通常不需要补漆,用车蜡或抛光即可,底漆外露时应当补漆。

通常,厂家会推荐指定品牌的修补漆。修补漆的颜色都是修补前调配出来的,要尽可能和原来颜色相匹配,为了尽可能不出现色差,可能需要相邻的整块全部重新喷漆。例如,车门上有块地方需要补,就以防擦条为界,上半扇或者下半扇全喷。

3) 工艺流程

汽车修补漆工艺流程如下。

清洁——打磨——喷涂环氧底漆——填补——打磨——二道填补——打磨——微填——研磨——贴护——喷涂底漆——喷涂打磨指示层——研磨——面漆前处理——面漆喷涂——打蜡。

4.4 汽车修理及修理工艺

4.4.1 汽车修理的定义与分类

1. 汽车修理与视情修理

1) 汽车修理

汽车修理,是指为恢复汽车完好技术状况(或工作能力)和寿命而进行的作业。

一方面,汽车产品在使用过程中会因各种原因发生故障或损伤,此时,需要通过修理恢复其技术状况。另一方面,汽车产品如果达到或超过其预期寿命,容易发生耗损性故障,造成使用性能下降,需要通过全面的修理,恢复其寿命。

2) 视情修理

按技术条件规定对汽车技术状况进行检测或诊断后,决定作业内容和实施时间的修理。视情修理是对传统修理观念的改进,通过应用检测与诊断技术,可避免传统修理中存在的不坏也修、大拆大卸的弊端。

2. 汽车修理的分类

按作业范围可以分为车辆大修、总成修理、车辆小修和零件修理,另外,还有发动机检修、发动机大修和发动机再造等。

1）汽车大修

通过更换或修复汽车零部件（包括基础件）,恢复汽车完好技术状况和完全（或接近完全）恢复汽车寿命的修理。

2）汽车小修

通过修理或更换个别零件,消除车辆在运行过程或维护过程中发生或发现的故障或隐患,恢复汽车工作能力的作业。

汽车小修实质上是故障修理,都是针对具体的故障或故障隐患,通过故障诊断,开展故障定位、隔离,根据需要进行必要的拆卸,修复或更换零件,排除故障。

3）总成修理

为恢复总成完好技术状况（或工作能力）和寿命而进行的作业。

汽车总成是由若干零件、部件、组合件或附件组合装配而成,并具有独立功能的汽车组成部分,如发动机、变速器、转向器、前桥、后桥、车身、车架和驾驶室等。

4）零件修理

恢复汽车零件性能和寿命的作业。

5）发动机检修

通过检测、试验、调整、清洁、修理或更换某些零部件,恢复发动机性能（动力性、经济性、运转稳定性、排放水平等）的作业。

6）发动机大修

通过修理或更换零件,恢复发动机完好技术状况和完全恢复发动机寿命的修理。

7）发动机再造

工业化、商品性（化）的发动机大修。再造的发动机以商品形式进入流通市场。

4.4.2 汽车修理工艺流程

1. 汽车大修工艺流程

汽车大修是对汽车进行全面修理,主要工作是汽车整车解体、总成修理、汽车装配（总装）,其工艺流程如图4-8所示。

2. 汽车总成修理工艺流程

汽车总成修理是对汽车总成进行全面修理,主要工作是总成解体、零件修理、总成装配,其工艺流程如图4-9所示。

3. 汽车小修工艺流程

汽车小修是针对汽车具体故障或故障隐患进行的修理,主要工作是故障定位、故障隔离、拆卸、零件更换与修理、装配。

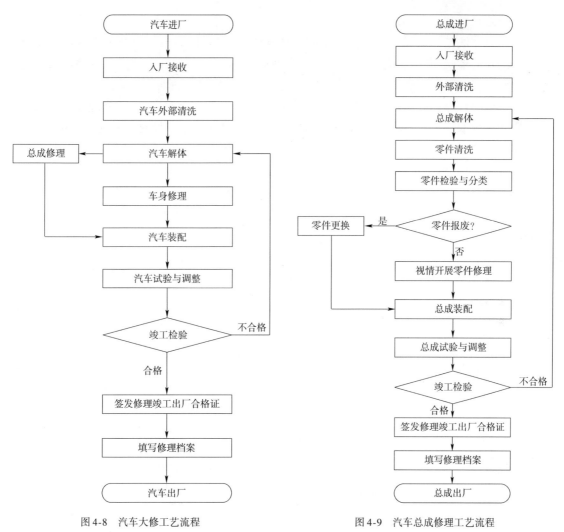

图 4-8 汽车大修工艺流程　　图 4-9 汽车总成修理工艺流程

通常需要通用或专用的检测诊断设备。应当针对常见故障,制订相应的工艺流程。

4.4.3 零件修复方法

1. 机械加工修复法

1) 机械加工修复零件的特点

零件修复的机械加工与制造新件有很大的不同,其特点有如下方面。

(1) 加工批量小,有时甚至是单件生产。

(2) 加工余量小,且常常是只对零件的某一部分加工。

(3) 工件硬度大,有时还要切削淬硬的表面。

零件的机械加工修复要比制造新件的加工困难得多,但对精度的要求还是很高,为了保证修复件的互换性和经久耐用,一般要求修复件与新件一样,即符合图纸规定的尺寸、形状、位置公差和表面粗糙度的要求。

2) 修理尺寸法

修理尺寸法是修复配合副零件磨损的一种方法,即将零件磨损表面通过机械加工恢复其正确的几何形状,并与相配合零件恢复配合性质的加工方法。有多种汽车零件可采用这种方法修复,包括缸体、缸套、活塞、曲轴、轴瓦、转向节主销与主销轴承孔等。

加工后的尺寸称为修理尺寸,待修复的零件可以有若干等级修理尺寸,修理尺寸的大小与级别的多少取决于汽车修理间隔期内零件的磨损量、加工余量以及材料强度和结构。

不同的汽车,不同的部位,通常会规定相应的修理尺寸,每一级修理尺寸的级差对于同一种零件是定值,对于不同的零件则不尽相同,但以级差 0.25mm 最多。

如桑塔纳轿车发动机汽缸,有每次加大 0.25mm 的四级修理尺寸,见表 4-17;捷达发动机汽缸只有一次加大 0.5mm 的修理尺寸,曲轴主轴颈和连杆轴颈有每次加大 0.25mm 的三级修理尺寸,见表 4-18。

桑塔纳发动机修理尺寸　　　　　　　　　　　表 4-17

尺寸名称	1.6L 汽缸直径(mm)	1.8L 汽缸直径(mm)
标准尺寸	79.51	81.01
第一次修理尺寸	79.76	81.26
第二次修理尺寸	80.01	81.51
第三次修理尺寸	80.26	81.76
第四次修理尺寸	80.51	82.01
每级加大尺寸	0.25	0.25

捷达发动机修理尺寸　　　　　　　　　　　表 4-18

尺寸名称	AHP、ANL、ATK 型发动机		
	汽缸直径(mm)	曲轴主轴直径(mm)	曲轴连杆直径(mm)
标准尺寸	81.01	54.00	48.80
第一次修理尺寸	81.51	53.75	48.55
第二次修理尺寸		53.50	48.30
第三次修理尺寸		53.25	48.05
每次加大尺寸	0.5	0.25	0.25

在修理工作实践中,随着汽车产品设计寿命增加以及受汽车报废里程和报废年限的限制,修理等级大大减少。

3) 镶套修复法

镶套修复法是对局部磨损或损坏的零件,在其结构和强度容许时,将其磨损部分尺寸变小(轴类)或变大(孔类),再采用过盈配合的方法镶套,经机械加工使其恢复到基本尺寸和技术要求的修复方法。

零件镶套修复是一种较为普遍应用的修复方法,汽缸套、气门座脚、气门导管、飞轮齿环及各种铜套,都可采用镶套法修复。

镶套应谨慎细致。镶套前仔细地检查配合件的尺寸及形状误差(圆度、圆柱度)。检查倒角、粗糙度,并做好除锈、除油及清洁工作。

在允许圆柱度范围内,座孔应大头朝上,镶入件应小头朝下,两配合件圆度长短轴一致,平稳压入,忌用榔头直接敲击。

压入过程中,应注意检查压入件是否歪斜,压力是否正常。重级、特重级配合,用温差法镶套,加热包容件至150~200℃,也可将被包容件用干冰(固体CO_2)冷却收缩,然后直接压入。

取出套筒时,应用拉器拉出(或用压床压出),切忌用榔头直接硬敲,以免损伤基体。气门座圈的拆除,可采用废气门与座圈焊上几点,然后用压床压出或垫上软铁用榔头打出。

4)零件的校正

零件的校正是利用金属材料的塑性变形特性,利用外力的作用,如压力校正、敲击校正和火焰校正,使零件消除变形,恢复正确的几何形状一种加工方法。

车辆上许多零部件在使用中会产生弯曲、扭曲和翘曲,在修复中都要校正,如前轴、传动轴、曲轴、凸轮轴和连杆等。常用的有压力校正法和火焰较正法。

(1)压力校正。

也称冷校法,用外加静载荷使零件产生反向变形的校正方法,分为两端和三点校正法。一般是采用室温冷校,如果零件塑性较差或尺寸较大,也可适当加热。

零件的压力校正的原理,如图4-10 的所示。

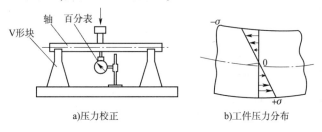

图4-10 零件的压力校正

由图4-10可见,工件上部受压产生塑性变形,下部受拉也产生塑性变形,零件表面伸长,中部为弹性变形。压力校正后产生的内应力会使零件抗弯刚度下降,变形也不稳定,使用中容易回弹。因此,为了使变形稳定,冷校后必须进行消除应力的热处理。

对于调质和正火处理的零件(连杆、前轴、半轴、半轴套管等),可在冷压后加热到400~500℃,保温0.5~2h;对于表面淬硬的零件(曲轴、凸轮钢),加热到200~250℃,保温5~6h,这样不会降低表面硬度。

有些车辆凸轮轴、曲轴是球墨铸铁制造的,由于塑性差,冷校时易折断,不宜采用冷压校正,工字梁校正需要用专门的设备。零件经校正后,疲劳强度下降10%~15%,校正次数越多,下降幅度越大,因此只宜作1~2次校正。

零件的校扭更为复杂,如曲轴、连杆和工字梁,一般需用专门设备。在扭曲的反方向加一个很大的力矩,保持一定时间,并进行加热时效处理。同样,零件的校扭也会大大降低零件的扭转刚度,对于球墨铸铁和铸铁件均不能采用此法。

因为零件具有弹性,所以用中碳钢制造的凸轮轴、曲轴在压校时,反向压弯值一般是原来弯曲值的10~15倍,并需保持一段时间。这样压力撤销后,才能得到需要的反向塑性变形,使零件校直。

(2)热校正。

热校正是一种使用可控热源对塑性变形部位加热,通过加热、冷却循环,逐渐校正零件的一种修理工艺。其校正效果好,效率高,尤其适用于一些尺寸较大,形状复杂的零件,热校正的零件其变形稳定,对疲劳强度影响也较小。

热校正使用比较多的热源多为火焰,因此,也称火焰校正。

其基本原理是,利用热源,迅速加热工件弯曲凸起处某一点或几点,再急剧冷却。当工件凸起点温度迅速上升时,表面金属膨胀使工件向凹陷处弯曲,上层金属受压应力,在高温下产生塑性变形;在冷却时又会因金属收缩向相反方向弯曲,从而达到校正的目的。

如在加热时,本来要膨胀0.1mm,由于受周围冷态金属的限制,只膨胀了0.05mm,其余0.05mm产生了塑性变形。尽管冷却后仍要收缩0.1mm,但由于塑性变形的0.05mm无法收缩,从而使收缩量大于膨胀量0.05mm,这样,表层就缩短了0.05mm,使工件向上变曲,抵消了下弯,起到了校正作用,如图4-11所示。

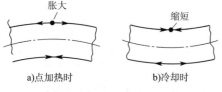

图4-11 火焰校正的应力及变形

热校正曲轴时,在几个轴颈曲柄侧面选加热点,用各加热点校正的综合效果使曲轴校直。但由于加热点的选择、加热长度、宽度、深度都凭经验来确定,因此较难掌握。

对于塑性较差的合金钢零件、球墨铸铁及弯曲较大的工件,宜多选几个加热点。每点加热温度可稍低些,使工件均匀校直。不能使一点温度过高,以防应力过大而断裂。

热校正的关键是加热点温度要迅速上升,热源热量要大,加热面积要小。如果加热时间拖长,加热面积过大,整个工件断面温度都升高了,就降低了校正作用。

加热长度一般不宜超过工件长度的70%,加热温度范围为200~800℃,最高不超过1000℃,加热深度,不得超过工件厚度的60%,以30%~50%最好,但加热深度只能凭经验控制,所以也很难控制。

2.表面技术修复法

1)热喷涂

(1)热喷涂的基本概念。

热喷涂,是指利用热源将金属或非金属材料熔化、半溶化或软化,并以一定速度喷射到基体表面,形成涂层的方法。通常简称喷涂。

在热喷涂定义中,基体和涂层是最为基础的两个概念,其中:

基体是用来沉积喷涂涂层的物体,即准备修复的零件表面。

涂层是指用热喷涂方法在基体制备的覆盖层,也称喷涂层,通常由中间层和面层组成。可分为金属涂层、塑料涂层、复合涂层和陶瓷涂层等。

喷涂后基体表面结构通常由3层组成:底层、中间层和面层。底层是为了改善涂层与基体结合性能或其他性能,首先喷涂在基体表面的涂层,也称黏结底层。

(2)喷涂技术的分类。

热喷涂技术指用热喷涂方法制备涂层的技术,包括工艺、材料、装备、检测及基础理论等。常见的技术有三种:火焰喷涂利用可燃气体与助燃气体混合后燃烧的火焰为热源的热喷涂方法;电弧喷涂利用两根形成涂层材料的消耗性电极丝之间的电弧为热源,加热熔化消耗性电极丝,并被压缩空气将其雾化和喷射到基体上,形成涂层的热喷涂方法;等离子喷涂利用非转移型电弧等离子体(等离子弧)为热源的热喷涂方法;按喷涂材料形态,可分为粉末和金属丝等多种形式。图4-12为粉末火焰喷涂工艺过程示意图。

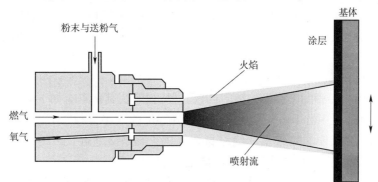

图4-12 粉末火焰喷涂工艺

(3)金属喷涂。

金属喷涂是指喷涂材料为金属的热喷涂。金属喷涂是通过在零件表面喷上一层具有某特殊性能的覆盖层,以恢复磨损零件的几何尺寸或修补铸件的缺陷。

金属喷涂的特点有:零件一般不需加热(预热也不超过200℃);喷涂过程零件受热很少(不超过80℃),不会引起变形;根据需要可以获得0.2~8.0mm或更厚的涂层;涂层贮油能力强,可提高零件的耐磨性;可以把各种金属的线材或合金粉末喷涂到各种材料上,达到不同的使用目的。

金属喷涂是汽车零件修复中常用的修复方法,在汽车修理中主要用于修复曲轴、凸轮轴、转向节、半轴套管等。还可以用有色金属喷涂油罐内部,用二硫化钼喷涂轴瓦和活塞,用合金元素喷涂气门等。

(4)喷涂工艺。

喷涂工艺过程主要有:喷前表面准备、零件喷涂和喷后处理三个阶段。

①喷前零件表面准备。

零件清洗,零件表面油脂、锈蚀和氧化物必须彻底清除。对铸铁还需放在炉中加热至350℃,烘烤2~3h,以彻底去除表层油脂。

零件修复部位的表面加工喷前表面加工,包括除去零件表面的变性层、零件表面的粗糙处理等。

②零件的喷涂。

零件经除油和粗糙处理之后应尽快进行喷涂,以免重新氧化。在喷涂时先将零件预热,预热温度一般在100~250℃左右。预热可以减少涂层与基体的温度差,从而减少涂层与基体收缩的应力差,有利于提高涂层的结合力。为了提高涂层与基体的结合力,目前普遍采用先喷一薄层过渡层。在丝材的电喷涂和气喷涂中,过渡层材料采用钼。在火焰粉末喷涂及等离子喷涂中有些采用钼,多数采用镍包铝或铝包镍粉。在喷完过渡层后,应立即喷工作涂层。

③零件喷后处理和加工。

对动配合件的喷涂层,喷后应将零件在机油中浸泡1~10h使机油渗入涂层孔隙中。

由于喷涂层性质脆硬,结合强度较低,又需保持涂层表面的多孔特性,在选择加工方法、切削工具及加工规范时,必须考虑此特点以防止涂层加工时崩落、脱层和表面孔隙被堵塞。

车削常采用YG6或YG8硬质合金刀头,磨削一般用粒度46或60目,硬度为ZR2或ZRl的碳化硅砂轮,用皂化液冷却。对碳钢:车削速度为0.2~0.24m/s;磨削时切削速度为0.4~0.5m/s。

2)电刷镀

电刷镀是电镀的一种,又称为涂镀。刷镀与槽镀相比,其特点有如下方面

①刷镀机动灵活。由于不需要镀槽,故待镀零件的大小、形状不受限制,可现场施镀。不需镀积的零件表面,不必用大量的绝缘材料保护。凡是镀笔触及之处,均可镀上,尤其适用于修复盲孔、深孔、键槽及局部性的难修部位。

②设备简单,多用性好。一台设备可刷镀多种金属和合金,同一金属零件又可获得不同性能的镀层,而且有利于控制镀层厚度。

③自消耗性镀液。刷镀采用不溶性阳极,工作表面沉积的金属离子由镀液提供,使用中不需要对配好的镀液进行调整和化验。同时,也可按一定比例,配制多品种合金镀液,去刷镀合金镀层。

④电流密度大,镀积速度快。

⑤均镀能力强。

⑥排氢能力好,孔隙率低。

⑦成本低、投资少。

(1)刷镀的基本原理。

刷镀的基本原理与槽镀相同,只是在获得镀层的方法上是不同的,如图4-13所示。

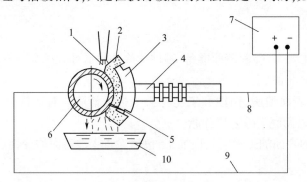

图4-13 刷镀原理简图

1-刷镀液;2-阳极包套;3-石墨阳极;4-镀笔;5-镀层;6-工件;7-电源;8-阳极电缆;9-阴极电缆;10-贮液盆

镀笔由阳极、电缆、手柄、散热片、不溶性石墨阳极和包套组成,阳极包套一般由棉花或其他能吸水的纤维材料包裹而成,刷镀时,装有石墨阳极和包套的镀笔接直流电源正极,被刷镀的工件接负极,用阳极包套吸满镀液,并在工件表面上作相对运动(手动或机动),其速度一般为10~25m/min。此时,阳极(镀笔)和阴极(工件)都处在镀液中,构成了局部的电

镀条件,镀液中的金属离子,在电场的作用下,向工件表面扩散,在其表面被还原而形成金属镀层,以镍为例,其电化学反应式如下。

在阴极上的主反应：$Ni^{+2}+2e\rightarrow Ni\downarrow$；其副反应：$2H^{+}+2e\rightarrow H_2\uparrow$

在阳极上的反应：$4OH^{-}-4e\rightarrow 2H_2O+O_2\uparrow$

当镀笔离开时或镀笔达不到的地方,工件局部表面不再具备电镀条件,金属不沉积,仅在镀笔再次返回该处时,金属再重新沉积。即控制镀笔的活动范围,就可以达到选定的局部地方实现镀积的目的。

如果把电源极性反接,工件为阳极,就可以去毛刺、刻蚀和电抛光。

另外,改变电刷镀溶液的成分,镀笔和工件的极性,用同一台刷镀设备,就可以在工件表面进行电净、活化和各种单金属及合金的电镀。

(2)刷镀工艺。

刷镀工艺流程为：表面准备(预加工、除油、锈和绝缘工序)—电净—水冲—活化—水冲—镀过渡层—水冲—镀工作层—镀后处理。

电净时,不仅镀积部位要电净,而且刷镀邻近表面也要认真电净处理,然后用水冲电净液。电净完成标志是用水冲后,被电净表面水膜应连续,不允许有间断现象。

活化是刷镀好坏的关键工序,它决定工件与刷镀层结合能力的好坏,必须认真做好这项工作。活化好的标志是：低碳钢呈银灰色,中、高碳铜呈深黑灰色,铸铁表面呈深黑色。

刷镀时,为了获得良好的结合能力,一般均用特殊镍或碱铜作过渡层。工作层则根据不同的需要和用途选用活化液和相应的镀液进行刷镀。

3. 焊修修复法

焊接技术应用于修理工作时称为焊修,即用各种热源如电弧、气体火焰等的热量将焊条(焊丝、焊料)和金属零件熔化(钎焊金属零件不熔化),以达到填补零件损伤和恢复零件完整的目的。

焊修是汽车零件修复中应用最广的加工方法,它的优点是：能修复各种情况下损坏的零件,如磨损、破损、断裂、裂纹、凹坑等；汽车常用金属材料的大部分都可用焊修方法修复；修理质量较高,生产率高,成本较低；焊修设备简单,操作容易。

但是,焊修也存在着缺点：焊修使零件产生变形和应力而影响加工精度,并引起更大的裂纹；焊修时焊缝两侧材料受热温度升高,发生组织变化,而引起裂纹和其他缺陷影响焊修质量；焊修铸铁、淬火钢零件容易产生裂纹；焊修容易产生气孔,对焊缝的强度和密封性有影响。

这些缺点可在施焊工艺、材料及其他技术措施的应用中得到克服和改善,所以汽车零件的铸铁焊修和铝合金焊修都得到广泛的应用。

1)铸铁件焊修

铸铁是含碳量超过2%的铁碳合金。汽车上有相当多的铸铁零件,如汽缸体、汽缸盖、飞轮壳和变速器壳等形状复杂壳体件是灰口铸铁(HT)制成的；后桥壳、制动蹄、差速器壳、钢板吊耳等受力较大的零件则是可锻铸铁(KT)的；曲轴由球墨铸铁(QT)制成。因此,汽车铸铁零件的焊修具有很大的经济意义。

(1)铸铁件焊修的问题与对策。

铸铁件焊修存在的问题有如下方面。

①易产生白口。焊缝容易产生白口,通常由焊修金属冷却太快和石墨化元素烧失引起。碳在快速冷却中来不及以石墨状析出而停留在碳化铁中的化合状态,焊缝既硬又脆,难以加工。

②易产生裂纹。铸铁塑性差而发脆,焊接时由于冷热不均或冷却过快都会造成应力,当应力超过焊缝处强度时会产生裂纹。

③易产生气孔。铸铁焊接中所形成的氧化物的熔点约为1400℃,其在焊缝熔池下结成一层硬壳,阻碍气体由熔化金属内向外自由溢出,从而产生大量气孔。

防止白口的措施主要有如下方面。

①调整焊缝的化学成分。通过增加焊条中石墨化元素的含量,在一定的焊接工艺条件配合下,可使焊缝成为灰口铁。此外还可采用非铸铁材料焊条,如镍基和铜基的合金、高钒钢等焊条,以避免焊缝金属产生"白口"或其他脆性组织结构。

②减缓冷却速度,延长熔合区处于红热状态的时间以使石墨有充分的时间析出,这是避免熔合区产生白口的主要工艺途径。如焊前对工件预热、焊后缓慢冷却均能有效地防止白口,也可用特殊的操作工艺,利用电弧热减慢熔合区的冷却速度,以防止白口。

③采用小电流分段施焊、坡口根部开得圆滑一些,以减少熔深,改善受力情况,均可减少白口的危害。

④采用钎焊焊接法,使焊修零件不熔化,即可避免熔化区产生白口。

防止裂纹的方法主要有如下方面。

①热焊法。焊前将零件整体预热到600~700℃,焊接时保温在400℃以上,焊后再升温至700℃,随后则缓慢冷却。这样可以比较彻底地消除应力,防止裂纹。但此法费工费料,工作条件差,一般只适用小件及个别特殊零件的焊修。

②冷焊法。焊前对零件不预热或预热温度较低,焊时尽量减少向焊接区输入热量,以减少与工件整体之间的温差及由此而引起的热应力。其措施有:小电流、断续焊、分散焊、分层焊等。

③采用非铸铁焊条,松弛焊缝的拉应力,以改善焊缝塑性,防止白口和裂纹。

④加热减应区法。选择工件的适当部位(即减应区)进行加热使之伸长,然后对工件损坏处焊补,焊后连同减应区一起冷却从而使焊接应力大大降低,防止裂纹。这种方法的关键是要正确选择减应区,其原则是要选阻碍焊缝膨胀和收缩的部位。通过这些部位的加热伸长,可使焊补区焊口扩张,焊后又能和焊补区同时收缩,以减小焊补区应力。

(2)铸铁件焊修方法。

铸铁的焊修方法很多,各有特点。常用的方法按所用的设备和热源不同可分为气焊、电焊和钎焊;按对焊件预热的程度不同可分为热焊和冷焊。

①气焊。气焊是指利用可燃气体与助燃气体混合燃烧生成的火焰为热源,熔化焊件和焊接材料使之达到原子间结合的一种焊接方法,也称氧—乙炔火焰焊。气焊的优点是熔池金属与母体材料相似。缺点是施焊速度慢,生产率低,零件受热变形大,且工作环境恶劣。

②电焊。电焊是指利用电能,通过加热或加压,或两者并用,用或不用填充材料,使焊件达到原子结合的焊接方法,也称电弧焊。铸铁电焊的特点是焊接速度快,生产率高,零件受

热变形较小。缺点是焊缝的机械性能和加工性能比气焊差。

③钎焊。钎焊是指低于焊件熔点的钎料和焊件同时加热到钎料熔化温度后,利用液态钎料填充固态工件的缝隙使金属连接的焊接方法。钎焊不熔化母材,焊后不易裂,加工性好,变形小,接头光滑美观,适合于焊接精密、复杂和由不同材料组成的构件。

④热焊。热焊是指将工件预热到600~700℃,然后用氧—乙炔火焰施焊。热焊能保证焊接质量良好,但工艺复杂,所以较少使用。主要用于修复复杂的壳体零件。

⑤冷焊。冷焊是指焊件不预热或预热温度低于400℃的焊接。冷焊可用气焊也可采用电焊,方法比较简单,因此,在汽车修复生产中得到广泛的应用。

2) 铝合金零件的焊修

铝具有比重小、抗腐蚀性好、导热性高等特点。加入合金元素后可提高其性能,如铝硅合金有良好的铸造性能和焊接性能,有足够的强度和耐热性。因此,常用铝合金制造汽车的重要零件,如汽缸体、汽缸盖、活塞、喷油泵壳体、离合器壳体等。其损坏后常用焊补法修复。

(1) 铝合金的焊接特点。

①铝和氧的亲合力很强,铝和铝合金表面总有一层难熔化的氧化铝薄膜。氧化铝的熔点(2050℃)远远超过铝合金的熔点(600℃左右),而且比重大(氧化铝比重为$3.85g/cm^3$,而铝合金比重为$2.6~2.8g/cm^3$)。焊接时氧化铝薄膜会阻碍金属之间的良好结合,容易造成夹渣,而且氧化膜还吸附较多水分,焊接时会使焊缝产生气孔。为了保证焊接质量,必须除去补焊区表面的氧化物,并防止在焊接过程中再氧化。为此,焊前用机械或化学方法清除零件坡口和焊丝表面的氧化物,焊时用焊粉清除氧化铝或用氩气保护。

②铝导热系数和比热比铁大一倍多,这就要求焊接时使用大功率或能量集中的焊接热源,有时还需要预热。另外,铝的线膨胀系数也比铁将近大一倍,而铝凝固时的收缩率比铁大两倍,所以铝件的焊接变形大,如工艺措施不当,容易产生裂纹。

③铝及铝合金由固态转变为液态时没有明显的颜色变化,很难判断被焊处的加热程度,再加上铝在高温下强度很低(如铝在370℃时强度仅有9.8MPa),常常不能支持自身的重量,焊接时易发生坍塌现象。因此,焊修铝制零件要有较高的操作技术。

④铝在液态时能吸收大量的氢,而在固态时却几乎不吸收氢。焊接熔池凝固时氢要向外逸出,如液态时溶解的氢很多,铝的传热较快,冷却速度很快,凝固时间很短,使氢来不及逸出而滞留在焊缝金属中而形成气孔。

氢主要来源于弧柱中的水分、焊接材料以及母材表面氧化膜吸附的水分,这些水分在高温作用下分解出氢气而溶入熔池中,在冷却时形成气孔。为了避免气孔,要严格控制氢的来源,做好焊前清理和干燥工作,焊时应加强保护,使氢能及时逸出。

气焊、碳弧焊、金属极电弧焊及钨极氩弧焊都可用来焊补铝合金铸件。焊补质量各不相同,如以母材强度为100%,则气焊接头为70%~90%,碳弧焊为80%~95%,金属极电弧焊为90%~95%,钨极氩弧焊为90%~100%。显然,气焊的质量较差,但它的适应性强,特别适合焊补中小型零件,是我国汽车修理行业中使用最广泛的焊接方法。碳弧焊和金属极电弧焊适用于大型铸件和大缺陷的焊补,而钨极氩弧焊适用于焊补重要铸件。

(2) 铝合金零件的焊修工艺。

①气焊法。

气焊法适于小而薄(壁厚为0.5~2.0mm)的零件焊修。

根据焊件材质选用相近的焊丝。国产硅铝焊丝"丝311",含硅量为4%~6%,熔点为580~610℃,是一种通用焊丝,焊接时流动性较好,焊缝金属有较高的抗裂性能,焊缝的成分和机械性能与母材相近。

焊镁铝合金时使用"丝331"补焊。如用"丝311"补焊,则在焊缝晶粒间出现脆性硅化镁化合物(Mg_2Si),要降低接头的塑性和抗腐蚀性能。

在生产中还可以根据情况,使用同质量的废活塞、汽缸盖浇铸成条状作焊丝使用效果也很好。

②电弧焊。

a. 手工电弧焊。

手工电弧焊需要根据焊件材质选择焊条。

由于药皮为盐基型,极易吸湿受潮,使用前应在保温箱内加热至150℃,并保温1~2小时以除去水分。

手工电弧焊前,工件壁厚度需大于4mm,要开60°~70°的钝边坡口。在开坡口前,先在裂纹两端钻ϕ4~6mm止裂孔。彻底清除焊区表面上的油污和氧化膜。工件结构复杂应预热(约300℃),结构简单的小件可不预热。采用直流电源,反极接法施焊,焊条不作摆动,焊条垂直工件运动,进行连续快速(约0.5m/min)焊接。应根据焊条直径选定焊接电流,如表4-39所示。不开坡口的焊接电流要小于开坡口时的电流,一般应减少1/3左右。焊后处理按气焊工艺规范处理。

b. 氩弧焊。

氩弧焊是以惰性气体氩气(Ar)作为保护气体的一种电弧焊法。焊接时氩气从喷嘴喷出,在电弧和熔池周围形成连续封闭的气流,以保护钨极和焊接熔池不被氧化,同时氩气既不溶于液态金属也不与液态金属发生化学变化,故氩弧焊焊接质量较高。它具有施焊电弧稳定,热量集中,焊缝成型美观,操作简便特点。

4. 胶粘修复法

1)胶粘的特点

胶粘是采用胶粘剂(简称胶)把两个构件或破损的零件牢固地黏合在一起的一种工艺。它与铆接、焊接及螺栓连接等工艺同样广泛地应用于工业的各个部门,可用来修补损坏或磨损的零件。

与其他修复方法相比,胶粘具有很多突出的优点。

①胶粘剂对金属有良好的黏附作用,它重量轻,可节省紧固件和焊条金属,且适用于各种不同材料的胶粘,也适用于各种厚度或厚度不均及形状复杂零件的胶粘。

②被胶粘的表面密封性能好,胶粘接头处无空穴和缝隙不易贮存潮气,因此耐腐蚀性能好,并有一定绝缘性能(除导电胶),可防止两种不同金属材料之间产生电化学腐蚀。

③胶层对振动有阻尼作用,能抗振又耐疲劳。

④胶粘温度低,不会引起结构变形,金相组织的改变。

⑤胶粘工艺操作简单、设备少、成本低。

胶粘也有明显的缺点,在一定程度上限制了其应用。

①使用中受到高温的限制。一般胶粘剂使用温度在100℃以下,结构胶粘剂也只能达到150℃,高温有机胶粘剂短期使用也不能超过400℃,耐高温无机胶粘剂可达800℃,但性能较脆。

②胶粘剂长期与空气、热和光接触,易老化变质。

③胶粘耐冲击性能较差,抗弯、不均匀扯离强度也较低,其强度只能达到母材强度的1/10,所以受力较大部位仍需辅以机械加固。

2)胶粘的基本原理

胶粘的本质是使用胶粘剂,通过机械、物理和化学作用,把被胶粘材料与母材连接起来。

3)胶粘剂

胶粘剂由粘料、固化剂、增塑剂、稀释剂、填料和促进剂等组成。粘料和固化剂是必不可少的,其余可根据需要添加。

(1)粘料。

粘料是胶粘剂的基本成分。它包括合成树脂(酚醛、环氧、有机硅、聚丙烯酸酯、聚酰胺等)和合成橡胶(丁腈橡胶、聚硫橡胶、氯丁橡胶)以及它们的混合体。其中以环氧树脂应用最广。

(2)固化剂。

固化剂又叫硬化剂。它是胶粘剂的主要成分,它与环氧树脂化合,使线性结构变成立体网状结构。固化后,成为热固性的物质,温度升高也不软化和熔化,同时也不溶于有机溶剂。固化后的化学稳定性特别好,既耐酸又耐油。

(3)增塑剂。

增塑剂与粘料有良好的互溶性,但不发生化学反应。加入增塑剂的目的是为了改善胶粘剂的韧性,降低黏度,提高胶粘剂的抗冲击和抗弯强度。增塑剂加入要适量,多了会降低黏结强度和绝缘性,如过多会使配好的胶长时间不易固化。

(4)填料。

加入填料的目的是为了改善黏结后的机械性能、耐热性、电绝缘性和节约树脂用量。常用的填料见表4-19。

常见填料的名称与作用　　　　　　表4-19

名　称	作　用	名　称	作　用
玻璃粉、石棉丝	提高强度和韧性	铝粉、铜粉、铁粉	增加导电性
石英粉、瓷粉、铁粉	提高硬度	石棉粉、二硫化钼	提高润滑性
氧化铝粉、瓷粉	增加黏结力	石英粉、瓷粉、胶木粉	提高绝缘性
石棉粉、瓷粉	提高耐热性	滑石粉	增加黏度

(5)稀释剂。

稀释剂是用来降低胶粘剂黏度,以便操作时延长胶的使用时间。常用的稀释剂有丙酮、甲苯、二甲苯等。它们只溶解树脂,不参加与固化剂的化学反应,因此用量不限,不需要多加固化剂。但应注意在固化前应完全挥发。

(6)促进剂。

为了加速固化,缩短固化时间,降低固化温度,有时加入适量的促进剂,如四甲基二氨基甲烷、间苯二酚等可用作促进剂。

(7)偶联剂。

为了改善环氧胶粘剂的强度和耐湿、热性能,可添加偶联剂,主要是有机硅偶联剂,如 KH-550、560、570、580 及 B-201 等。在有机硅偶联剂的结构中,大多由两部分组成,一部分能与环氧树脂或固化剂发生化学反应的活性基因如氨基($-NH_2$)、环氧基、硫羟(醇)基($-SH$)等结构;另一部分是吸热后可水解的基因如甲氧基($-OCH_3$)、乙氧基($-OC_2H_5$)等。

使用偶联剂的方法有两种:将偶联剂配成2%酒精溶液,喷涂在被粘物的表面,待酒精挥发或擦拭后即可涂胶;直接将偶联剂添加到环氧树脂胶粘剂中,用量为树脂的1%~5%即可。

4)胶粘工艺

应根据零件损坏的程度、承受的载荷及工作温度与环境等选择确定修复方案,包括选用配方、确定胶粘方法、接头形式和表面处理方法等。

(1)胶粘剂或配方的选择。

胶粘剂品种很多,选用胶粘剂或配方时,应根据被胶粘件的工作条件、结构形状、胶粘要求等,对照胶粘剂的性能特点进行选择和配制。此外,还应尽量选用毒性小、工艺操作简便、成本低的胶粘剂。

(2)表面处理。

胶粘强度不仅取决于胶粘剂本身的内聚力,还取决于胶粘与被胶粘件界面间的黏附作用,即黏附力。因此,表面处理是保证胶粘质量的重要工序之一。

表面处理的基本要求是:表面无锈、无油污和杂质,以保证有良好的浸润性,以提高黏附能力;表面有一定的粗糙度,以增加胶粘的有效面积。

对金属材料的表面处理,须经预清洗、除油、机械处理、脱脂和化学处理。非金属材料不用化学处理而用溶剂再清洗。无机胶粘剂是酸性材料,表面处理要求可稍低于有机胶粘剂。

预清洗目的是清除表面尘土、污垢、杂物、油漆等。一般可用柴油、汽油浸洗或刷洗。油漆可用除漆剂除去或用喷灯火焰烧除。

预装是为了保证胶粘表面接头部分良好接触,在予清洗后,先行预装以检查胶粘表面是否变形有无毛刺、飞边,是否对中,尺寸是否准确等。经修整后才能进行表面处理。

机械处理用机械方法清除表面的油污、锈迹和氧化薄膜,使被胶粘件表面露出干净的基体金属表面,并且有一定的粗糙度。可采用砂纸或砂轮打磨、粗车、喷砂等处理。一般粗糙度为 $Ra25 \sim Ra125$,机械加工以不超过6.3为宜。

除油目的是清除被胶粘表面油污,一般用有机溶剂(酒精、丙酮、乙酸乙酯、苯等)除油。

化学处理金属表面在空气中自然形成的氧化膜厚而疏松,本身内聚强度低,故在胶粘前最好用化学处理剂清除掉这层氧化膜,使表面获得一层薄而致密均匀,新鲜而牢固的氧化膜,从而提高材料表面的极性,以提高黏附力。

(3)调配胶。

按所选择的胶粘剂的要求配胶。所有的胶粘剂在调配混合过程中和使用前,必须充分搅拌,以保证各组分混合均匀。混合过程中还应注意排净空气,胶粘剂的调配程序如图4-14和图4-15所示。

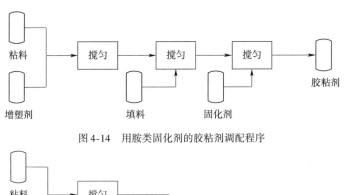

图 4-14　用胺类固化剂的胶粘剂调配程序

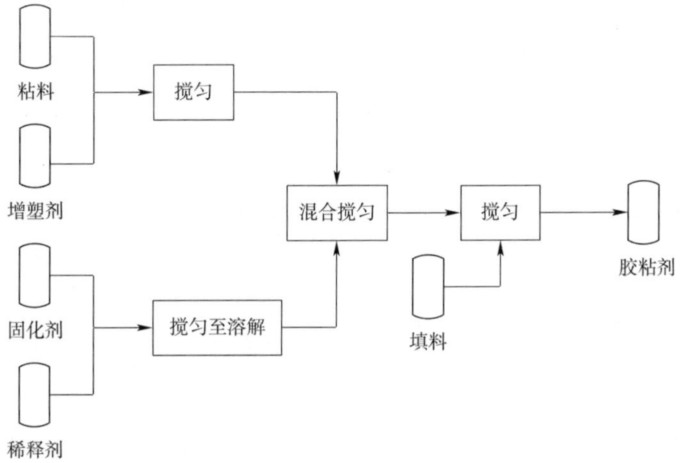

图 4-15　用酸酐类固化剂的胶粘剂调配程序

调配过程应注意:用常温固化剂,因其固化迅速,故应在被胶粘表面处理完毕后加以调配;固化剂与树脂必须混合均匀,以免影响胶粘性能;填料与固化剂应先捣碎过筛,固化剂粒度应在300目以上,填料粒度在200~300目范围内;填料使用前应干燥,无油污。

(4)涂胶。

根据胶粘剂的状态(溶液状、糊状、固态、粉状)和使用的具体情况,而采用涂抹、刷抹、喷涂、灌注等不同涂胶方法。

涂胶时应注意:多数胶粘剂在常温下涂胶,某些胶粘剂对被胶粘件表面温度有一定要求,应予保证;胶层应涂得均匀,不允许有气泡和空穴;胶层不要涂得过厚,一般在0.2~0.3mm为宜,胶层过厚会使胶粘强度下降,这是因为薄的胶层是黏附力起主要作用,厚的胶层主要取决于胶层本身的内聚力,而黏附力往往大于内聚力;若胶粘剂含有稀释剂,应在涂胶后晾置一定时间(约10min),待稀释剂挥发后再进行胶粘,否则会因稀释剂在固化过程中逸出而形成孔隙、气泡等缺陷;涂胶时,用浸蘸酒精或丙酮的工具挤压胶层,使气泡排出和使胶粘面光滑平整,如胶粘剂已处于固化状态,则不允许错动胶粘面。

(5)固化。

固化过程中温度、时间、压力三个参数对胶粘质量起重要作用。

①温度。

热固化型胶粘剂必须在一定温度下才能发生化学反应而固化。室温固化胶粘剂也可提高固化温度,以便于气泡逸出和浸润,促进胶层固化。但温度过高,固化速度过快,而影响浸润,使黏接部分内应力增大,降低黏结强度,故必须缓慢升温与降温,不准许用明火直接烧烤。

②压力。

固化时加压是补偿胶层的收缩,使胶粘剂均匀而紧密地贴合于胶粘表面上,也易于气泡的逸出。压力大小视胶粘剂流动性好坏而定,流动性好的施加压力小些,流动性差的压力要大些。有些情况下还可以不加压力。

③时间。

加温、加压保持的时间取决于树脂固化的速度。对热固化胶粘剂,约为1~3h;室温固化胶粘剂,则需要放置24h以上。

5. 修复方法选择

对于零件修复作业,每种工艺都有它的特点和适用性。不同的零件可有不同的修复方法,即使同一零件也可能有多种可用的修复工艺和方法。

合理的选用修复工艺,关系提高修理质量和降低修理成本,因此,在选择零件的修复工艺时,应根据零件的磨损情况和工作条件,明确对修复的要求;考虑各种修复方法的修复层厚度和性能;零件本身的结构、形状、尺寸和热处理对修复的影响等。

对一些铸铁壳体类零件的裂纹,当查明裂纹的形状、长度、深度后,可根据裂纹所在的部位,确定修复时是否对强度、致密性、机械加工等的要求;对磨损的轴类零件,根据磨损程度、部位及零件的工作条件及技术要求,提出所需的覆盖层厚度、强度、硬度和耐磨性、结合强度、允许受热温度、机械加工及热处理等要求。这样就可以正确地、合理地选择最佳修复工艺。

最佳修复工艺是指该方法能保证零件具有高的使用可靠性,较长的使用寿命,而所用的劳动量和消耗的材料最少的修复工艺。考虑到工艺和经济两方面因素,在确定合理的零件修复方法时,应遵循工艺适用性和经济合理性原则,确保技术先进、工艺合理、质量可靠、经济合算,以及符合当时当地的生产条件等原则要求。

1)工艺适用性

工艺适用性又称工艺原则,该原则是针对具体零件修复需求选择合理的修复工艺。表4-20给出了各种修复工艺的性能指标,可作为工艺适用性筛选的参考。

各种修复工艺的性能指标　　　　表4-20

工艺名称	覆盖厚度(mm)	结合力(N/mm)	工件变形量(mm)	生产率(kg/h)
金属喷涂	0.1~3.0			2.5~38
气体火焰喷涂	0.05~2.0	24.5	1.20~2.30	4~12
手工电弧堆焊	0.1~3.0	392~785	0.09~1.32	0.4~4.0
埋弧堆焊	0.5~20.0			1.8~45.0
气体保护焊	0.8~4.0	392~686	0.05~1.00	1.56~4.4
管状焊丝堆焊	2.5~3.0			2~20
振动堆焊	0.5~5.0	392~932	0.02~0.58	0.6~4.4

续上表

工艺名称	覆盖厚度(mm)	结合力(N/mm)	工件变形量(mm)	生产率(kg/h)
等离子堆焊	0.1~12.0	392~932	0.02~1.00	2~18
电脉冲堆焊	0.4~0.75			1.0~1.5
镀铬	0.05~1.0	245	0.00	0.007~0.025
镀铁	0.1~5.0	196	0.00	0.011~0.085
刷镀	0.001~2.0	68.6以上	0.00	
胶黏	0.05~3.0	19.6~41.2	0.00	

需要指出的是,表4-20给出的只是一般性指标,具体工艺指标应以各主流生产商或具体型号设备所提供的为准。表4-21为苏尔寿—美科提供的热喷涂工艺指标。

热喷涂工艺的基本性能指标　　表4-21

工艺/基本性能	喷涂材料	覆盖厚度(mm)	结合强度(MPa)	硬度(HRC)	孔隙率(%)
粉末火焰喷涂	铁合金	0.05~2.0	14~21	35	3~10
	非铁合金	0.05~5.0	7~34	20	3~10
	自熔合金	0.15~2.5	>83	30~60	<2
	陶瓷	0.25~2.0	14~34	40~65	5~15
	硬质合金	0.15~0.8	14~48	45~55	5~15
高速火焰喷涂（HVOF）	铁合金	0.05~2.5	48~62	45	<2
	非铁合金	0.05~2.5	48~62	55	<2
	自熔合金	0.05~2.5	70~80	30~60	<2
	陶瓷	—	—	—	—
	硬质合金	0.05~5.0	>83	55~72	<1
电弧喷涂	铁合金	0.1~2.5	28~41	40	3~10
	非铁合金	0.1~5.0	14~48	35	3~10
	自熔合金	—	15~50	—	—
	陶瓷				
	硬质合金				
等离子喷涂	铁合金	0.4~2.5	21~34	40	2~5
	非铁合金	0.05~5.0	14~48	50	2~5
	自熔合金	—	—	30~60	—
	陶瓷	0.1~2.0	21~41	45~65	1~2
	硬质合金	0.15~0.8	55~69	50~65	2~3

（1）覆盖层厚度。

各种零件由于结构不同、用途不同、磨损程度不同,要求恢复至标准尺寸所需的覆盖层厚度也不同,各种修复工艺所能达到的覆盖层厚度是有一定限度的,限度过大或过小都不符合工艺性原则,表4-22为几种修复工艺所能达到的覆盖层厚度。

几种修复工艺所能达到的覆盖层厚度　　表4-22

修复工艺	手工电弧焊	振动堆焊	等离子弧堆焊	金属喷涂	镀铬	镀铁
覆盖层厚度(mm)	0.1~10	0.5~3	0.5~4	0.2~8	0.01~0.2	0.2~3

(2) 修复层的机械性能。

①结合强度。

在选择修复方法时,应着重考虑修复层与基体的结合强度(含断裂件修复后的连接强度)。如果修复层的结合强度不够,在使用中产生脱皮、滑圈,即使其他方面的性能再好也是没有意义的。结合强度按受力情况可分为:抗拉、抗剪及抗扭转、抗剥离等结合强度,其中抗拉结合强度能较真实地反映修复层与基体金属的结合力。抗剪结合强度受零件表面状态的影响较大,比较能反映修复层受力的实际工作情况。

修复层与基体金属之间的结合强度是一个复杂的问题,它不仅与修复工艺和修复层本身的性能有关,而且与零件的形状、刚度、表面状态、工作条件等都有密切关系。胶粘层和电镀层的结合强度还与老化、腐蚀、温度的反复变化有关,要经过相当长的时间才能考验出结果来。

②修复层的耐磨性。

对于有耐磨性要求的零件,在选择工艺时,应重要考虑覆盖层的硬度,确保修复后零件符合耐磨性要求。在工艺选择中,可考虑使用耐磨焊条、合金喷料、镀材和钎材等。

2) 技术经济性

选择零件修复方法时,应该考虑在经济上是否合理。在保证零件的工作条件及技术要求的前提下,尽可能选用成本低而使用寿命长的修复方法。

技术经济性指标主要考虑修复成本及修复后的使用寿命两个因素,常用的技术经济性指标可由下式估算。

$$C_r \leqslant KC_a \tag{4-1}$$

式中:C_r——零件的修复成本,元;

C_a——新品的购买成本,元;

K——耐久性系数,为修复件与新品的使用寿命之比。

不同的修复工艺,通常会带来不同的结果,对于大部分修复工艺,零件修复后的使用寿命通常会低于新品。不过,随着修复技术的进步,一些新工艺通常会提高产品的使用寿命,此时,其耐久性系数会大于1.0。不同修复工艺下的耐久性系数见表4-23。

不同修复工艺下的耐久性系数　　　　表4-23

零件修复的部位	耐久性系数					
	镀铬	镀铁	振动堆焊	埋弧堆焊	二氧化碳气体保护焊	修理尺寸法
曲轴和凸轮轴轴颈	1.0~1.25	0.85~1.0	0.8~0.9	0.85~0.90	0.85~0.90	0.90~1.0
气门及气门杆	2.0~2.5	0.85~1.5	—	—	—	0.95~1.0
万向节十字头表面	0.9~1.0	0.80~0.95	0.85~0.95	—	—	0.9~1.0
轴承座	1.2~1.5	0.70~0.85	0.95~1.0	—	—	0.95~1.0
轴上的外螺纹	—	—	0.85~1.0	0.9~1.0	0.9~1.0	—

需要注意的是,式(4-1)和表4-23只是提供了基本的估算方法,精细的计算应按照维修工程中的有关修复—弃件模型,或修理级别分析的相关模型估算。

4.4.4 汽车整车修理工艺

1. 入厂检验

汽车整车修理时,应开展技术鉴定,以明确汽车的技术状态,确定修理作业范围和深度,估计修理时间、工时和费用,然后办理交车手续、签订维修合同。

1)汽车整车技术鉴定

汽车整车技术鉴定是指在不解体或部分解体情况下,利用检测诊断设备或人工手段,调查汽车使用维修情况,检查、确定其技术状况,对车辆技术状况进行综合鉴定,以确定车辆修理作业范围和深度。

(1)调查汽车使用与维修情况。

通过与送修人员沟通,查阅汽车使用与维修技术档案,了解汽车的修理和维护情况、燃料的消耗、轮胎的磨损及车辆的动力性等方面的情况。

(2)汽车的外部检查。

外部检查由人工完成,主要目的是检查汽车及附属设备是否齐全,了解汽车外部的技术状况。外部检查的主要内容包括如下方面。

①车容检查。查看汽车外部有无损伤,各部油漆是否脱落,车门、玻璃、铰链、门锁把手、坐垫、靠背等零件是否齐全,有无腐蚀或其他损坏。

②安全机构检查。转向、制动、传动机构是否有缺损、渗漏及松动等现象。

③基础件检查。汽缸体、变速器、车桥、桥壳、车架、驾驶室与车身有无渗漏、严重变形及破损。

④轮胎检查。检查轮胎磨损及损坏情况,如有不正常情况应查明原因。

具体检查内容可参照日常维护和一级维护,有关各总成系统的检查项目,维修机构也可根据实际需要,制订标准的操作规程。检查结束后应认真填写外部检查表,详细记录检查过程与结果,并与送修人员一起核对签字。

(3)道路试验检查。

道路试验检查,可以进一步判明汽车发动机的技术状况,掌握底盘各总成的技术状况。

①汽车起步前,查看各种仪表是否正常工作,检查转向盘游动间隙,离合器和车轮制动器踏板自由行程,检查驻车制动器的状况。

②汽车起步时,检查离合器状况,判定其是否存在异响、打滑和发抖现象。

③汽车行驶中,察听发动机和变速器等有无异响,变速器操纵是否轻便、是否存在自动脱挡现象,传动轴及驱动桥是否有异响;是否有跑偏和不稳现象,转向操纵机构是否轻便灵活,制动是否正常;查看整车的振动和车内噪声等。

(4)汽车检测与故障诊断。

检测与诊断应使用专业检测与诊断设备,由专业人员实施,以全面检测,准确确定修理作业的深度和范围。检测诊断设备应能在不解体情况下确定汽车的工作能力和技术状况,以及查明故障与隐患的部位和原因。

汽车检测可按二级维护前检测项目实施。故障诊断应根据不同车辆的结构特点、故障规律和使用条件,使用专业的故障诊断设备,查找、确定故障或故障隐患。

(5)技术状态综合鉴定。

根据外部检查、道路试验检查、汽车检测与故障诊断结果,由专职技术人员对车辆技术状况进行综合鉴定,确定修理作业范围和深度。承修单位应与送修单位(或人员)商定送修要求、修理日、质量保证和价格等,并签订修理合同。

2)发动机技术状况检验

在发动机需要解体修理前,应对发动机进行外部和动态的检测。检测的内容为检查发动机的密封情况、异响、汽缸压力等内容,根据检查结果,判断发动机的磨损状况并确定修理作业的内容及深度。

(1)检查密封部位泄漏。

检查发动机各个接合面的密封情况,确定发动机分解后对泄漏部位的修理项目;检查发动机所有胶管的密封和老化情况,可以确定是否更换;检查发动机漏油情况,确定油封和轴颈配合情况。

(2)异响检查与故障判定。

起动发动机,逐渐提高发动机转速,注意倾听发动机有无异响,可通过手工或设备,确定故障部位和故障模式。

①发动机敲缸响。多发生在汽缸严重磨损需要大修时,响声一般发生在冷车急速与急速稍高的转速时,响声随转速呈有规律地变化,响声比较清脆。

②气门脚响。多发生在气门调整不当、气门调整螺钉松动时,响声一般发生在急速到中低速阶段,响声尖锐清脆并随转速变化,转速升至中高速时,响声逐渐被发动机噪声所掩盖。

③发动机窜气响。发生在汽缸拉缸故障时,在急速稍高时比较明显,响声随转速升高且有规律变化,发动机转速再度升高时,响声开始不清晰。

④连杆轴承响。多发生在严重磨损的发动机上,响声在发动机加速时比较明显,响声随转速升高且在稍高负荷下容易辨别;曲轴轴承响也多发坐在磨损严重的发动机上,响声表现的时机和特征与连杆轴承响声类似,但响声比较沉闷。

(3)测量汽缸压力。

汽缸压力的高低,可以反映汽缸的密封程度。如果各缸压力均低于规定,说明汽缸磨损严重,需要进行大修;如果某个汽缸压力偏低,可能该缸存在着拉缸或气门密封不严等故障;如果相邻两汽缸压力过低且压力相同时,表明这两汽缸间的缸垫可能损坏。

发动机汽缸压缩压力应不小于规定值的80%,各缸间压力差不大于规定值的8%,标准压力值可参见各型号发动机的使用与维修手册。

具体操作方法为:起动发动机,待油温达到正常温度时,停机;拆下所有汽缸火花塞,用汽缸压力表测量汽缸压缩压力;对于电喷式发动机,关闭发动机燃油泵,或断开喷油泵连接器,使燃油喷射系统停止工作;将节气门(有阻风门的还应包括阻风门)置于全开位置,用起动机带动曲轴转动3~5s,等压力表指针指示并保持最大压力读数后停止转动;取下压力表,记下读数,按单向阀使压力表读数归零,依次测量各缸压力,每缸测量不少于2次,各缸测量结果取算术平均值,与标准值比较,分析结果,判断汽缸工作状况。

2. 拆卸与装配作业

1)拆卸作业

(1)拆装作业的基本要求。

①拆卸作业要严格按照拆卸工艺进行,如果没有,应先制订拆卸工艺,避免野蛮拆卸带来的零件损伤。

②经技术鉴定确认技术状况良好、无需解体修理的总成,应以维护为主,不应解体。

③应遵守正确的拆卸方法,由表及里。按先总成后零件的顺序,先将汽车拆成各总成,然后,再由总成依次拆成组合件、零件。为了保证组合件的装配关系,拆卸时应核对原来的标记并做好记号。

④合理地使用拆卸工具和设备。不允许使用钢丝钳夹持螺栓、螺母进行拆卸,拆卸时所选用的工具要与被拆卸的零件相适应。如拆卸螺母、螺钉应根据尺寸,选取合适的扳手、套筒或起子,尽可能不用活扳手;对于衬套、齿轮和轴承等应尽可能用专用拉器或压力机拆卸。除拆卸不动的连接件外,不得盲目使用气焊设备吹割。

⑤拆卸和解体时,应为装配创造条件,对非互换的零件,应核对记号,且成对放置,精密配合偶件应成对放置,以防装配时出现差错并应确保精度;对平衡要求较高的旋转零件,也应注意其装配记号;拆下的总成、零部件及各种螺栓、螺母和垫圈等,应分类放置在规定的台架上或容器内,以利于查找。

(2)汽车解体的基本程序。

汽车解体是将汽车各总成和零部件从汽车上拆卸下来的过程,通常是将汽车划分为若干个拆卸单元按工作部位进行分工,以平行交叉作业方式进行。这样可以使整个工序相互配合,减少工人在拆卸过程中工作位置的变换,减少辅助工作时间和工具的数量,使拆卸作业顺利高效地进行。其一般工艺程序是:在热状态下,回收发动机、变速器及差速器壳等部的润滑油,待温度降低后,回收冷却液、琉璃水,以及转向、制动液等;拆除电气设备及各部分的导线;拆除发动机总成、变速器总成、传动轴、车桥等总成。

(3)总成解体。

总成解体是将零部从总成上拆卸下来的过程。基本操作方法是,在专用或通用工作台上,分解拆下的各总成。

(4)连接件拆卸。

汽车和总成的拆卸,主要是连接件的拆卸。在拆卸过程中除遵守一般要求外,还应严格遵守操作规程规定。

①拆卸过盈配合件。

过盈配合件在拆卸中占有较大的比重,在拆卸过程中要求不破坏它们的配合性质及不损伤其工作表面。为保证拆卸作业的工作质量,应尽可能采用专用设备。

过盈配合的拆卸方法与配合的过盈量大小有关。当过盈量较小时,如曲轴正时齿轮应尽量采用拉器拆卸。当过盈量较大时应用压力机拆卸。

在拆卸轴承的过程中,应使其受力均匀,压力(或拉力)的合力方向与轴线方向重合。作用力应作用在内座圈(或外座圈)上,防止滚动体或滚道承受载荷。

②拆卸螺纹连接件。

在汽车拆卸过程中,拆卸螺纹连接件的工作量占总拆卸量的50%~60%。为防止连接件损坏,要采用正确的拆卸方法;要选用尺寸合适的扳手或套筒,不宜采用活扳手。如果扳手开口过宽,会使螺帽棱角损坏。如果螺栓拧得过紧而不易拆卸时,不应采用过长的加长杆,否则易发生螺钉折断。

对于多个螺栓紧固的连接件拆卸,首先,应按规定的顺序将各螺栓拧松1~2圈,然后依次均匀拆卸,以免零件损坏和变形。对于拆卸后会因重力下落的零件,应使最后拆下的螺纹连接件既方便拆卸,又具有保持工件平衡的能力。在拆卸螺纹连接件时应尽量使用气动扳手或电动扳手。采用机械化工具,可以提高工作效率,降低劳动强度,提高拆卸质量和减少拆卸人员。

③拆卸特殊螺纹连接件。

对于双头螺栓要用偏心扳手拆卸,如图4-16所示。当转动手柄时,偏心轮将螺栓卡住,再继续扳动手柄,便可将螺栓拆下。双头螺栓也可以用一对螺母,旋入螺栓,并互相锁紧,然后用扳手把它连同螺栓一起拆卸下来。

④拆卸断头螺钉

断头在工件内不太紧时,可用淬火多棱锥头钢棒插入螺钉内并将其旋出,如图4-17a)所示。也可在螺柱头部钻一小孔,在孔内攻反向螺纹,用反扣螺钉拧出断头螺钉,如图4-17b)所示。断头螺钉高于机体表面时,可将高出的螺栓锉成方形或焊上一螺帽将其拧出,如图4-17c)所示。

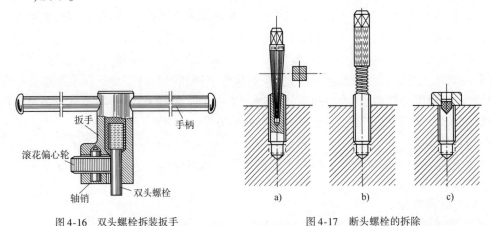

图4-16 双头螺栓拆装扳手　　图4-17 断头螺栓的拆除

2)装配作业

(1)总成及整车装配要求。装配就是按照规定的技术条件,将零部件、总成安装在一起的过程。由于零件之间有一定的相互配合尺寸和位置要求,所以,汽车装配工艺和质量会直接影响整个汽车的维修质量。为保证车辆修理质量,装配时应遵循以下要求。

①严格按照装配工艺作业。开展作业前,应制订装配工艺规程,装配过程中,应按照工艺规程操作。

②合理选用装配工装设备。要严格按照装配工艺要求,采用规定的工具和设备开展装配作业。装配困难时,不得强行使用加力杆,不得随意猛力敲打。

③注意装配标志和零件互换性。对组合加工件、重要配合副、传动件和调整垫等应按规定的位置和方向(标记)装配,不可弄错,以免破坏其相互位置关系和配合特性及平衡状态等,如曲轴轴承和连杆轴承盖、曲轴、凸轮轴、活塞销的轴向间隙等。

④确保零部件表面干净。采取必要措施,确保间隙配合的摩擦副表面干净,对于形状复杂的零件如发动机缸体和曲轴等,在其油道中可能存有磨料颗粒或油污,装配中要特别注意第二次清洁,在装配前清洗油道、沟槽和拐角处,并用压缩空气吹洗。

⑤润滑件表面涂抹润滑油。在装配中,应注意相互摩擦运动的表面,润滑件表面应涂抹一层清洁的润滑油,以避免起动时因缺润滑油而烧损零件表面。

⑥保证满足装配精度要求。汽车产品的装配精度一般要求较高,为了满足精度要求,许多配合件都不能采用完全互换法,而需依靠选配和修配以及部分的调整工作来保证。应特别注意某些结构的尺寸链精度和互换精度。结构的尺寸链精度可以通过选配和必要的加工方法得到,传动精度可以通过调整或选配方法来达到。

⑦确保密封性防三漏。凡是涉及密封的部件,在装配时要确保密封装置完好有效。

(2)典型结构装配工艺。

①螺纹连接件。

螺纹连接件的基本要求是连接正确、锁紧可靠,对重要连接件的紧固力矩应符合装配技术条件规定的要求。对于螺栓组连接件,还应按规定的拧紧顺序和步骤操作。

a. 预紧力与拧紧力矩。

当螺栓、螺帽拧紧后,连接件被压缩而螺栓伸长,两者均产生弹性变形,它们之间的相互作用力称为预紧力。其作用是保证螺纹连接的可靠性、防止连接松动,保证连接件间足够的摩擦力,使连接件间具有良好的密封性以及提高螺栓在动载荷下的耐疲劳强度。

预紧力是根据连接件的具体工作条件来确定的,各种连接件的预紧力在设计中已由材料和强度予以保证,在装配中是通过拧紧力矩来实现的。

汽车上重要部位的螺栓、螺塞和螺母的拧紧力矩在装配技术条件中都有明确规定,应按规定拧紧。

b. 拧紧顺序。

为了避免连接件在装配时变形,螺栓应按一定顺序拧紧。原则是从里向外,对称轮流分2~3次逐渐拧紧。

②过盈配合件。

过盈配合靠装配后材料的弹性变形在配合面间产生压力而获得固定的连接。过盈配合装配的关键在于控制正确的过盈量。汽车总成中的过盈配合副,其过盈量在技术文件中都有明确规定,装配中应予以保证。

在装配前应注意保持零件的清洁、检查零件配合面的尺寸公差、形位公差,导向部位的锥度和长度、表面粗糙度、必要时应测定实际过盈值并以分组选配法或修配法来达到配合要求,然后再根据过盈量的大小和设备条件,选择适当的装配方法。

影响过盈配合装配质量的主要因素有:配合表面的粗糙度、表面润滑状况、压入速度、压力件结构以及压入时的操作工艺等。

配合表面的粗糙度过大,不仅使压入时的压力增加,而且压入后配合副的实际过盈量会减小,降低连接强度。如果配合表面过分光滑,则配合面间的摩擦系数过小,也会影响连接强度,因此过盈配合副的配合表面应有适当的粗糙度。在配合表面涂以润滑油可防止配合表面在压入时刻刮伤或咬死,常用的润滑油为机油和亚麻油。

③曲轴与轴瓦。

a. 轴瓦装配。

轴瓦在装配前要检查其自由状态下的径向扩张量。为了使轴瓦能紧密地与座孔贴合,轴瓦在自由状态下的形状并非真正的半圆形,而是有一个向外的张开量,张开量的大小与轴瓦的厚度有关。当瓦片厚度小于3.5mm时,张开量为0.5~1.5mm,厚度大于3.5mm时,其张开量为0.1~0.6mm,翻边轴瓦为0.2~1.2mm。

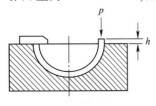

图 4-18 轴瓦装配过盈量测量

轴瓦装入座孔要有一定的过盈量。必要时,轴瓦在装配前要对过盈量进行检查。检查时将瓦片放入座孔中,测量出瓦片一端高出座孔平面的高度,过盈量应符合规定要求,如图4-18所示。

过盈量是保证轴瓦在紧固后产生摩擦自锁力的必要条件,过小,工作时轴瓦会在座孔中窜动或转动,引起座孔磨损、导热能力降低、轴承过热等。过大,会使轴瓦产生塑性变形或皱曲,不仅配合被破坏,而且产生金属晶格滑移而强化,弹性降低,使摩擦自锁效应减弱。

轴瓦装配时,瓦背与座孔之间不允许加入任何垫片,不应堵塞油孔,锁定装置应在正确位置,螺栓拧紧力矩应符合规定数值。

b. 曲轴装配。

装配曲轴时,应在曲轴轴颈和轴瓦表面涂上机油。紧固主轴承盖时,应从中间轴瓦开始向两端分2~3次依次拧紧到规定的力矩。全部主轴瓦拧紧后,用手劲能灵活地转动,若过紧过松或局部发卡,应查明原因加以排除。

过紧或局部发卡的原因可能是轴承间隙小,轴瓦安装后变形,曲轴有弯曲,主轴瓦座孔同轴度偏大等。

④齿轮传动副。

装配齿轮传动副时,要精确保持啮合齿轮的相对位置,使他们之间接触良好并保持一定的啮合间隙和啮合印,以达到运转时速度均匀、没有冲击和振动、传动噪声小的要求。

a. 圆柱齿轮副。

齿轮啮合传动时,为了在啮合齿廓之间形成润滑油膜,避免因轮齿摩擦发热膨胀而卡死,齿廓之间必须留有间隙,此间隙称为齿侧间隙,简称侧隙。齿侧间隙的存在会产生齿间冲击,影响齿轮传动的平稳性。因此,这个间隙只能很小。

汽车产品在装配中要按照规定,检查、调整齿轮的齿侧间隙。

齿轮侧隙过大,会导致齿轮工作时产生冲击、振动,加速齿轮的损坏。侧隙过小,则传动阻力大,油膜不易形成,导致齿轮早期磨损。为了保证齿轮副能工作平稳,在装配技术条件中均规定了各齿轮副侧隙和齿隙差的要求,一般用厚薄规测量。

影响齿隙大小的主要因素是:齿轮轴的中心距,齿轮的齿面磨损、加工与装配误差。因此,齿轮侧隙通常可通过调整两个齿轮轴的相对位置实现。对于具体齿轮传动,应按技术规范给定的方法与要求调整。

影响圆柱齿轮啮合印痕的因素主要有:齿轮安装轴的轴心线的平行度和间距、齿轮轴或齿轮变形等。齿轮啮合时,正确的啮合印痕,其印痕长度不小于齿长的60%,印痕应位于齿面中部,如图4-19所示为圆柱齿轮啮合印痕情况。

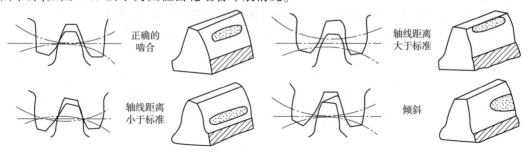

图4-19 齿轮的啮合印痕

齿轮啮合印痕检查,可在主动齿轮齿面上涂一层薄红丹油,轮动齿轮副后,在被动齿轮的齿面上便会出现啮合印痕。

b. 正时传动组。

装配正时齿轮副时,曲轴与凸轮轴正时齿轮记号应对正,不同型号的发动机,其标记的形式与位置可能不同,在装配时要注意,必要时可查找有关技术资料确定。

对于柴油机,在对正配气正时记号的同时,还需要对正喷油泵驱动齿轮正时记号。对用齿形皮带传动的顶置凸轮轴式柴油机配气正时与喷油正时记号,装配时必须使3处正时记号同时对正。

c. 圆锥齿轮。

锥齿轮的啮合印痕、齿隙是相互关联的,通常若啮合印痕正确,齿隙一般也正确。故锥齿轮装配时应先调整啮合印痕,然后检查齿隙。

圆锥齿轮啮合的印痕,在正常工作时应位于齿的中部,其接触面积和位置应符合精度等级的规定。由于齿轮受载后轮齿会发生变形,因此在空载下检查时,啮合印痕的位置应视齿形曲线的不同而异。

格利森制齿轮受载后齿面印痕向大端移动,则空载安装时正确的齿面印痕位置应略偏小端。而厄利康锥齿轮受载后齿面印痕向小端移动,则空载安装时正确的齿面印痕应略偏大端。

印痕的大小,在齿长方向一般为全齿长的1/3~1/2,在齿高方向为全齿高的1/2。在维修中,可在主动齿轮的轮齿(3齿~5齿)上涂上红丹油,再转动主动齿轮,检查从动齿轮齿面上的印痕。

与圆柱齿轮调整两个齿轮轴的相对位置不同,锥齿轮啮合印痕的调整,是通过改变两个齿轮的轴向距离实现的。若印痕在齿高方向不正确,则改变主动齿轮轴向位置调整印痕,若此时齿侧间隙不符合要求,则通过轴向移动从动齿轮来调整;印痕在齿长方向不正确,则改变从动齿轮轴向位置调整印痕,若此时齿侧间隙不符合要求,则通过轴向移动主动齿轮来调整。

3. 零件清洗

汽车和总成解体后,零件表面的污物会直接影响修理作业,因此,必须进行零件清洗,以清除金属锈、油污、积炭、水垢和旧漆层等。

1）除锈

金属零件遇氧、水分等发生化学反应或电化学作用,表面生成一层腐蚀产物。铁锈的主要成分是 Fe_2O_3 及其水合物,除锈时,可根据具体情况采用机械法、化学法或电化学法。

(1) 机械法除锈。

利用机械摩擦、切削等作用清除锈层,常用的方法有刷、磨、抛光、喷砂等,可手工用钢丝、刮刀、砂布等刷或刮或打磨,也可用电动或风动工具,实施抛光、磨光、刷光和滚光等。其中,磨光可用砂轮,刷光轮一般用铜丝、黄铜丝、青铜丝,抛光轮可用棉布或其他纤维制品,滚光是把零件放入滚筒内,利用零件与滚筒中磨粒间的摩擦作用除锈,磨粒可用砂。

(2) 化学除锈。

化学除锈是利用金属氧化物容易溶于酸中的性质,用酸性溶液除锈,故称酸洗。酸性溶液通常由硫酸、盐酸、磷酸或几种酸的混合物,并加入少量缓蚀剂(石油磺酸或乌洛托品等)。

酸洗过程中,除了氧化物外,还可能产生氢脆现象。为减少氢脆,在溶液中加入缓蚀剂,能在纯净金属表面形成吸附膜,阻止零件表面金属的再腐蚀,并防止氢的侵入。

常用的除锈配方如下。

①硫酸溶液。

对于钢铁零件,用密度 $1.84g/cm^3$ 的硫酸 65mL,溶于 1L 水中,加入缓蚀剂 3~4g;对于铜及其合金零件,1L 水中加入密度为 $1.84g/cm^3$ 的硫酸 10%~15%。

稀释硫酸溶液,切记不可将水倒入硫酸溶液,而是要将硫酸慢慢倒入水中,并不断搅拌。

②盐酸溶液。

对于钢铁零件,用密度 $1.19g/cm^3$ 的硫酸,在室温条件下,酸洗 30~60s;对于铜及其合金零件,1L 水中加入 3~10g 缓蚀剂和 1L 盐酸混合化,室温条件下使用。

③磷酸溶液。

采用 80℃浓度 2% 的磷酸水溶液,清洗后不用水冲洗,由于磷酸溶液能够在钢铁表面形成一层磷酸铁,可防止零件继续腐蚀,且与漆层接合良好。因此,该方法适用于油漆、喷塑等涂装前除锈,不适合电镀、喷涂等类修复前处理。

2）清除油污

清除油污要使用清洗液,主要包括碱溶液、化学合成水基金属清洗剂和有机溶剂。

(1) 碱溶液。

碱溶液是碱或碱性盐的水溶液,其除油机理主要是靠皂化和乳化作用。其中:皂化作用是脂肪(动植物油)与强碱发生化学反应,脂肪被分解后与钠结合形成肥皂的过程;乳化作用是使一种液体以极微小液滴均匀地分散在互不相溶的另一种液体中。

汽车零件表面上的油污有动植物油和矿物油两大类。动植物油和碱性化合物溶液可发生皂化作用,生成肥皂和甘油而溶解于水中。矿物油在碱性溶液中不能溶解,而是形成乳浊液。碱离子的活动性很强,使矿物油形成小油滴。但油和金属的附着力很大,使油与金属脱离的不彻底,即使有时形成的油滴破裂,但油与金属重新吸附。为此应在清洗时加入乳化剂。

乳化剂是一种活性物质,其分子的一端呈极性,与水吸引,称亲水基;另一端呈非极性,能与油吸引,称亲油基。因此,它既能吸附在油的界面上,又能吸附在水的界面上,降低了它们的表面张力,从而将油和水连接起来,防止它们相互排斥。因此,油被乳化后分散成被水包围的细小颗粒,并悬浮溶液中形成乳浊液,从而将油污除去。清洗钢铁零件与清洗铝合金零件时的除油剂配方不同。

除油剂配方中主要成分及其作用如下。

苛性钠:起皂化作用,由于其对有色金属有腐蚀作用,因而对铝、铜及其合金应控制在2%以下。

碳酸钠:起软化水的作用,使溶液维持一定的碱性。因为碱性是影响清洗效果的一个重要因素,它决定清洗液对油污的皂化能力,同时又能降低溶液表面张力和水的硬度。

硅酸钠:主要起乳化作用,对金属有防腐作用,特别对铝、镁、铜及其合金有特殊的保护作用。硅酸钠在水溶液中水解生成胶体多硅酸。胶体多硅酸能提高溶液分散污物的能力,并防止污物再次沉积。

磷酸钠:磷酸钠能增加溶液对零件的湿润能力,并有一定的乳化和缓蚀作用。它可与水中的钙、镁离子结合生成难溶于水的并以沉淀形式自溶液中析出钙盐和镁盐。由于它的碱性较强,用量不宜太多。

重铬酸钾:在清洗液加入适量重铬酸钾,可防止金属除油后生锈。

碱性除油清洗液,一般加热至 80~90℃。油膜在高温溶液中黏度下降,由于表面张力和膨胀作用,油膜皱缩而破裂,形成小油滴。高温还能加速溶液的循环流动,可加速除油。但是,清洗液的温度也不能过高,否则会使蒸发量过多,热能消耗过大也不经济。

此外,机械搅拌作用能使溶液增加一些运动能量,冲击油污,有利于油污从金属表面上分离,使金属表面不断和新溶液接触,从而加速了除油过程。

注意:零件除油后,需要用热水冲洗,去掉表面残留的碱液,防止零件被腐蚀。

(2)化学合成水基清洗剂。

以表面活性剂为主的合成洗涤剂。有些加有碱性溶液,以提高表面活性剂的活性,并加入磷酸盐、硅酸盐等缓蚀剂。

表面活性物质能显著地降低液体的表面张力,增加润湿能力,其类型有离子型和非离子型两种。离子型又可分为阴离子,阳离子和两性表面活性物质。

由于非离子型及阴离子型对硬水、酸、碱及其他金属离子都有较好的化学稳定性,因此,广泛用于水基金属除油剂。水基清洗剂清除油污的方法主要靠浸湿、乳化、分散和增溶等各种复杂过程的综合作用。

大多数情况下,污物由二相构成——液相(油、树脂)和固相(尘埃、沥青等)。对于液相的油污使用液相乳化的方法,即与油污形成乳化液而除去。对于固相的油污使用固相分散的方法。

污物固相分散是因污物微粒表面上活性物质的吸附引起的。由于清洗液表面张力小,因而能渗透到污物微粒的微小裂纹中,并使表面活性剂吸附在这些微粒的表面上。表面活性剂的吸附分子对微粒产生楔入压力,将其破碎。

化学合成水基金属清洗剂在 80℃ 左右时,清洗效果较好。

在清洗油污时,要根据油污的类别、厚度和密实程度,金属性质、清洗温度、经济性等因素综合考虑,选择不同的配方。

(3)有机溶剂。

有机溶剂是指煤油、轻柴油、汽油、三氯乙烯、丙酮和酒精等。有机溶剂清除油污是以溶解污物为基础的。由于溶剂表面张力小,能够很好地使被清除表面润湿并迅速渗透到污物的微孔和裂隙中,然后借助于喷、刷等方法梅油污去掉。

有机溶剂对金属无损伤,可溶解各类油、脂。清洗时一般不需要加热,使用简便,清洗效果好,对金属无损伤。但它们大多数为易燃物,有些还对人身体有害,清洗成本也高,主要只适用于精密零件的清洗。目前使用的大多为轻柴油、汽油和三氯乙烯。三氯乙烯是一种无色透明、易流动、易挥发、在常温下带有芳香味的液体。它溶解油脂的能力很强,又不易燃烧。但它具有毒性,使用时要采取严格的安全防护措施。

3)清除积炭

(1)积炭的化学组分。

积炭的化学组分,可分为挥发物质(如油、羟基酸)和不易挥发物质(沥青质、油焦质、碳青质和灰分)。发动机的工作温度越高,压力越大,形成的积炭也越硬,越致密,与金属粘得越牢固。

(2)清除积炭的基本方法。

①机械法。

机械法是传统的清除方法,一般可用金属刷、铲刀及断活塞环等铲除积炭。因这种方法容易刮伤零件表面,故对于清除精密偶件上的积炭,可用木制、竹制或铜制刮刀清除,也可在软木板上来回摩擦清除。

机械法清除零件积炭,操作简单、不需设备,但难以接触到的部位的积炭不易清洗干净。清除后,须用油仔细清洗。因此,通常会与化学方法结合使用。

②化学法。

将零件放在配制好的化学溶液中,浸放一段时间,使积炭软化松脱,然后将零件取出,用毛刷或棉丝擦除积炭,用热水洗净后使其干燥。

其原理是,用化学溶液(退炭剂)浸泡带积炭的零件,使积炭溶解或软化,再辅以洗、擦等办法将积炭清除。

用化学方法清除积炭的过程就是氧化的聚合物膨胀和溶解的过程。退炭剂与积炭接触后,首先在积炭层表面形成吸附层,然后由于分子间的运动,以及退炭剂分子和积炭分子极性基的相互作用,就会使退炭剂分子逐渐向积炭层内层扩散,并能在积炭网状分子的极性基间生成键结,使网状分子之间的极性力减弱,破坏网状聚合物的有序排列,使聚合物的排列逐渐变松。

化学法不会损伤零件,清除积炭比较彻底,是首选方法。不过,化学法也有其缺点,如只能使积炭产生有限的溶解,积炭并不能自动脱离金属表面而溶解在退炭剂中,还须配以机械方法清除。

化学法清除积炭工艺有两种:无机退炭剂除炭工艺是将原料配成混合液,加热至90℃左右,把除炭的零件放入退炭剂中,浸泡2~3h时,积炭软化后,用毛刷、抹布擦拭,热水冲洗,冲后吹干;有机退炭剂除炭工艺。将工件放入退炭剂的密闭容器中,用蒸汽加热至90℃左右,浸泡2~3h时,待积炭软化后,用毛刷刷掉、洗净。

(3)退炭剂。

退炭剂按性质可分为无机退炭剂和有机退炭剂两种。多数退炭剂都由溶剂、稀释剂、活性剂和缓蚀剂组成。

①积炭溶剂。

有强极性溶剂、碱金属皂类和碱类等3种。强极性溶剂主要包括芳香基氯化衍生物、硝基衍生物和酚类,为降低成本,退炭剂很少用纯溶剂。碱金属皂类包括各种肥皂、油酸钾及碱性洗涤剂等。碱类包括苛性钠、磷酸三钠、氢氧化胺及碳酸铵等。苛性钠水溶液加入强极性溶剂会使退炭能力提高。

②稀释剂。

加入稀释剂使黏稠的积炭溶剂稀释,可使固体药剂在其中容易溶解,同时也可降低退炭剂成本。无机退炭剂用水稀释,有机退炭剂一般用乙醇、苯、煤油和汽油等稀释。实际上,许多稀释剂也有退炭能力。

③缓蚀剂。

缓蚀剂可以防止某些退炭剂中的碱性成分对有色金属的腐蚀。通常用硅酸盐、铬酸盐和重铬酸钾。一般用量只占退炭剂的0.1%~0.5%,过量会影响退炭效果。

④活性剂。

活性剂能降低退炭剂本身的表面张力,使退炭剂与积炭有好的结合。活性剂有醇类、胺类、有机酸类和酚类等。

4)清除水垢

(1)水垢形成过程及影响。

发动机冷却系如长期使用未经软化处理的硬水,将使发动机散热器内、水套内积存大量的水垢。通常水垢由碳酸钙、硫酸钙和硅酸盐组成。各种盐类的分量由水质来决定,水的硬度愈大,含盐类分量愈多。由于冷却系内的硬水被加热,碳酸盐受热分解;硫酸盐、硅酸盐由于水蒸发,其浓度增加。当达到饱和状态时,就从水中析出,并沉积在水套、散热器等内表面上,积层就称为水垢。

水垢的导热系数极低,是钢铁的1/50~1/20。当水垢沉积在冷却系零件内表面上过多时,会产生以下影响:大大降低发动机的冷却强度,从而导致发动机过热;造成运动件膨胀,配合间隙变小,机械性能下降,甚至发生"卡缸"现象;可能产生垢下高温腐蚀,使零件磨损加剧,甚至产生烧蚀、裂纹等。

另外,垢锈严重时,部分循环水道将被堵塞,冷却液流通不畅,发动机整体或局部高温,以致产生重大机械事故,使发动机无法工作。因此,必须及时地清除水垢。

(2)水垢清除原理。

水垢的清除方法很多,大多采用酸洗法和碱洗法。通过酸或碱的作用,使水垢由不溶解的物质转化为可溶性物质。在选用酸或碱溶液时,要根据水垢的性质,最好经过化验确定。

对于碳酸盐类水垢,可用盐酸溶液或苛性钠溶液除垢,其反应如下:

$$CaCO_3 + 2HCl = CaCl_2 + H_2O + CO_2\uparrow$$

$$CaCO_3 + 2NaOH = Ca(OH)_2 + Na_2CO_3$$

其中，$CaCl_2$、$Ca(OH)_2$ 和 Na_2CO_3 都溶于水，从而达到除水垢的目的。

硫酸盐类水垢不易直接溶解于盐酸溶液，可先用碳酸钠溶液处理，然后再用盐酸溶液清除，其反应如下：

$$CaSO_4 + Na_2CO_3 \Longrightarrow Na_2SO_4 + CaCO_3$$
$$CaCO_3 + 2HCl \Longrightarrow CaCl_2 + H_2O + CO_2 \uparrow$$

其中，Na_2SO_4、$CaCl_2$ 均溶于水。

硅酸盐类水垢也不易直接溶解于盐酸溶液，一般用一定浓度（2%～3%）的苛性钠溶液清洗。如用盐酸溶液清洗，应添加氟化钠或氟化铵，使硅酸盐变成溶解于盐酸的硅胶。

由于硅胶易附在水垢表面，为此，还必须采取循环酸洗来清除全部水垢。

除垢后，一般还有除锈的要求，所以，酸溶液比碱溶液效果好，但酸对金属的腐蚀作用较大。

为减少腐蚀而又不削弱盐酸对水垢的作用，常在酸溶液中添加一定分量的缓蚀剂。缓蚀剂的作用主要是基于吸附原理，即它吸附在金属表面上形成防止金属继续溶解的保护膜，从而减少酸对金属的腐蚀；也可对铁锈溶解，起到除锈作用。

盐酸除垢溶液中，常用的缓蚀剂有：乌洛托品（六次甲基四胺）和若丁，一般用量为：乌洛托品为盐酸用量的 0.5%～3%；若丁为盐酸用量的 0.8%。

(3) 清除钢铁零件上的水垢。

对于含碳酸钙和硫酸钙较多的水垢，首先用 8%～10% 浓度的盐酸液，加入 3～4g/L 的缓蚀剂（乌洛托平），并加热至 50～80℃，处理零件 50～70min。然后取出零件或放出清洗液，再用含 5g/L 的重铬酸钾溶液清洗一遍，或再用 5% 浓度的苛性钠水溶液注入水套内，中和残留的酸溶液，最后用清水冲洗干净。

对含硅酸盐较多的水垢，首先用 2%～3% 浓度的苛性钠溶液处理，温度控制在 30℃ 左右，浸泡 8～10h，放出清洗液，再用热水冲洗几次，洗净零件表面残留的碱质。

(4) 清除铝合金零件上的水垢。

将磷酸 100g 注入 1L 水中，再加入 50g 铬酐，仔细搅拌均匀。在 30℃ 左右，浸泡 30～60min 后，用清水冲洗，最后用 80～100℃ 的重铬酸钾水溶液（浓度 0.3%）冲洗即可。

5) 清除旧漆层

汽车钣金件的旧漆层既影响防锈功能，又不美观。因而在汽车大修时应尽量将其除掉，然后再涂上新漆。清除旧漆层可以用单独的溶剂，也可采用各种溶剂的混合液。清除漆层的各种溶液，也称退漆剂、脱漆剂、褪漆剂、洗漆剂或去漆剂，分为有机退漆和碱性退漆剂。

(1) 有机退漆剂。

有机退漆剂主要由溶剂、助溶剂、稀释剂、稠化剂等组成。溶剂有芳烃、氯化衍生烃、醇类、醚类和酮类等；助溶剂可用乙醇、正丁醇等；稀释剂可用甲苯、二甲苯、轻石油溶剂等；稠化剂常用石蜡、乙基纤维素等。在有机退漆剂中加入稠化剂是为了延缓活性组分的蒸发，以保证有机退漆剂使用寿命。

(2) 碱性溶液退漆剂。

碱性溶液退漆剂主要成分为溶剂、表面活性剂、缓蚀剂和稠化剂，配成水溶液使用。溶剂通常用苛性钠、磷酸三钠和碳酸钠等；表面活性剂可用脂肪酸皂、松香水、烷基芳香基磺酸脂等;缓蚀剂用硅酸钠;稠化剂用滑石粉、胶淀粉、乙醇酸钠等。碱性溶液可使漆层软化或溶解。

4. 零件检验与分类

1) 零件分类

零件检验与分类的目的是,通过检验确定零件的技术状况,将零件分类,为下一步修理工作奠定基础。通常可将零件分为可用件、需修件和报废件。

(1) 可用件。

可用件是指合乎修理技术标准的零件,通常也称大修许用件。这类零件在后续修理作业中只需要清洗干净,即可装复到汽车。

(2) 需修件。

需修件是指零件损伤已超过容许极限,通过修理可恢复到符合修理技术标准,称为需修零件,也称待修件。

(3) 报废件。

报废件是指不符合修理技术标准的零件,零件无法修复或无修复价值,也称更换件。

值得注意的是:随着汽车工业和维修工程的发展,零件分类的方法与标准从来不是一成不变的,一个基本趋势是,在汽车修理中,需修件的种类和数量在不断减小,另外两类在增加。对于报废件或更换件,在一般修理机构可能是更换并报废,但是,在专业化再制造机构有可能被修复,重新进入配件供应系统。

2) 零件检验的技术条件

(1) 检验的主要内容与基本方法。

① 零件的几何形状精度。

圆度、圆柱度、平面度、直线度、线轮廓度和面轮廓度。检验时,一般采用通用量具,如游标量具、螺旋测微量具、量规、机械杠杆量仪及浮标式气动量仪等。

② 零件表面相互位置精度。

检验项目有:同轴度、对称度、位置度、平行度、垂直度、斜度以及跳动。检验一般采用心轴、量规与百分表等通用量具相互配合进行测量。

③ 零件表面质量。

主要检查疲劳剥落、腐蚀麻点、裂纹及刮伤等。裂纹可用渗透探伤、磁粉探伤、涡流探伤及超声探伤等方法检查。

④ 零件内部缺陷。

内部缺陷有裂纹、气孔、疏松、夹杂等。主要用射线及超声波探伤。对于近表面的缺陷,有些也可用磁粉探伤和涡流探伤查出。

⑤ 零件的机械物理性能。

硬度、硬化层深度、磁导率等,可用电磁感应法进行无损检验。硬度可用超声、剩磁等方法进行无损检验。零件的表面应力状态可采用 X 射线、磁性及超声波等方法测量。

⑥ 零件的重量与平衡。

如活塞、活塞连杆组重量差需要检查。高速转动的零部件,如曲轴飞轮组、传动轴及车轮等都需要进行动平衡检查。动平衡需要在专门的动平衡机上进行。

(2)检验分类技术条件的确定。

除检验内容外,更重要的是确定零件检验分类的技术条件,明确零件极限磨损尺寸、容许磨损尺寸和允许变形值,以及其他损伤缺陷的限度,为正确进行零件检验分类创造条件。

① 经验统计法。

根据产品长期使用所积累的历史数据,制订检验分类的技术条件。通常是通过大量统计行驶里程、燃料消耗、零件磨损量和变形等数据,用统计学或可靠性理论,确定零件的极限磨损、容许磨损和容许变形的数值。

这种方法的精度,依赖于高准确性、实时的数据统计与分析系统。

② 试验研究法。

通过专门设计的实验室试验和运行试验,获取零件在不同运行条件下的损坏规律、耐久性参数和其他寿命相关参数,研究分析零件使用期限与修理周期的关系,从而确定容许磨损尺寸和极限磨损尺寸以及其他检验分类技术条件。

③ 理论计算法。

这种方法是利用数学、物理、力学方法,根据可靠性理论,建模获得失效模型,根据失效模型估算产品寿命相关参数。如可根据流体力学的润滑理论,通过选用适当的计算模型,获得配合副摩擦磨损规律公式,并考虑工作面的微观不平度和承载条件进行分析与试验,求得配合副的极限间隙,然后根据此间隙和配合零件本身耐磨条件分别确定各零件的极限磨损尺寸。

3)零件检验的基本方法与分类

零件检验的基本方法,可分为经验检视法、测量法和探伤法三种。

(1)经验检视法。

经验检视法是一种不用仪表、量具,仅凭眼看、手摸、耳听来检验和判断零件技术状态的一种方法。这种方法简单易行,适用于外部损伤。

① 目测法。

对于零件表面毛糙、刮伤、沟槽、明显断裂、缺口或破洞等损伤,以及零件严重变形、磨损,表面退火或烧蚀,橡胶件的变质等,都可以通过眼看、手摸或借助放大镜观察,确定零件是否需要修理或报废。

② 敲击法。

有些损伤可以用敲击检验,如汽车的部分壳体和盘形零件等的裂纹,铆钉连接的零件松动,轴承合金与底板接合是否紧密等。

基本方法是,用小锤轻轻敲击被检验的零件,如零件发出沙哑声,则说明被检验零件存在某种缺陷或损伤。

③ 比较法。

用新的标准零件与被检验零件相比较,从对比中鉴别被检验零件是否符合技术要求。

(2)测量法。

零件因磨损或变形引起尺寸和几何形状的变化,一般应通过量具和仪器测量其现有尺寸,用测出的数据与容许使用的技术标准对照,确定零件是否需要修理或更换。

用量具和仪器检验零件,一般能得到较精确的数据,但是,在测量时也要注意将测量误差纳入分析。

测量误差是实测值与真实值之差。严格来说真实值无法准确测出,在工程实践中,通常可取多次测量结果的算术平均值或加权平均值作为真实值的近似值。

①系统误差。系统误差通常是由于量具的误差、读数的误差、测力的误差以及温度的误差等引起的,一般可通过一定方法修正或消除这种误差。

②偶然误差。偶然误差主要是由于量具机构中的摩擦、磨损、测力的变化以及操作者的精神状态引起的,在相同条件下误差的大小和方向变化无规律。

③过失误差。过失误差是由于测量和计算时的疏忽以及错误的测量和计算引起的。

4)零件缺陷无损检验方法

零件隐伤是无法通过眼睛或一般设备检查出来的,如果不准备破坏零件,只能采用无损探伤法。无损探伤方法很多,这里主要介绍几种常用的无损检验方法,包括浸油锤击检验、磁力探伤检验、超声波探伤检验和射线照相检验。

(1)浸油锤击检验。

其是一种探测隐蔽缺陷的简便方法。基本程序与方法是,先将零件浸入煤油或柴油中,取出后将零件表面擦干,撒上一层白粉,然后用小锤轻轻敲击零件的非工作表面,在有裂纹处白粉呈黄色线痕,根据线痕可判断裂纹的长短和位置,此方法比较原始,无法确定裂纹深度。

(2)磁粉探伤检验(MPT)。

①基本原理。

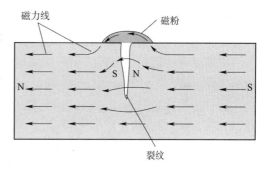

图4-20 裂纹处的局部磁场

也称磁力探伤,是用探伤仪将零件磁化,零件表面若有裂纹,在裂纹部位的磁力线必然中断,从而形成自己的磁场(图4-20),叫作漏磁场。若在零件表面撒上磁粉,磁粉将被吸附在裂纹处,从而能显示出裂纹的位置和大小。

从图4-20中可以看出,裂纹能切断磁力线形成漏磁场,并吸引磁粉,不过,对于上图,如果裂纹为横向,则只能切断极少的磁力线,不能形成有效的漏磁场。因此,磁力探伤时,必须使裂纹垂直于磁力线方向。即横向裂纹要纵向磁化,纵向裂纹要横向磁化,这样才能全面的检验出被检零件的裂纹位置和大小。

磁粉探伤的优点是设备简单,操作方便价格低廉,灵敏度高,能探测非常小的裂纹,不过,其缺点也很明显,只适用于铁磁材料零件,且只能探测表面或近表面缺陷。

②磁化方法。

横向缺陷要使零件纵向磁化,纵向缺陷要使零件横向磁化;对于与两种磁化方向都成一定角度缺陷,最好采用联合磁化法。现有的固定式磁粉探伤设备,均具备这几种磁化功能。

a.纵向磁化法。

被检验的零件置于马蹄形电磁铁的两极之间,当线圈绕组通入电流时,电磁铁产生磁通,经过零件形成封闭的磁路,在零件内产生平行于零件轴线的纵向磁场,这样便可以发现横向缺陷。

b. 横向磁化。

也称周向磁化或环形磁化。电流直接通过零件,则零件圆周表面产生环形磁力线,当缺陷平行于零件轴线方向时,便可形成磁极,吸附磁粉粒子,因而可以发现隐伤所在的部位。

c. 联合磁化法。

联合磁化法也称复合磁化。利用磁场迭加原理对零件同时采用周向磁化和纵向磁化,使其产生既不同于周向磁化也不同于纵向磁化的效果,而是两者合成方向磁场的磁化方法。可以发现任意方向的裂纹或缺陷。

③磁粉探伤工艺。

磁粉探伤应使用专业的磁粉探伤设备及磁粉,包括预处理、磁化、施加磁粉(或磁悬液)检查、退磁和后处理等。

a. 预处理。

清除零件表面的油污、铁锈等,有非导电覆盖层的零件应通过适当的方法使其能通电磁化。干法探伤时零件表面应干燥,使用油磁悬液时零件上不应有水分。

b. 磁化。

零件磁化时,应根据零件材质的磁性能、零件尺寸、形状、表面状况以及可能的缺陷情况确定检验的方法、磁场方向和强度、磁化电流的大小等。磁化方式一般分为两种,即连续磁化法和剩余磁场法。

连续磁化,是磁化零件、涂磁粉和缺陷显示同时进行。

剩余磁场法,是利用零件被磁化后的剩磁来检查其表面的缺陷,即先将零件磁化,然后撤去磁化电流或磁场,再施加磁粉或磁悬液进行缺陷显示。

剩余磁场法适用于材料的剩余磁感应强度高的零件,而连续磁化法适用于各种铁磁性材料零件。

零件的形状对磁力线分布的均匀性有很大影响。如果对直径均匀的长轴作纵向磁化时,轴的两端电磁感应比中部大得多,不易发现中部隐伤。因此,对很长的轴要进行逐段磁化检验。对于外形不规则的零件,磁化时磁力线分布极不均匀。所以,在检查曲轴的纵向裂纹时,需要强大的电流作周向磁化;而在检验径向裂纹时,需要分段作纵向磁化。磁化后即可向零件被检表面施加磁粉或磁悬液显示其缺陷。

c. 施磁粉。

通常是黑色 Fe_3O_4 和红褐色 Fe_2O_3。根据对被检零件施加磁粉的方式不同,有干法和湿法两种。

干法是直接将干磁粉撒在被检零件表面上,施加干粉的装置应能以最小的力呈均匀雾状的将磁粉施加于被磁化零件的表面,并形成薄而均匀的粉末覆盖层。

湿法是将磁粉配成磁悬液,喷洒在被检零件表面上,湿法对表面缺陷的检测更灵敏。

常用磁悬液为油磁悬液,由 40%~50% 的变压器油、50%~60% 的煤油,再加入 20~30g/L 的磁粉配制而成。通常用软管或喷嘴将磁悬液施加到零件表面上。磁粉施加后,在零件上的磁粉粒子被吸附在裂纹处而形成磁痕,便是显示的缺陷,应做好标记。

d. 退磁。

零件经磁化检验后,由于或多或少地会留下一部分剩磁,因此,必须进行退磁。否则,零件在使用中可能吸附铁磁性磨料颗粒,造成严重的磨料磨损等危害。

退磁就是将零件置于交变磁场中,并使磁场的幅值由大到小,并逐渐降到零,从而将其剩余磁场退掉。最简单的退磁方法是将零件逐渐从供给电流的螺管线圈中退出,或直接向零件通电并逐渐减小电流强度到零为止。

用交流电磁化的零件,可用交流电退磁也可用直流电退磁,而用直流电磁化的零件,只能用直流电退磁。用直流电退磁时应不断改变电流方向,同时将电流逐渐减小到零以获得交变的退磁磁场。

e. 后处理。

零件探伤完毕后,应清洁零件表面,去除油污和磁粉。

(3)超声波探伤检验。

超声检验零件的方法,其最突出的优点是对材质无特殊要求,即可以探测各种材质零件。基本方法有声影法和脉冲回声法两种,常用的为脉冲回声法。

脉冲回声法,是利用反射探伤器探测裂纹深度。

超声波反射的原理如图 4-21 所示,振荡器 6 将交变电能传给发射探头 3,当探头 3 与零件 1 接触时一部分超声波首先被零件反射回来;另一部分传入零件,当遇到裂纹 8 时又有一部分超声波反射回来;剩余的超声波则到达零件底面时又有一部分反射回来。故当接收器 2 将先后三次收到的反射超声波信号,并经过电子管放大器 4 传到示波器 5 时,在示波器的荧光屏上便出现先后不同的三个波峰。L_2 相当于零件的厚度,L_1 相应于裂纹的深度。

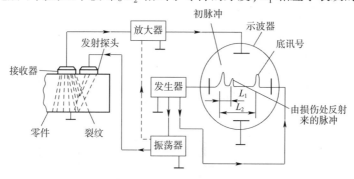

图 4-21 脉冲回波探伤法原理

(4)荧光探伤。

①荧光探伤原理。

是一种利用紫外线照射,使荧光物质发光来显现零件表面缺陷的一种探伤方法。荧光物质的分子可以吸收和放出光能,当其被紫外线照射时,每个分子都能吸收一定的光能。如果分子所吸收的光能较正常情况时多,则分子可以放出一定的光能,以恢复它的平衡状态,这就是可以见到的荧光。在裂纹处的荧光物质可以发出明亮的光,因此,可以很容易地发现裂纹。

为了检验零件表面的缺陷,在零件表面涂上一层渗透性好的荧光乳化液,它能渗透到最细的裂纹中去。经过一段时间以后,将零件表面的荧光乳化液洗去,由于缺陷内仍保留有荧光液,在紫外线的照射下而发光,从而可以确定缺陷的位置、形状和大小。

荧光探伤几乎不受材料的组织和化学成分的限制,能有效地检查出各种表面开口的裂纹、针孔等缺陷。

②荧光渗透液。

通常应使用专用的荧光渗透液,也可用矿物油作为代用品,如用变压器油、汽油和煤油按 1∶1∶2 的比例配制成混合液,再加入 0.25g 金黄带绿色的染料制成渗透液,紫外线照射时能发出绿黄色的光亮。

③荧光探伤检验工艺。

荧光探伤前要除去零件表面的油污、锈斑,在 20~40℃ 的水温下清洗并烘干,水分蒸发后便于荧光液的渗透;渗透处理时,将零件浸入荧光液中或将荧光液用毛刷涂在零件表面上,10~20min 后,用 1.5~2 个大气压的常温水将荧光液从零件表面迅速洗掉,并用压缩空气吹干;显像处理时,首先将零件稍微加热,渗入零件裂纹内的荧光液便向表面扩散,然后用紫外线(水银灯)照射,根据荧光的颜色,可检查出裂纹的位置、形状和大小。

5) 平衡性检验

(1) 基本定义。

对于一些高速运转的旋转零件,如曲轴、飞轮、车轮、传动轴、离合器压板、带轮等,其质量及分布不平衡可能给零件和轴承造成附加载荷,加速零件磨损和产生其他损伤。所以,零件和组合件在装配前应进行平衡试验,以保证修理质量。

静平衡,是指静止的物体能够保持平衡的能力,仅当旋转体重心与其旋转轴重合时才能实现,此时离心力为零。

动平衡,是指运动中的物体能够保持平衡的能力,仅当物体运动时产生的离心力和离心力偶均为零时才能实现。实现动平衡的物体一定是静平衡的,但是,静平衡物体不一定是动平衡的。

图 4-22 为车轮平衡性示意图,其中,图 4-22b)为静不平衡,图 4-22c)为静平衡但不满足动平衡,图 4-22a)、d)为动平衡,同时也满足静平衡。

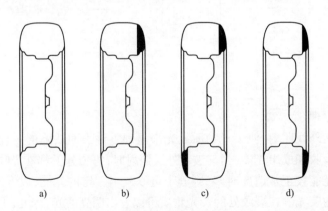

图 4-22 零件的静平衡与动平衡示意图

平衡性检验的目的就是定位并消除静不平衡和动不平衡,当然,达到完全的平衡是不可能的,检验的目标是将不平衡控制在一个可以接受的范围内。

(2) 静平衡的检验。

零件的静不平衡是由于零件的重心偏离了它的旋转轴线而产生,如图 4-23 所示。

假设 O-O 是圆盘的旋转轴线,圆盘的重心因静不平衡在 B 点,重心与旋转轴线的偏离距离为 r。如果把圆盘按图中所示的方式支撑在轴承上,由于力矩 Q·r 的作用,圆盘随时都有自转动的趋势,称这种现象为静不平衡状态。

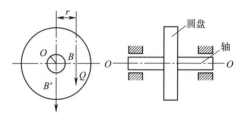

静不平衡零件旋转时,由于重心偏离了其旋转轴线产生的离心力,可由下式计算:

图 4-23 零件的静不平衡示意图

$$F = \frac{Q}{g} r \omega^2 = mr \left(\frac{n\pi}{30}\right)^2 \tag{4-2}$$

式中:Q——圆盘的重力,N;
 r——重心与旋转中心的偏移量,m;
 n——圆盘的转速,r/min;
 ω——圆盘的角速度,rad/s;
 m——圆盘的质量,kg。

由上式可知,离心力 F 与质量、偏移量和转速的平方成正比,对于一个旋转件,使离心力为零(达到静平衡)的办法只有一个,即使偏移量为零。

零件的静不平衡检验可在专门检验台架上进行,如图 4-24 所示。

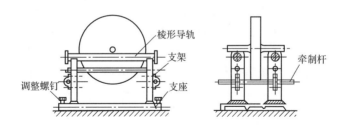

图 4-24 平行台式静平衡检验台架

在检验前应先调整螺钉,使棱形导轨处于水平位置,并调整好宽度,然后将装在被检验零件上的心轴平置在两个导轨上。如果心轴滚动几圈后,零件终停在一个静止点,则对应于心轴的最下方是重心偏离位置的方向,表示此零件静不平衡;如果心轴转动几圈后,能静止在任一点上,则表示静平衡。

消除静不平衡可以在与不平衡重量相对称的一侧附加一定的重量,也可以在不平衡重量一侧去掉一部分重量。

(3)动平衡检验。

动平衡是指确定转子转动时产生的不平衡量(离心力和离心力偶)的位置和大小并加以消除的操作。

如前所述,通过静平衡检验的零件,可能是动不平衡的。对于曲轴这类有多个旋转平面的复杂零件,更是如此。其核心是在运动中会产生不平衡力偶。

在实际生产中,也是使用专用设备,利用配重等方法来定位并消除力偶,获得动平衡。

5. 车身修理

汽车车身包括车身壳体、门窗钣金、车身附件等,是汽车车身加工技术和工业美学的集中体现,是汽车制造技术中较复杂和生产成本较高的部分。汽车车架是安装各总成、部件的基础,它影响汽车的装配质量和使用寿命。车身、车架受力很复杂,使用中易产生变形(弯、扭、歪斜)、裂纹及铆钉松脱等损伤,若不及时修理将导致更大的经济损失。因此,车身和车架的修复有很大经济价值。

1)车身结构及损伤形式

(1)车身结构。

车身结构按其承载方式可分为承载式、非承载式和半承载式。非承载式车身以刚性车架为基础,其他总成通过悬架固定在车架上,主要用于货车、大客车和越野车;承载式车身也称整体式车身,没有刚性车架,车身焊为一体,承受全部负载,主要用于轿车;半承载式车身是一种介于非承载式车身与承载式车身之间的结构形式,拥有独立的刚性车架,一般用于大客车。

(2)车身损伤。

车身损伤部位主要包括车架、车身骨架(大客车)、车门、发动机舱盖、壳体(轿车)及表面蒙皮,常见的损伤模式有变形、断裂、腐蚀、凹凸和刮伤等。

2)常用的车身修理方法

(1)矫正。

车身车架的这种损伤,一般可用撑拉法,使用移动式或固定式矫正台矫正。矫正时在与发生事故作用力相反的方向施力。一般情况下可采用冷态矫正、局部加热消除内应力,并进行相应的时效处理。

采用撑拉法矫正时,要分析各部位受力的方向,找到受力点,分清主次,根据具体情况确定相应的矫正工艺。

(2)加固。

车身车架局部损伤、断裂或产生裂纹时,允许加固修复。尤其是对经常出现损伤的部位,更应采取加固措施。但是随意加固构件,任意增大构件截面尺寸,将影响车身车架的受力状态,改变其应力分布,还可能大幅度地增加整车装备质量。因此,在车身车架修理过程中不可随意加固。

车身车架的加固主要采用焊补和铆接的方法,主要形式有镶套加固、帮盒加固、圆弧镶角及角板加固。

3)蒙皮修理

车身蒙皮有内外之分。一般外蒙皮用金属薄板或聚酯树脂和玻璃糊制的玻璃钢材料,内蒙皮采用装饰板、玻璃钢或人造革及纤维制品材料。蒙皮钣金的修理主要是指外蒙皮的修理。

车身蒙皮修理是以整形为主,制作为辅。蒙皮修理后,必须达到原来的表面形状,做到造型正确,线条分明,缝隙整齐,左右对称,圆顺光洁,修复完毕后达到修旧如新的效果。

(1)蒙皮修理工具及设备。

车身蒙皮修理常用的工具见表4-24。

第4章 汽车维修工艺

车身蒙皮修理常用的工具　　　　　　　　　　　　　　　表 4-24

工具类别	常用的工具和设备
划线工具	直尺、角尺、卷尺、划规、心冲等
剪切工具	手工剪刀、电动剪刀、龙门剪床、钢锯、錾子等
整形工具	各种锤具、撬具、工作平台、撑拉器、夹具、拆边机、滚平机、手提砂轮等
焊接工具	氧化炔焊接设备、二氧化碳气体保护焊设备、电焊机、点焊机等
拆装工具	手电钻、钳子、螺丝刀、各种扳手等

（2）蒙皮常见损伤的修理。

①蒙皮裂纹修理。

金属蒙皮的裂纹可用 CO_2 气体保护焊或气焊修复。

施焊时，要采取合适的焊接工艺方法，尽量防止因焊接温度过高而引起的熔池塌陷、金属过烧及板面翘曲变形。例如裂纹较短时（其长度小于 50mm），应从裂纹尾部开始焊接，沿裂纹走向向外施焊；裂纹较长时，则应间隔焊上几点，然后分段焊接。

焊接结束后，应在焊缝内侧垫上垫铁，用手锤在外侧沿焊缝轻轻敲击，以清除焊接残余应力。

②蒙皮孔洞修理。

蒙皮局部锈蚀或严重机械损伤出现比较大的孔洞，无法用焊修或整形修复时，可采用挖补或贴补方法修复。

③蒙皮凹凸修理。

蒙皮凹凸损伤的修理应以撞击时相反的顺序来修复。较小的凹凸可通过敲击法修复，对于较大的弧形凹陷，可用撑拉工具把凹陷平面直接顶起，对于较大的延伸凸起，可采用热收缩的方法，即加热状态下使金属收缩，蒙皮撞击较轻且属于弹性变形的凹陷部分，可采用手按压，使之恢复原来形状。

④蒙皮脱焊修理。

焊缝的一般性脱焊，可在铲除焊缝处所堆积的焊料后重新施焊。焊接工艺可采取点焊也可采取塞焊。

4）车架修理

（1）车架检验。

车架的检验一般可分为外观检查、尺寸精度及形位公差检测。

①外观检查。

外观检查主要是用肉眼观察车架是否有锈蚀和裂纹，铆钉是否松动，并从外观上检查车架是否严重变形、弯曲、扭转、开裂、脱焊。用肉眼眼看不见的裂纹，可用水将车架清洗干净，在涂上滑石粉后用手锤敲打，找出裂纹。

②尺寸精度及形位公差检测。

尺寸精度检测是按照相应产品图纸规定的要求进行的，一般采用通用量就能测量。尺寸公差的测量包括车架总成的长、宽、高及各主要零件尺寸等。

形状位置公差要借助通用或专用量具相配合才能检测出正确的数据，主要内容包括直线度、平面度、垂直度和同轴度的检测。

a. 车架中心尺检测法。把测量杆悬挂在车架基准尺寸主要测量点(前、中、后)下,通过测量杆中心上、下或左、右的扭曲变形状况来检查弯曲或扭转情况。

b. 直线跟踪计检测法。直线跟踪计由伸缩式或接头式长杆与在长杆上垂直安装的指示器所构成。将指示器接触被测对象,可测量其长度和高度变形值。用它可以确认是否符合车架基准尺寸图的尺寸,并可比较左右尺寸的变化。

③前轮定位参数检测。

为了使汽车操纵稳定、前轮定位必须正确。由于车架的变形,使前轮定位参数受到影响。因此,在车架矫正后,应进行定位参数的检测。

(2)车架矫正。

车架经检查后,如发现弯曲、扭曲超过允许度,应进行矫正。仅个别部位产生不大的弯曲时,可直接在车架上矫正。如果损坏严重(如弯曲变形很大,并有裂纹或铆钉松动较多)时,则应将车架部分或全部拆散,予以矫正。不能恢复的构件应更换。

矫正应采用专用工具或在压力机上进行冷压矫正。如果车架局部弯曲很大,采用冷压法不易矫正时,可采用热矫法进行矫正。

(3)车架修补。

车架纵横梁在检验中如果发现有裂纹和断裂,应进行修理。修理方法有对接焊补、挖补,填焊和帮补等方法。

①对接焊补。

对接焊补是指截去零件上的损坏区段材料,将断面形状、尺寸与截去区段完全相同的材料,通过焊接恢复零件结构的方法。

对接焊修理一般仅用于车架纵梁上裂纹的修理,且常用于车架纵梁前、后端 1.5m 范围内出现断裂或纵梁上断裂,裂纹束比较集中的区段。通常应采用平口和斜口对接焊修工艺。

②挖补修理。

挖补修理是将纵、横梁上的裂纹部位挖去,用对接焊工艺,焊补一块材质和厚度与原车架材质和厚度相同的嵌接材料。常用的方法有:椭圆形挖补、三角形挖补、菱形挖补、矩形挖补、混合挖补、切割挖补和嵌接板。

③帮补修理。

帮补修理是一种局部加强法,一般采用加强板或和焊嵌腹板加强。

5)玻璃钢及塑料件修理

(1)玻璃钢件修理。

现代汽车大量使用玻璃钢材料制造车身部件,玻璃钢件可用黏接方法修补。

一般可用环氧树脂,修补时要注意将修补处清洗并磨成清洁表面,使黏接面积尽量大,以提高结合力。注意表面层的质量、气泡的去除及层次结构的质量。关键结构部位有时可以适当加压,并注意固化安全。

(2)塑料板件修理。

①焊接。

焊接是最常用的修复方法,主要采用热空气焊接法。焊接时一般都用热空气焊炬加热,使塑料接缝软化,同时将加热的塑料棒压入接缝即可。塑料焊接的收缩量比金属高,因此,塑料焊接时必须掌握好热空气温度、塑料被加热程度、施焊的压力和焊接速度。

②粘接。

可根据塑料材质,选择合适的胶,采用合适的工艺,将损坏的塑料件粘接到一起。

③铆接。

可使用塑料铆钉、铝铆钉、黄铜铆钉或实心铜铆钉。不能用钢铆钉铆接塑料板,因为钢铆钉硬度高,容易损坏塑料板孔。

④螺栓连接。

可使用标准形式的钢或铝螺栓组件连接塑料板,塑料板的两面都要加平垫垫好,以免螺栓头损伤板面。

6. 喷漆

汽车喷漆尽管不如制造厂的涂装专业化程度高,仍应针对具体车型特点,借鉴原漆的工艺,并在此基础上制订完善的喷漆工艺。

1)表面处理

表面处理的目的是使工件表面无油污及水分、无锈斑及氧化物、无黏附性杂质、无酸碱等残留物,并使表面有一定的粗糙度和稳定的保护膜。

表面处理是涂装工艺中重要的环节,包括脱漆、脱脂、除锈、打磨、磷化等。

(1)脱脂。一般采用溶剂擦洗。

(2)除锈。根据锈蚀的程度,使用砂布、钢丝刷等进行手工除锈。

(3)脱漆。是指清理或脱除旧漆膜。脱漆的方法可根据旧漆膜的状况和面积的大小来确定,一般是使用脱漆剂。

(4)打磨。在进行局部修补时,修补面要用砂纸打磨。打磨时要注意打磨方法,使补漆面的金属和旧漆膜之间平合,不应有台阶和附着不实的旧漆,从旧漆面向金属面平缓过渡,打磨成斜坡。如有旧漆附着不实时应该除掉,直到旧漆平实为止。

(5)磷化。对于露出金属的部位,一般应漆一道磷化漆。

2)喷漆

(1)喷底漆。在磷化底漆干燥后,刷涂成喷涂底漆。

(2)刮泥子。刮泥子时,每道要尽量得薄,在打磨的斜坡处要填补平合。当需要刮补较厚的泥子时,不应一次填平,而应多次刮补。每次刮补都应该等上次的刮补层干后进行。

(3)喷二道底漆。对于高装饰性涂装漆膜时,应喷二道底漆。

(4)喷隔离涂层。在不知道原面漆类型时,为稳妥起见,应喷隔离涂层,以防止咬底。

(5)喷面漆。喷面漆时应在喷漆室内进行。喷漆室的温度、湿度和空气清洁度应符合面漆涂装的环境要求。

7. 磨合

1)磨合的概念

(1)磨合与走合。

磨合是指汽车总成或机构组装后,改善零件表面几何形状和表面物理机械性能的运转。

走合是指汽车运行初期,改善零件表面几何形状和表面物理机械性能的过程。从字面意思可以看出,两者完全是一个概念,不过,在这里,磨合指的是总成,走合指整车。

(2)磨合的必要性。

总成装配后,应进行磨合。磨合的目的是:改善各间隙配合副摩擦表面的表面质量,使其达到工作条件要求,以减少早期磨损。

以汽车发动机为例,发动机的各间隙配合副的配合表面,如汽缸与活塞环、曲轴轴颈与轴承等,虽经精加工,但仍留有微观不平的加工痕迹,表面形状和相互位置也必然有误差。因此,实际接触面积很小,通常只有名义接触面积的 1/1000～1/100。如果直接加载正常负荷使用,会造成单位实际接触面积上的压力很大,容易产生异常磨损。因此,发动机在投入正常使用前必须进行磨合,以改善其零件表面的配合状况。

磨合的实质是摩擦副表面在允许负荷(载荷、速度)下,以磨料磨损或轻微的黏着磨损为主的有控制的磨损过程,它与发动机正常运转时的磨损是不同的。在这一过程中,接触表面的宏观和微观接触面积逐渐增加,直至建立起适合于工作条件要求的配合表面。

2)影响磨合效果的因素

最佳磨合效果应以最小的磨损量在最短的磨合时间内达到适合工作条件的表面质量。影响磨合的主要因素有零件的表面状况、磨合用润滑剂和磨合规范。

(1)表面状况。

①表面粗糙度。

零件表面的原始粗糙度对磨合质量有重要影响。配合零件表面粗糙度越高,磨合过程中磨损越激烈,其磨合性越好,越低磨合过程越平缓,其磨合性越差。

②表面性质。

零件表面性质不同,其磨合性也不同。如镀铬环硬度高磨合性差,而经磷化处理或有涂层的活塞环由于处理层具有多孔性且脆性较大,故既有较好的储油性又可防止黏着磨损。同时,又因其易脆断和脱落而具较好的磨合性。又如具有三层和四层结构的轴瓦,其表层为低熔点合金,接触点金属易产生微观熔化和软化而流向凹处,提高了磨合性。

(2)润滑剂。

要求磨合时采用的润滑剂有较好的油性、导热性和较低的黏度。较好的油性容易形成油膜,防止严重的黏着磨损;较好的导热性,可以降低摩擦表面的工作温度避免由此导致的油膜破坏;较低的黏度,使油的流动性好,加强了摩擦表面的冷却作用和清洗作用。同时,油膜破坏时又很容易恢复和补充,也容易补充到间隙小的部位。但润滑油黏度也不能过低,否则油膜强度低,易产生黏着磨损。

发动机磨合常用的润滑油 SAE20 或 SAE30。它们一般可以满足上述性能的要求,但不是在所有情况下都是适宜的。对于轿车除按说明规定选用磨合润滑油外,也可采用该车辆冬季发动机润滑油作磨合油。合理选用润滑油的方法是通过磨合试验来确定。

(3)磨合规范。

磨合规范指磨合时的负荷、转速和时间。不同的磨合规范,零件表面达到所要求的技术状态时的金属磨损量不同,磨合的效果也不同。

具体型号总成的磨合,应采用车辆制造厂规定的磨合规范,如果没有,可通过试验确定。

①负荷。

磨合时负荷应从无到有,从小到大逐渐增加,从而使零件表面逐渐得到改善。若负荷过大,将发生过度磨损,使总磨损量增大;过小,则磨合效率低。

②转速。

在一定负荷条件下,适当增加磨合转速,不仅可提高磨料磨损速度,而且可提高热点温度,使微观黏着磨损速度提高,从而提高磨合速度。但转速过高,亦将发生剧烈磨损。而转速过低不仅磨合效率低,且摩擦表面润滑得不到保证(冷磨合)。所以,磨合过程中转速应在一定范围内由低到高逐渐增加。

③磨合时间。

磨合过程通常是在一系列预定的转速和负载下,运转一定的时间。理论上,一定转速和负载下的磨合时间,应以磨损达到稳定为准。时间过短,没有达到预期效果,过长又浪费时间与资源。

3) 磨合工艺

(1) 冷磨合。

是由外部动力驱动总在或机构的磨合。

(2) 热磨合。

是发动机自行运转的磨合。分为无负荷热磨合和有负荷热磨合。

4) 发动机磨合规范制定

(1) 冷磨合规范。

冷磨合的起始转速应使磨合表面得到可靠的润滑为宜。过高易引起异常磨损,过低磨合效率不高。终止转速也应适宜。

冷磨合的起始转速(n_1)和终止转速(n_2)可根据发动机的额定转速n_e,按式(4-3)、式(4-4)确定。

$$n_1 = (0.2 \sim 0.23)n_e \tag{4-3}$$

$$n_2 = (0.4 \sim 0.55)n_e \tag{4-4}$$

在起始转速和终止转速之间,可按 200~400r/min 的级差逐渐增加。

冷磨合后应放出全部润滑油,加入清洗油(90% 柴油和 10% 车用机油)运转 5min,对各润滑油孔和油道进行清洗,然后放出,再加入发动润滑油准备热磨合。

(2) 无负荷热磨合。

无负荷热磨合是在发动机冷磨合后装上全部附件起动发动机,在正常工作温度下不带负荷由低到高以不同转速运转。

在进行无负荷热磨合的同时,检查发动机(机油压力、冷却液温度和汽缸压力等)运转情况,进行必要的调整(如气门间隙和油、电路等),排除故障,为有负荷热磨合作好准备。

(3) 有负荷热磨合。

有负荷热磨合是由试验台的加载装置对发动机由小到大逐渐加载增速的过程。通常,开始时所加的载荷为发动机额定功率的 10%~20%,转速为 800~1000r/min 或 $(0.4 \sim 0.57)n_e$。运转一定时间以后,再递增转速和负荷。每一次增加负荷后的磨合时间,可根据转速变化情况确定。

由于摩擦阻力随磨合程度的完善而降低,所以,每增加一次负荷而节气门或供油拉杆位置不动时,其转速随着磨合的进行会逐渐升高。当升至某一值基本不再升高时,即意味该工况组合下的磨合过程已结束。

5)磨合后检验

总成磨合完毕,应开展检验,包括外观检查和性能检测,具体内容可参照修竣检验相关内容,或按照有关技术标准和规范实施。

8.汽车总装与修竣检验

1)汽车总装

(1)汽车总装的定义。

汽车总装是指以车架或车身为基础将各总成、零部件组装成汽车的过程,也称汽车总装配。

汽车在总装配前,应对车身、各总成、组合件及连接零件进行检查,确保具有良好的技术状况。在装配中应保持清洁和文明生产,注意安装的次序,对某些零件、组件进行辅助加工和选配以及必要的调整;在工作中应正确使用工具和设备,防止损坏机件,保证人身安全。

(2)汽车总装工艺。

汽车总装是一个复杂的过程,通常应根据维修机构的作业条件,参照汽车制造过程中总装工艺、分工艺或工序,制订专门的总装工艺、分工艺或工序,以确保作业效率和质量。

各种汽车虽然结构不完全一样,但其装配顺序基本相同,一般工作顺序如下。

①安装前后桥,制动系,发动机附离合器及变速器总成,离合器踏板与制动踏板,传动轴,消声器。对于非承载式汽车,应先将车轮与车桥及钢板弹簧等修复,然后再安装到车架上。

②安装主线束,驾驶室,转向器,燃油箱,保险杠,散热器,翼子叶,发动机舱盖及脚踏板,全车其余电器线路及仪表、蓄电池、灯具、喇叭、高压线圈和调节器等,各部加注润滑油、液及润滑各润滑点,安装车厢。

③汽车装配完成后,还应检查、调整离合器、制动踏板的自由行程、前轮前束、转向盘自由行程、点火正时、化油器、制动踏板间隙、手制动蹄盘间隙和轮胎气压等。这些检查、调整在装配中或装配后进行,行驶中发现问题,还需再次检查调整。

2)修竣检验

汽车总装后,应进行竣工检验,通过整车检查和路试,检查汽车的修理质量,以发现隐患和缺陷并及消除。

修竣检验包括整车检查,汽车路试和路试后检查。需要注意的是,这3个阶段的检查是顺序进行的,只有通过前一项检查,方可进入下一步。

(1)整车检查。

检查汽车装备配备情况及各总成、仪表的工作情况。

整车检查一般是汽车在静止状态下进行外部检视,检查时应从外到内、由四周到车下,检查过程中,要详细记录检查结果,发现问题及时修复。具体项目和要求如下。

①油漆符合规定;

②各总成附件装备齐全;

③前轮定位、轮距、轴距,转向盘自由行程,离合器和制动踏板自由行程符合规定;

④各种管路接头安装正确;
⑤灯光信号标志齐全,有效光照符合规定;
⑥喇叭清脆洪亮无异响;
⑦仪表齐全,指示正常;后视镜安装良好;
⑧全部润滑油、滑脂、水、制动液和电解液加足,无渗漏;
⑨散热器、发动机、驾驶室及车厢连接支撑齐备,锁止可靠;左右翼子板对称,高度一致;
⑩货厢、驾驶室和大客车车身离地高度左右相差不大于20mm;
⑪轮胎是否齐备,胎压是否符合规定。

(2)路试后检查。

汽车外部检视合格后,应进行路试。有条件的可采用台架检测。路试应在干燥路面上进行,载重量和行驶速度符合要求。各项具体检查要求如下。
①离合器接合平稳,分离彻底,不打滑、不发抖、不发响;
②转向轻便、灵活,无跑偏和摇摆现象;最小转弯半径应符合规定;
③变速器换挡灵活,不跳挡、不乱挡、无异响;
④驻车制动符合要求;
⑤传动轴、驱动桥无异响;
⑥滑行试验结果符合要求;
⑦检查动力性能;
⑧试燃料经济性;
⑨加速噪声符合规定;
⑩排放应符合规定;
⑪路试中,发动冷却液温度不应超过规定。

(3)路试后检查。

路试后检查的主要内容如下。
①检查制动器、轮毂、变速器和驱动桥壳及传动轴中间轴承且不应过热;
②检查各部位,应无漏油、水、汽、电等现象;
③检查并紧固转向机各部螺栓,传动轴各部螺栓,轮胎螺母等,并检查其他各部螺栓。

3)验收交车

在修竣检查所发现的缺陷被消除后,开始汽车验收。

验收工作可由厂里专门交接车的人员负责。汽车验收除重新检查缺陷是否完全消除外,还应检查汽车的装备配备情况,并逐项填写验收单。

验收合格后,通知车主,根据交接车验收单与送修单位办理车辆交接手续,并由技术负责人和车主双方签字。

本章小结

本章主要介绍了汽车维修工艺与设计、汽车维护工艺、汽车养护作业和汽车修理及修理工艺。

1. 汽车维修工艺与设计

介绍了工艺的基本概念、汽车维修工艺的定义与分类、汽车维修工艺规程设计和程序与广场。

2. 汽车维护工艺

介绍了汽车维护工艺的定义与分类、作业流程、作业项目与技术要求,以及典型的维护作业及要求。

3. 汽车养护作业

介绍了汽车清洗和漆面护理。

4. 汽车修理及修理工艺

介绍了汽车修理的定义与分类、汽车修理工艺流程、零件修复方法和汽车整车修理工艺。

自测题

一、选择题(在每小题的备选答案中,选出一个或多个正确答案,并将其序号填在括号内)

1. 以下不属于汽车维护活动有(　　)。
   A. 故障判排　　　B. 修补轮胎　　　C. 汽车小修
   D. 制订维修规程　E. 更换润滑油　　F. 汽车加注燃油

2. 不属于汽车维护作业内容的活动有(　　)。
   A. 清洁　　　　　B. 润滑　　　　　C. 紧固
   D. 补给　　　　　E. 检查　　　　　F. 更换
   G. 零件修复

3. 不属于汽车维修工艺过程卡的内容有(　　)。
   A. 工序和流转顺序　B. 工种　　　　　C. 工时
   D. 费用定额　　　　E. 设备　　　　　F. 设施

二、判断题(在括号内,正确打√、错误打×)

1. 视情修理,就是先检测或诊断,然后再确定决定作业内容和实施时间。　　(　　)
2. 蒸汽洗车最大的优势是节水。　　(　　)
3. 修理尺寸法可用于缸体、缸套、活塞、曲轴和车身等。　　(　　)

三、简答题

1. 简述工艺规程的内容。
2. 简述汽车维修工艺的分类。
3. 简要说明汽车维修作业工艺过程卡、工序卡和工艺卡三者的作用与关系。
4. 简述汽车大修工艺规程的内容。
5. 简述汽车大修工艺过程。
6. 简述零件修复的基本方法。
7. 汽车整车技术鉴定有哪些内容?
8. 零件检验分为几类?其目的是什么?

第 5 章　汽车维修管理

导言

本章主要介绍了汽车维修管理的基本概念、维修生产组织,维修计划管理、维修资源管理和维修质量管理,为从事汽车维修管理工作提供理论支持。

学习目标

1. 认知目标

(1)了解管理、质量、质量管理、质量控制、计划、控制等基本概念,MRP/MRPII、JIT 和 ERP 等现代企业管理技术。

(2)了解信息、数据的基本概念,汽车维修信息的分类。

(3)理解物料清单、工作分解结构、业务流程重组、看板管理相关概念与技术。

(4)理解生产系统、生产过程、生产运作的基本概念,理解生产过程组织的基本内容与组织形式。

(5)理解维修人员需求确定方法、维修人员利用率和可用度计算方法。

(6)掌握维修计划管理、质量管理的基本程序与方法。

2. 技能目标

(1)熟悉汽车维修计划的编制方法。

(2)熟悉汽车维修质量管理的常用工具并灵活应用。

3. 情感目标

(1)初步养成用现代质量管理理念解决质量管理中的实际问题。

(2)培养主动将维修管理知识用于汽车维修管理实践的能力。

5.1　汽车维修管理概述

5.1.1　管理的基本概念

管理是现代最为重要的概念,涉及一整套概念体系,有关概念很多,其定义也各异,本书中,有关定义均采用 GB/T 19000—2016/ISO 9000:2015《质量管理体系基础和术语》。

1. 管理

管理是指指挥与控制组织的协调工作,包括制订方针和目标,以及实现目标的过程。

现代管理之父弗雷德里克·泰勒给出的定义更为浅显:管理就是确切地知道你要别人干什么,并使他用最好的方法去干。

管理的定义直接涉及几个基本概念,包括组织、指挥与控制、方针、目标和过程。其中,组织是管理的主体,没有组织就不存在管理,管理强调的是指挥与控制组织(机构)的协调工作而不是指挥与控制职能,其真正活动是过程。

1) 组织

组织是指为实现目标,由职责、权限和相互关系构成自身功能的一个人或一组人。显然,一个维修企业、车间、班组或项目组,都是组织。

2) 指挥与控制

指挥与控制是指为了完成任务,根据级别或任命对下属行使授权和直接下令的行动。值得注意的是,指挥与控制是两个不同的术语,指挥包括授权、制订决策和领导,是一门艺术而不是科学,而控制则是如何实施指挥,更多的是一门科学。指挥的基本活动是决策、授权和下令,而控制则要复杂得多,包括收集与分析信息、沟通、建立与优化组织结构等。在军事上,指挥官通过指挥与控制系统,行使指挥与控制职能。

3) 方针

方针是指由最高管理者正式发布的组织宗旨和方向。更多被翻译为政策或策略,通常以行政文件或条例等形式发布。

4) 目标

目标是指要实现的结果。目标可以是战略的、战术或操作层面的。

5) 过程

过程是指利用输入实现预期输出的相互关联或相互作用的一组活动。过程的预期结果是输出,也称产品或服务。一个过程可以由一组相互关联和相互作用的活动组成,也可由一组相互关联和相互作用的过程组成。

在实际操作中,对于一个组织而言,过程仅指那些组织拥有的可被确定、测量和改进的过程。这些过程相互作用以产生与组织的目标想法上一致的结果,并跨越职能界限。某些过程可能是关键的,而另外一些不是。过程具有相互关联的活动和输入,以实现输出。

需要注意的是,改进一定是能够提高绩效的活动,对于管理人员,还应确保组织内所定义的过程一定是可以持续改进的。

6) 程序

程序是指为进行某项活动或过程所规定的途径。

2. 管理的基本职能

管理的目的和本质是激发和释放人们固有的善意和潜能去为他人创造价值。管理不只是告诉别人做什么那么简单,虽然大多数人只能感受到领导和控制,但是,其基本职能远不只如此。

亨利·法约尔是第一个试图对管理活动进行分类的人,建立了第一套经典管理理论,按照该理论,管理的基本职能有五个:预测、计划、组织、指挥和控制。

虽然有关管理的理论和职能划分很多,但都是衍生于法约尔理论的,特里(GeorgeR. Terry)在法约尔的成果基础上,将基本职能划分为四项:计划、组织、刺激和控制。HaroldKoontz和CyrilO'Donnell提出,管理的基本职能是计划、组织、人员配备、指导/领导和控制。

1)计划

管理的第一个职能是通过与各方沟通,制订能使组织平稳运行的计划,目的是制订目标及实现目标的有效途径,其结果包括目标、政策、过程与方法。计划是管理的核心,其他各项职能基本上都是围绕计划实施。计划是一个正在进行时,其基础是组织各级机构和个人的目标。

2)组织

管理的第二个职能就是向有能力完成任务的员工分派任务和职责,其基础是建立组织结构,其结果是建立起工作部门、工作分工和权力如何运用。

3)人员配备

管理的第三个职能是管理人员的职责,包括人力规划、招聘员工、人员培训、薪酬管理和人员调配等,目标是让合适的人在合适的岗位,促进组织和个人的成功。虽然很多人不认为人员配备是管理的一个基本职能,但是,其地位却在不断提升。

4)领导

管理的第四个职能是采用刺激手段使组织高效工作,以达到组织目标。目标是使生产力提升而不是下降。基本方法是监督、沟通、激励和领导。

5)控制

建立高的性能标准,识别存在的问题并给出有效的解决方案,避免再出现同样的问题。控制的基本工作包括建立性能标准、度量实际性能、将实际性能与标准比较、采取纠正措施。

3.项目管理

对项目的策划、组织、监视、控制和报告,并激励所有参与者实现项目目标。

项目,由一组有起止日期的、相互协调的受控活动组成的独特过程,该过程包括时间、成本和资源的约束条件在内的规定要求的目标。

显然,对于每一辆入厂维修的车辆,都可以视作一个项目,只是其周期较短,始于入厂,汽车出厂则项目结束。不过,按照现代项目管理的理念,汽车维修出厂,并不意味着项目结束,还涉及后期的质量跟踪等活动。

5.1.2 企业管理

1.企业管理的定义与分类

企业管理包括计划、组织、领导、控制和人力五个基本职能。

按照管理对象,可分为人力、项目、资金、技术、市场、信息、设备与工艺、生产作业、企业文化、经营环境等。

按照业务功能,可分为计划、生产、采购、销售、质量、仓库、财务、项目、人力和信息管理等。

按照管理者级别,可为经营层面、业务层面、决策层面、执行层面、职工层面等。

按照资源要素,可分为人力资源、物料资源、技术资源、资金、市场与客户资源、政策与政府资源等。

2. 企业组织与控制

1)组织

(1)组织结构。

组织结构是一个组织内构成要素之间确定的关系形式,或者说是一个组织内各要素的排列组合方式。

组织机构的本质是员工的分工协作关系,核心是权责关系。构建合理的组织结构,应以企业目标为出发点。

(2)组织结构的形式。

现代企业的常见的组织结构有直线制、职能制和事业部制。

①直线制。

直线制是最早出现和最简单的组织结构,也称军队组织形式,各级行政单位从上到下实行直接、垂直领导,没有职能机构。

其特点是,一切管理职能基本上都由行政主管自己执行,因此,对行政主管要求很高。每个人只对直接上级负责和报告,适合小企业。

②职能制。

企业内部各管理层次都设职能机构,各职能机构在自己的业务范围内有权向下级发布命令和指挥。各级领导人除了服从上级指挥外,还要服从上级各职能部门的指挥,实行的是多头领导的上下级关系。适合大型企业。

③事业部制。

事业部制是一种常见的组织结构形式,是一种先进的管理模式。最早起源、应用于美国通用公司。事业部制结构又称分公司制结构。

基本组织形式即总公司领导下设立多个事业部,把分权管理与独立核算结合在一起,按产品、地区或市场(顾客)划分经营单位,也即事业部。每个事业部都有自己的产品和特定的市场,能够完成某种产品从生产到销售的全部职能。

(3)管理幅度与层次。

管理幅度指一名主管人员有效管理直接下属的人数,也称管理宽度,幅度过大,应增加一个管理层次。

管理层次指通过委派工作,给下级主管人员而减轻上级主管人员的负担。管理幅度与层次成反比,当员工数量一定时,幅度大则层次少。假设某公司有员工4096人,管理幅度(平均值)分别为4和8,则其管理层次分别为7和5,管理人员数量分别为1365人和585人。显然,管理幅度越高,层次越少,成本也可能越低。

2)控制

控制是指对组织内部的管理活动及其效果进行衡量与纠正,以确保组织的目标及计划得以实现的活动。控制的基本程序是:制订标准、衡量、采取纠正措施。控制的焦点是:人员、财务、作业和信息。

按作用环节,控制类型可分为现场控制、前馈控制和反馈控制。按改进方式,可分为直接控制和间接控制。按控制范围可分为全面控制和局部控制。

(1) 现场控制。

现场控制是指在现场对正在进行的活动或行为给予必要的指导、监督,以保证活动和行为按照规定的程序和要求进行的管理活动,是一种基层主管经常采用的控制方法。

(2) 前馈控制。

前馈控制是指通过观察状态、收集信息、预测趋势,提前采取措施以避免未来可能出现的问题。

(3) 反馈控制。

反馈控制是指在活动或行为完成后,将实际结果与要求进行比较,从而对后续行动产生影响,起到控制的作用。

3. 现代企业管理技术

1) 基本情况

1960 年代后期,制造企业之间的竞争日趋激烈,越来越多的企业认识到先进的企业管理方法是在竞争中生存的基本因素。他们不断地尝试各种管理方法、管理技术和管理手段。大量行之有效的、可行的和成熟的管理技术或管理方法被越来越多的企业采用,因而逐渐成为一种规范。

目前,被广泛采用的有 MRP/MRP Ⅱ、JIT、ERP 等,它们基本代表了现代企业公认的管理准则,具体情况可参考有关文献。以下仅对与汽车维修直接相关的技术作简单介绍。

2) 物料及物料清单

(1) 物料。

在现代企业管理技术中,物料一词有着广泛的含义,它是所有产品、半成品、在制品、原材料、配套件、协作件、易耗品等与生产有关的物料的统称。

显然,对于汽车,整车、总成、子总成、零部件,对于汽车维修行业,配件、维修工具、维修用油材料等都可归为物料。

(2) 物料清单。

也称产品结构,是生产一个最终产品的一组原材料、总成、分总成、零部件及其数量的列表,是计算机可以识别的产品结构数据文件。

作为 MRP/MRP Ⅱ/ERP 信息化系统中最重要的基础数据,其组织格式设计和合理与否直接影响到系统的处理性能,因此,根据实际的使用环境,灵活地设计合理且有效的物料清单是十分重要的。

BOM 的原理很简单,对于每一个物料,在信息系统中都有一个唯一的标识,且能够标识其在产品中的层次关系,以及相关的资源(图纸、工艺、价格、产地等)。

BOM 的思想很朴素,以汽车产品为例,从一个新车型启动论证开始,历经设计、生产和使用与维修,直至报废,每一个环节都需要对产品进行各种各样的处理,一个直观的印象是,从汽车构造中看到的零部件图纸、编号,可能与设计、生产中的工程图纸,以及使用与维修手册中的不同,甚至名称都可能不一样,但是对应的零部件却可能是完全相同的一个对象,显然,通过标准化的 BOM,可以轻松实现信息化管理。

BOM 是工业界的标准，目前，所有汽车制造企业在设计、生产、制造及售后服务，几乎都使用 BOM 作为标准的基础数据，将每个汽车产品的全寿命周期数据全部连接到一起。

QC/T 265—2004《汽车零部件编号规则》给出了汽车产品的编号规则，该编号规则可以指导汽车维修活动。根据该标准，汽车产品分为 3 个层次：组、分组、零部件。其中零部件分为 5 个层次：总成、分总成、子总成、单元体和零件。

(3) 工作分解结构(WBS)。

WBS 是美国国防系统开发的一套类似于 BOM 系统，其编码规则虽然与 BOM 有所不同，但其原理类似，内容更齐全，在国内军工领域和军事系统得到广泛应用。

与 BOM 类似，WBS 也试图将产品全寿命周期信息与产品的唯一标识完全联系到一起，确保在信息系统、作业系统中的完全一致。

实际上，美军从 1950 年代起，其维修手册(包括备件目录)都是按照类似 WBS 或 BOM 的层次结构，按组、分组、总成、分总成、子总成和零部件编写，而不是像国内按汽车构造编写。其维修规范、工艺也都是据此展开。

WBS 虽然随着冷战结束和美国国防改革失去了往日的荣耀，但是，其核心理念仍是现代项目管理的基础，因为，按照 WBS 和综合后勤保障理念，装备与保障系统(含维修人员)都在 WBS 编码范畴之内。

WBS 和 BOM 都可作为纸质维修手册、交互式电子技术手册(IETMs)的基础，也是维修管理信息系统的基础。

3) 业务流程重组(BPR)

1990 年，美国 MIT 的 Hammer 教授首先提出业务流程重组(Business Process Reengineering, BPR)的概念。但 Hammer 在业务流程重组的方法中并没有为企业提供一种基本范例。不同行业、不同性质的企业，流程重组的形式不可能完全相同。企业可根据竞争策略、业务处理的基本特征和所采用的信息技术的水平来选择实施不同类型的 BPR。

根据流程范围和重组特征，可将 BPR 分为以下三类。

(1) 功能内的 BPR。

通常是指对职能内部的流程进行重组。在旧体制下，各职能管理机构重叠、中间层次多，而这些中间管理层一般只执行一些非创造性的统计、汇总、填表等工作，计算机完全可以取代这些业务而将中间层取消，使每项职能从头至尾只有一个职能机构管理，做到机构不重叠、业务不重复。

例如，物资管理由分层管理改为集中管理，取消二级仓库；财务核算系统将原始数据输入计算机，全部核算工作由计算机完成，变多级核算为一级核算等。

宝钢实行的纵向结构集中管理就是功能内 BPR 的一种体现。按纵向划分，宝钢有总厂、二级厂、分厂、车间、作业区五个层次。在 1990 年底的深化改革中，宝钢将专业管理集中到总厂，二级厂及以下层次取消全部职能机构，使职能机构扁平化，做到集中决策、统一经营，增强了企业的应变能力。

(2) 功能间的 BPR。

这是指在企业范围内，跨越多个职能部门边界的业务流程重组。例如北京第一机床厂进行的新产品开发机构重组，以开发某一新产品为目标，组织集设计、工艺、生产、供应、检验人员为一体的承包组,打破部门的界限,实行团队管理,以及将设计、工艺、生产制造并行交叉的作业管理等。这种组织结构灵活机动,适应性强,将各部门人员组织在一起,使许多工作可平行处理,从而可大幅度地缩短新产品的开发周期。

(3)组织间的 BPR。

这是指发生在两个以上企业之间的业务重组,如通用汽车公司(GM)与 SATURN 轿车配件供应商之间的购销协作关系就是企业间 BPR 的典型例子。GM 公司采用共享数据库、EDI 等信息技术,将公司的经营活动与配件供应商的经营活动连接起来。配件供应商通过 GM 的数据库了解其生产进度,拟订自己的生产计划、采购计划和发货计划,同时通过计算机将发货信息传给 GM 公司。GM 的收货员在扫描条形码确认收到货物的同时,通过 EDI 自动向供应商付款。这样,使 GM 与其零部件供应商的运转像一个公司似的,实现了对整个供应链的有效管理,缩短了生产周期、销售周期和订货周期,减少了非生产性成本,简化了工作流程。这类 BPR 是目前业务流程重组的最高层次,也是重组的最终目标。

由以上三种类型的业务流程重组可以看出,各种重组过程都需要数据库、计算机网络等信息技术的支持。ERP 的核心管理思想是实现对整个供应链的有效管理,与 ERP 相适应而发展起来的组织间的 BPR 创造了全部 BPR 的概念,是全球经济一体化和 Internet 广泛应用环境下的 BPR 模式。

4)看板管理

看板管理是现代企业管理和项目管理的一项重要创新,只要是先进的企业、研究机构和项目组,到处都能见到看板的影子。

看板源于及时制(JustInTime,简称 JIT),是由日本丰田汽车公司在 20 世纪 60 年代实行的一种生产方式。现在,这一方式与源自日本的其他生产、流通方式一起,被西方企业称为"日本化模式"。其中,日本生产、流通企业的物流模式对欧美的物流产生了重要影响,近年来,JIT 不仅作为一种生产方式,也作为一种物流模式在欧美物流界得到推行。

看板是把工厂中潜在的问题或需要作的工作显现或写在一块显示板表示板上,让任何人一看表示板就知道出现了何种问题或应采取何种措施。看板管理需借助一系列手段来进行,比如告示板、带颜色的灯、带颜色的标记等,不同的表示方法具有不同的含义。

(1)红条。在物品上贴上红条,表示该种物品在日常生产活动中不需要。

(2)看板。是为了让每个人容易看出物品旋转地点而制成的表示板,该板标明什么物品在什么地方、库存数量是多少。

(3)警示灯。是让现场管理者随时了解生产过程中何处出现异常情况、某个环节的作业进度、何处请示供应零件等的工具。

(4)标准作业表。是将人、机械有效地组合起来,以决定工作方法的表。

(5)错误的示范。为了让工人了解何谓不良品,而把不良品陈列出来的方法。

(6)错误防止板。为了减少错误而做的自我管理的防止板。

(7)红线。表示仓库及储存场所货物堆放的最大值标记,以此简便方法来控制物品的最大库存数量。

在实际生产过程中,还有其他不同的手段和方式来对作业进行提示或警示。

5.1.3 汽车维修管理的概念与内涵

1. 汽车维修管理与维修企业管理

汽车维修管理和汽车维修企业管理,是两个相互联系而又有区别的概念。汽车维修管理,是指对汽车维修进行计划、组织、协调与控制的过程,其理论基础是管理学理论,包括计划管理、生产管理、资源管理和质量管理。汽车维修企业管理,是指对维修企业的管理,其基础是企业管理理论,包括运营管理、人力资源管理、维修过程管理、备件与仓储管理、技术管理、质量管理和财务管理。

显然,汽车维修管理指的是更抽象的管理,即通常所说的技术管理,其侧重点在于,针对不同的管理对象,采用不同的管理技术与手段。而汽车维修企业管理则是对企业的实际业务工作的管理。

2. 汽车维修管理的内涵

1) 计划管理

这是维修管理的核心过程,也是汽车维修企业运转的基础,涉及计划的制订、执行、检查、评估等一系列工作。

一般来说,汽车维修计划就是把有组织的各项维修活动与所期待的目标加以统一,进而对维修工作的任务和要求予以具体化的规定。显然,无论是运营管理、人力资源管理、维修过程管理,还是质量管理和财务管理,都离不开计划管理。

2) 生产管理

这是指对维修生产过程的管理,包括对汽车维修生产的组织、控制与评估,涉及各种管理理论和技术手段。

3) 维修资源管理

汽车维修活动涉及许多资源要素,包括人力、备件、信息、设备与设施和技术文件等,这些要素也是维修企业的有机组成部分。维修资源管理旨在通过有效管理、控制和协调,确保维修企业和维修活动顺利高效实施。

4) 维修质量管理

这是对质量的管理,包括确定质量方针、目标和职责,并通过质量体系中的质量策划、控制、保证和改进来使其实现的全部活动。

5.2 维修生产管理

5.2.1 维修生产过程分析

1. 生产系统与生产过程

1) 生产系统的定义

按照现代管理与设计理论,生产系统可被定义为一个黑箱系统,通常称技术系统。

技术系统,是指以一定的技术手段来实现社会特定需求的人造系统。其基本特征是使用技术过程对作业对象(输入)进行处理,输出产品或服务,如图 5-1 所示。

图 5-1　技术系统示意图

运行过程由输入、生产过程(转换)、输出、反馈等环节组成,生产系统运作过程既是物料消耗过程,同时也是生产对象的增值过程。

从功能的角度分析,技术系统应具有下列能完成不同分功能的单元。

①作业单元:完成转换工作。

②动力单元:完成能量的转换、传递与分配。

③控制单元:接收、处理和输出控制信息。

④检测单元:检测技术系统各种功能的完成情况,反馈给控制单元。

⑤结构单元:实现系统各部分的连接与支承。

2)生产过程

生产过程的本质是一个或一系列工艺过程,通常有以下三项基本活动。

(1)转换。通常称为加工过程或工艺过程。其功能是通过加工工序的流动,转换输入(物料、信息或能量)的形态或特性。对于汽车检测过程,则是产生汽车检测结果,对于故障修复,是将一辆发生故障的汽车,转换成没有故障的汽车。

(2)运输。在工作场地之间移动工件,称作材料搬运。运输是生产过程的必要活动,它不直接创造使用价值和增加价值,但会增加生产成本。所以,应减少或消除这种活动。

(3)等待。包括库存、自然过程和生产过程中的停滞(等待)。通常等待是由于转换和运输功能之间的不平衡而产生的。在原材料供应时开始投入生产之间,生产过程中两个相继阶段之间、产品完工与发运之间都可能产生等待。

生产过程有狭义和广义之分。狭义的生产过程是指从原材料投入生产至生产出成品的全部过程;广义的生产过程是从生产技术准备至生产出成品的全部过程。

3)生产过程组织。

生产过程组织是将生产过程具体实施,基本内容包括生产过程的空间组织和时间组织。

(1)生产过程空间组织。

其是指生产系统内部各生产阶段和生产单位的组织和空间布局。为了使生产过程达到连续性、协调性和节奏性的要求,必须从空间上把生产过程的各个环节合理地组织起来,使它们密切配合,协调一致。其基本组织方式有两种。

①工艺专业化形式。

其也叫工艺原则,是按照生产工艺性质不同来设置生产单位。在工艺专业化的生产单位里,集中着同类型的工艺设备和相同工种的人员,对各种产品进行相同的工艺加工。如机械加工车间的车工小组、钻工小组,汽车修理车间的电工组、检测组、机械加工组等。

②对象专业化形式。

其也称对象原则,是按照产品的不同来设置生产单位。在对象专业化的生产单位里,集中加工同种类产品所需要的各种机器设备和各种不同工种的人员,对同类产品进行不同工艺的加工。这种形式把一种产品的全部或大部分工序都集中到一个生产单位来完成。所以这一类生产单位又称为封闭式生产单位。如汽车修理车间的底盘修理组、发动机修理组,或具体型号汽车的修理车间等。

两种组织形式各有利弊,在具体应用中应根据企业规模,选择合适的组织形式。

(2)生产过程的时间组织。

这是指产品在生产过程各工序之间的移动方式。生产过程,必需经历一定的时间,经历的时间越短,越有利于企业提高经济效益。因此,对产品生产过程的各个环节,在时间上应当进行合理的安排和组织,保证各个环节在时间上协调一致,实现连续性和有节奏的生产,以提高劳动生产率,缩短生产周期,减少资金占用。

加工对象在工序间存在着三种移动方式,包括顺序移动、平行移动和平行顺序移动。

①顺序移动方式。

其是指一批在制品在上道工序全部加工完,再整批地送到下道工序加工。一般适用于批量较少,工序时间较短的成批在制品生产。其优点是组织工作比较简单,设备没有停工时间;缺点是在制品在工序间有等待加工和运输时间,生产周期长,流动资金周转慢,经济效果差。

②平行移动方式。

这是指一批在制品,在上道工序加工完一个零件以后,立即转入下道工序加工,而无需等待整批加工完后,才向下道工序移动的一种组织生产方式。其优点是生产周期短,由于在制品移动快,流动资金占用也就减少;缺点是当下道工序的加工时间小于上道工序的加工时间时,有停工待料现象,但这停工时间不好利用。

③平行顺序移动方式。

这是平行移动方式和顺序移动方式混合的组织生产的方式。采用这种移动方式,当前道工序加工时间小于或等于后道工序加工时间时,按平行移动的方式移送;当前道工序加工时间大于后道工序时间时,后道工序开始加工第一件在制品的时间,比前道工序加工完第一件制品的时间要往后移。后移时间的长短,以保证该工序能够连续加工该批制品为原则。这样,既可以防止下道工序时开时停的现象,又可以把工作地的间歇时间集中起来加以利用,使设备和工人都有较充足的负荷,但组织工作比较复杂。

4)生产运作

生产运作,是指企业投入各个生产要素,通过一系列的转化过程,最终产出有形产品和无形服务的过程。

生产运作是企业经营的基本职能之一,主要工作包括产品/服务设计、流程设计、计划管理、过程控制、物流管理和人员组织,其关键在于如何把投入的人、财、物、信息以及时间要素结合好,使它产生一种有目的的产出。

生产运作是企业创造价值的主要环节,企业和企业之间的竞争最终体现在产品和服务上,生产运作是形成企业核心竞争能力的一个重要方面,生产运作的改善直接影响着企业的绩效。

理论上,任何一个组织都在以某种形式从事着某种生产运作活动,政府部门、非营利机构也不例外,因此,任何一个组织都具有生产运作功能。

注意:以前,习惯上把提供有形产品的活动称为制造型生产,而将提供无形产品即服务的活动称为服务型生产。目前,一般通称为生产运作。

2. 维修生产系统

1)维修生产系统的特点

汽车维修与一般的生产系统完全不同,是一个对象与任务繁杂、工作分散程度高的生产系统,因此,进入21世纪,维修生产系统呈现出与普通生产系统完全不同的体系,最典型的就是4S服务体系。

在4S服务体系中,汽车维修企业更加专注,分工也更细。维修生产系统更多的是针对特定型号汽车,且得到了汽车制造厂的技术支持,因此,其生产系统的组织更为简单,效果也更好。

对于面向通用型号、种类汽车的维修机构,在设计生产系统时,应充分考虑不同种类和不同型号汽车的故障与维修规律,合理设置车间、班组,合理分配资源。

2)维修生产过程

车辆维修的对象是待维护或故障汽车,需要修理的总成或零部件,显然,不同的对象,维修工艺不同,其生产过程也不同。

如:汽车整车修理工艺过程一般包括入厂检验、拆卸、清洗、检验分类、损伤修复、表面涂装、装配、试验、验收等工序;汽车故障修理工艺过程则是故障定位、故障隔离、必要的拆卸、零件修复或更换、装配或安装、调试;汽车维护作业、事故车修理、维修救援等与上述两种作业的工艺过程也不一样。

尽管如此,汽车维修生产过程,仍可按生产过程,分为以下几个过程。

①基本生产过程。是指直接改变劳动对象的物理和化学性质,使之成为主要产品的过程。对车辆修理来说,车辆零部件的拆卸、修理和组装各种工序就是基本生产过程。

②技术准备过程。是指在产品投入生产前所进行的全部生产技术准备工作过程。对汽车维修来说,主要包括工艺路线(过程)设计、工艺文件和工艺规程设计、工艺装备配置、材料消耗定额和工时消耗定额的制定等。

③辅助生产过程。是指为保证基本生产过程正常进行所从事的各种辅助性生产活动过程。它用产品或劳务直接为基本生产过程服务,如零部件制备、压缩空气供给等。

④生产服务过程。是指为基本生产、辅助生产等过程所进行的各种生产服务过程。如原材料、备件、工具等的供应、保管和运输等。

⑤附属生产过程。在基本生产的基础上,进行边角废料利用,组织的附属性生产过程,也包括废水、废气和废渣的处理过程。

生产过程的各组成部分间既相互区别,又密切联系,其中,基本生产过程是主要的,其他过程都是围绕基本生产过程进行的。某一生产活动过程是属于基本生产过程,还是属于辅助生产过程,不是固定不变的。将生产过程划分为基本生产过程等几个组成部分,只是为了分清它们各自在企业生产过程中的地位、作用和相互关系。

5.2.2 维修生产组织

1. 汽车维修方法

其是指进行汽车维修作业的工艺和组织规则的总和。

1) 定位作业法与流水作业法

按照维修作业的工艺组织形式,可分为定位作业法和流水作业法。

(1) 定位作业法。

其是指在汽车全能工位上进行维修作业的方法。适用于生产规模不大或承修车型比较复杂的企业。

(2) 流水作业方式。

其是指汽车在维修生产线的各个工位上按确定的工艺顺序和节拍进行作业的方法。适用于生产规模较大或承修车型比较单一的企业。

2) 就车修理法和总成互换修理法

按照维修作业中总成修理的方式,可分为就车修理法和总成互换修理法。

(1) 就车修理法。

其是指汽车在维修过程中,除更换报废的零件外,原车的零件、合件、组合件及总成经修复后仍装回原车。由于零件、合件、组合件及总成在维修过程中所需时间不同,维修装配的连续性经常受影响,整车的装配需以维修时间最长的总成来确定,维修时间比较长。

就车修理法是最常用的修理方法。

(2) 总成互换修理法。

其是指汽车在维修过程中除车架(或带架车身)外,其余需修的总成都可以换用周转储备总成中预先修好的(或新的)总成,而替换下来的总成另行安排修理以备下次换用。

这种方法由于利用备用总成,保证了汽车维修工作的连续性,能大大缩短了汽车的在厂修理时间。同时,换下的总成可实现集中专业化修理,能达到优质高产低消耗的目的。

目前应用较少,实施总成更换修理通常需要满足很多约束条件,主要用于一些拥有庞大车队和自身维修机构的组织,如军事部门。以美国陆军为例,其军事装备(包括战术车辆)采取的修理方法以总成更换为主,其基本要点是:为保证部队级维修机构拥有100%机动能力,故不配备与高难度修理作业相关的设备与设施,装备零部件在基层级换下后直接进入供应系统,由国家级维修机构作进一步处理。

2. 维修生产组织的基本方法

应根据机构的实际情况,针对可能的维修作业,合理选择生产组织的方法,科学设置生产组织单位。通常,汽车维修机构的生产单位应根据汽车维修行业的有关要求,采用灵活的组织形式,以适应各种不同的任务。

1) 综合作业法

综合作业法是指整个汽车的维修作业,除了个别零件的修配加工(如锻造、木工、机械加工等)由专门车间配合外,其余作业全部由一个工组单独完成。

这种维修作业的劳动组织方法,由于每个组的作业范围较广,对工人的技术要求较高,所以不易提高操作的熟练程度;另外,拆装的延续时间一般较长,维修质量也不易稳定。因此,只在生产量不大,承修车型比较复杂的小型汽车维修企业采用。

2)专业分工法

专业分工法是将汽车修理划分为若干作业单元(按工种、部位、总成或工序等)每一个单元由一个工人或一个工组专门担负。

作业单元分得越细,专业化程度便越高。这种作业方法易于提高工人单项作业的技术熟练程度,并有可能大量利用专用工具,从而达到提高工效、保证质量、缩短在修时间和降低成本的目的。

5.3 维修计划管理

5.3.1 计划的定义与分类

1. 计划的基本概念

1)计划

在管理学中,计划具有两重含义,其一是计划工作,是指根据对组织外部环境与内部条件的分析,提出在未来一定时期内要达到的组织目标以及实现目标的方案途径。其二是计划形式,是指用文字和指标等形式所表述的组织以及组织内不同部门和不同成员,在未来一定时期内关于行动方向、内容和方式安排的管理事件。

无论是计划工作还是计划形式,计划都是根据需要以及组织的自身能力,通过计划的编制、执行和检查,确定组织在一定时期内的奋斗目标,有效地利用组织的人力、物力、财力等资源,协调安排好组织的各项活动,取得最佳的经济效益和社会效益。

显然,对于任何组织,无论是一个汽车维修机构、车间、班组,都需要开展计划工作。

2)计划的基本内容

计划的基本内容包括八个方面,称为"5W2H1E":What(什么)——计划的目的、内容;Who(谁)——计划的相关人员;Where(何处)——计划的实施场所;When(何时)——计划实施的时间范围;Why(为什么)——计划的缘由、前景;How(如何)——计划的方法和运转实施;How much(多少)——计划的预算;Effect(效果)——预测计划实施的结果、效果。

通常,一个计划应当由目的或使命、目标、战略、政策、程序、规则、方案和预算组成。

2. 计划的分类

按计划的重要性,计划可分为战略计划和作业计划。战略计划偏重于目标,通常用于整个组织,时间通常 5 年以上;作业计划则是在目标已经明确的前提下,提供实现目标的方法和途径。

按计划的时期界限,可分为长期、中期和短期计划。长期通常指 5 年以上,短期一般指 1 年以内,中期则介于两者之间。

按计划内容的明确性,可分为具体性计划和指导性计划。指导性计划只规定某些一般的方针和行动原则,具体性计划具有明确规定的目标。

按照计划对象,可分为更多种类的计划,如生产计划、销售计划、预算计划、人力资源计划、质量管理计划等。

3. 生产计划

1)生产计划的定义

生产计划是指为实现企业生产目标,对未来一定时期内的生产作业活动和各项资源的使用做出的统筹安排。狭义生产计划概念是指生产系统的运行计划,规定了一定时期内生产、提供产品或服务的品种、质量、产量和进度,是进行生产作业活动的纲领和依据;广义生产计划是指包括生产系统的建立和运行计划。

2)生产计划的分类

生产计划分为长期、中期和短期。短期计划的特点是具体、详细,内容包括作业指派、作业排序、设备负荷、生产量和采购量;中期计划是衔接长期和短期计划的中间计划,主要内容包括人员计划、生产量、配件库存和外协计划等;长期计划是企业的战略性计划,包括生产能力提升、厂址选择、设施布置、发展计划、作业系统设计等。

图 5-2 为 MRP 的计划系统,由图可见,MRP 涉及一系列互相关联的计划和能力计划技术。

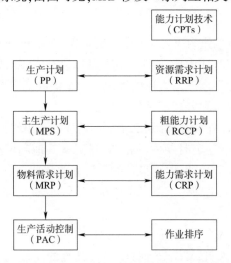

图 5-2　MRP 的计划系统

注意:图中涉及的几个概念都被称作"计划",尽管 PP、RCCP、CRP、MRP 都是"planning",但其真实含义是不同的,左边的是计划,右侧的都是规划工具。

(1)计划。

①主生产计划(MPS:Master Production Schedule)。

其是一个确定每一具体的最终产品在每一具体时间段内生产数量的计划,是制订物料需求计划的主要依据,目的是保证销售规划和生产规划对规定的需求与所使用的资源取得一致。

②物料需求计划(MRP:Material Requirement Planning)。

分解 MPS 中的最终产品或项目,确定产品各级零部件制造或采购的数量、时间以及完工日期。主要功能是保证物料的可用量。

(2)能力计划技术。

①粗能力计划(RCCP:Rough-Cut Capacity Planning)。

其是一个关于销售与生产的长期计划的能力规划工具,用以确定是否有充足的可用能力,满足主生产计划中的需求能力。RCCP 的特点是不管计划,只计算纯的能力需求。如果现有能力与需求不平衡,可通过改进 MPS 或修改现有能力实现平衡。

②能力需求计划(CRP:Capacity Requirement Planning)。

其是一个与 RCCP 类似的能力规划工具,用于短期计划。规划对象通常是车间或生产线,也是用来确认现有可用能力能否满足 MPS 需求。为修改 MPS 或现有能力提供依据。

5.3.2 维修计划编制

1. 维修计划的定义与分类

这里的维修计划,专指有关维修的生产计划。按计划时间的长短,可分为:年度计划、季度计划、月计划、周计划,以及临时计划等。按计划的组织层次可分为:企业级、车间级、班组级,也可能有项目级(针对某项具体工作)。按照业务可分为维护计划、修理计划和检测计划,自制件与修复件的加工计划。

2. 维修计划管理的定义

理论上,计划是管理的基本职能之一,因此有关计划管理的说法并不确切。不过,基于长期实践,本书仍采用这种说法,只是这里的计划管理指的是计划工作。维修计划管理主要包括计划的制订、实施、检查与评估,以及计划的改进等。

3. 计划的制订程序

制订计划是一个复杂的过程,要统筹方方面面、综合种种因素,需要作定性的分析和定量的计算。

一个好的维修计划应达到如下要求:即及时性、准确性、严密性、超前性。

计划的制订程序如下。

①确定目标:根据前期计划执行结果,目标要尽可能具体,如能完成各种作业的数量、型号指标等。

②评估现有能力:应建立或使用现成的商业模型,准确评估单位的现有生产能力。评估现有能力应当是动态的,应考虑到变化的因素。

③确定计划方案:拟制多个可实现目标的可行计划方案,并从中按一定的标准,采用自建或现成的商业模型,对计划方案进行全面评估,优选出一个计划方案。

从计划制订者在维修单位中所处管理层次看,长期计划是由维修单位最高决策层制订的,中期计划则是由中层管理部门拟定的,短期计划是由具体的执行部门编制的。计划的制订有多种方式和方法,一是运用滚动式,二是线性,三是网络式。

4. 计划制订的常用模型

1)甘特图

其是一种生产计划进度图,由亨利·劳伦斯·甘特发明并用他的名字命名,各种计划管理工具都提供甘特图绘制功能。

甘特图是一条线条图,横轴表示时间,纵轴表示活动(项目),线条表示在整个期间上计划和实际的活动完成情况。有个人甘特图和时间表两种不同的表达方式,其中,个人甘特图使用户可以直观地知道有哪些任务在什么时间段要做,而时间表则提供更精确的时间段数据。此外,用户还可以在时间表中直接更新任务进程。

2) 滚动式制订计划模型

可用于编制各种计划。在这种方法中,整个计划期被分为几个时间段,其中第一个时间段的计划为执行计划,后几个时间段的计划为预计计划。执行计划较具体,要求按计划实施;预计计划比较粗略,每经过一个时间段,根据执行计划的实施情况以及维修单位内、外部条件的变化,对原来的预计计划做出调整与修改,原预计计划中的第一个时间段的计划变成了执行计划。比如,2002 年编制 5 年计划,计划期从 2003 年至 2007 年,共 5 年。若将 5 年分成 5 个时间段,则 2003 年的计划为执行计划,其余 4 年的计划均为预计计划。当 2003 年的计划实施之后,又根据当时的条件编制 2004~2008 年的 5 年计划,其中 2004 年的计划为执行计划,2005~2008 年的计划为预计计划,依此类推。修订计划的时间间隔称为滚动期,它通常等于执行计划的计划期。

3) 线性规划式计划模型

其是一种应用线性规划方法,合理利用、配置资源的方法,线性规划问题的一般模型如下。

$$\min f(X) \tag{5-1}$$
$$\text{s. t. } g_i(X) \leqslant 0$$

式中:X——变量空间,是未知数,应为可控因素;

$f(X)$——目标函数,如成本最小、时间最短、费用最低等;

$g_i(X)$——约束条件,计划的限制因素,维修能力约束、维修资源约束等。

可选择适当的变量空间和目标函数,确定合理的约束条件,通过求解,获得最优解决方案。

4) 网络式计划模型

其是一种运用网络理论,是以网络图的形式组织管理工程项目的科学方法,分为两种:关键路线法和计划评审法。

其原理是先建立工作网络图,在网络图中,计划中的每一项工作称工作项目(或子项目),均作为网络节点,上面标注工作项目的完成时间、负责人等。

5.4 维修资源管理

5.4.1 库存管理与控制

1. 库存及其控制

1) 库存的定义

库存也称"储备",是为了满足未来需要而暂时闲置的资源。对于汽车维修企业,库存主要指备件和各种维修材料。

库存的功能主要是为了维持生产的稳定,库存一方面占用大量的资金和空间,增加了生产系统运行成本,减少了企业的利润;另一方面它能防止短缺、平滑波动和避免生产过程的中断,使生产过程均衡地进行。科学地管理库存,能够使库存既满足生产过程的需要,又最大限度地降低占用费用。

2) 库存分类

(1) 单周期库存和多周期库存。

单周期需求是指需求仅发生在比较短的一段时间内,或库存时间不能太长的需求,也称为一次性订货量问题,一般发生在下面两种情况:偶然发生的物品需求;经常发生,但周期短、数量不确定的物品需求。对这类物品的控制问题,称为单周期库存问题。

多周期需求是指在足够长的时间里对某种物品重复的连续的需求,其库存需要不断地补充,如原材料、零配件等。

(2) 独立需求库存和相关需求库存。

来自用户的对企业产品和服务的需求为独立需求。独立需求最明显的特点是需求的对象和数量不稳定,只能通过预测方法粗略地估计。

企业内部物料转化过程中各环节之间所发生的需求称为相关需求。该需求可根据对最终产品的需求以及产品的结构而精确地计算出来。两类需求都是多周期需求,而单周期需求不考虑相关或独立的问题。

3) 库存控制

又称库存管理,是对制造业或服务业生产、经营全过程的各种物品,产成品以及其他资源进行管理和控制,使其储备保持在经济合理的水平上。

库存管理的内容包含仓库管理和库存控制两个部分。仓库管理是指库存物料的科学保管,以减少损耗,方便存取;库存控制则是要求控制合理的库存水平,即用最少的投资和最少的库存管理费用,维持合理的库存,以满足使用部门的需求和减少缺货损失。

库存管理的内容:物料的出入库,物料的移动管理,库存盘点,库存物料信息分析。

2. 常见的库存模型

1) 经济订货批量模型

其又称整批间隔进货模型,该模型适用于整批间隔进货、不允许缺货的存储问题。

基本原理是:某种物资单位时间的需求量为常数,存储量以单位时间消耗数量 D 的速度逐渐下降,经过时间 T 后,存储量下降到零,此时开始订货并随即到货,库存量由零上升为最高库存量 Q,然后开始下一个存储周期,形成多周期存储模型。最佳订货(库存)数量的计算公式为:

$$Q^* = \sqrt{\frac{2DS}{H}} \tag{5-2}$$

式中:Q——每次订货的数量,Q^* 为最佳订货数量;

D——单位时间内的需求量,为常数;

S——每次订货的总支出;

H——单位时间内每件物资的储存费用,通常可按物资价格的百分比计算。

最佳订货次数为：

$$N^* = \frac{D}{Q^*} = \sqrt{\frac{HD}{2S}} \tag{5-3}$$

最佳订货周期为：

$$T^* = \frac{1}{N^*} = \sqrt{\frac{2S}{HD}} \tag{5-4}$$

平均储存费用为：

$$AHC = \frac{HQ^*}{2} = \sqrt{\frac{DSH}{2}} \tag{5-5}$$

平均订货费用为：

$$AOC = \frac{DS}{Q^*} = \sqrt{\frac{DSH}{2}} \tag{5-6}$$

平均总费用为：

$$TAC = AHC + AOC = \sqrt{DSH} \tag{5-7}$$

【例 5-1】 某公司需要某种软饮料，年平均需求 3600 箱，每箱价格 3 美元，每个订单消耗 20 美元，平均拥有费用支出占库存价值的 25%，公司每年有 250 个工作日，订货提前时间为 5 天，请确定经济订货数量、订货周期和年订货次数。

解：

根据式(5-2)，可得：

$$Q^* = \sqrt{\frac{2DS}{H}} = \sqrt{\frac{2 \times 3600 \times 20}{0.25 \times 3}} \approx 438 \text{ 箱}$$

根据式(5-3)，可得：

$$N^* = \sqrt{\frac{HD}{2S}} = \sqrt{\frac{0.75 \times 3600}{2 \times 20}} \approx 9 \text{ 次}$$

根据式(5-4)，可得：

$$T^* = \frac{1}{N^*} = 0.1217 \text{ 年} = 0.1217 \times 250 \approx 31 \text{ 天}$$

因此，对于该物资，其订货周期可用 31 天，每次 438 箱，每年订货 9 次。

2) 单周期库存模型(SPM)

在一个订货周期结束，下一个周期实施前，还会剩下一些库存，但是，他们中的一部分可能已经失去了全部或部分价值，如计算机在下一次订货前就已经被淘汰，还有些物资可能老化变质等。当然，这些剩余物资也可能增值了。因此，引用以下两个参数：

损失： $ML = $ 采购价 $-$ 回收价

增益： $MP = $ 当前价 $-$ 采购价

SPM 要解决的问题是，在考虑 ML 和 MP 的情况下，如何确定订货数量。

最佳订货数量应满足式(5-8)：

$$P(D > Q) \geq \frac{ML}{MP + ML} \tag{5-8}$$

在具体计算时，可采用边际分析法。基本原理：假定原计划订货量为 D，考虑追加一个单位订货的情况。追加 1 个单位的订货，使得期望损失变化，如果 Q 为最佳订货量，则无论增加或减少都应使损失加大。

5.4.2 人员管理

1. 维修人员需求确定方法

维修工程提供了一系列维修人员需求预计的方法,通常是根据维修工作量和人员的年工时基数,以及预期的人员利用率。一个单位对某一种维修人员的人数需求为:

$$NM = \frac{MTR}{MTB \times UR} \tag{5-9}$$

式中:NM ——需求数,人,通常是针对具体的专业;

MTR ——预期的年工时需求,人时/年;

MTB ——人员的年时基数,工时/年,等于(全年日历天数 – 非工作天数)×每日工作时间;

UR ——预期的人员利用率,通常取 75% ~ 90%,注意,汽车维修机构,尤其是小型机构,由于维修工作分散,其人员利用率应适当降低,或根据实际统计情况及时调整。

2. 维修人员可用度与利用率

1) 可用人力小时利用度

任意时刻,维修机构的可用人力可用度计算式为:可用人力可用度 = 可用人员数量/编制人员数量×100。通常,该可按照一定的时间间隔,估算平均值。

2) 直接人力可用工时

每天可用的实施维修任务的人力小时数量,代表机构的生产能力。

3) 人力工时定额

完成给定的维修作业预期消耗的人力工时。

维修机构应根据有关标准和实际情况,采用经验、实际统计或维修任务分析等方法估算典型或基本维修作业的人力工时定额。

4) 人力工时实用率

实用率是一个度量维修机构内的技能熟练程度的指标,依赖于人力工时定额,代表本地环境下的维修性能的时间标准。

估算方法是,一项维修作业的工时定额,或在一个给定期间完成的所有维修作业的总工时定额,除以完成这项或这些工作的实际消耗的人力小时。

实用率的推荐管理目标,一般为 80% ~ 100%。

5.4.3 维修信息管理

1. 维修信息的基本概念

1) 数据、信息与知识

按照 GB/T 5271.1—2000《信息技术词汇第 1 部分基本术语》,信息(information)是关于客体(如事实、事件、事物、过程或思想,包括概念)的知识,在一定场合中具有特定的意义。数据是信息的可再解释的形式表示,以适用于通信、解释或处理。

按照 GB/T 23703.2—2010《知识管理第 2 部分:术语》,知识(knowledge)是通过学习、实践或探索所获得的认识、判断或技能。知识可以是显性的,也可以是隐性的,可以是组织的,也可以是个人的;知识包括事实知识、原理知识、技能知识和人际知识;知识是经过编辑的信息,在具有意义的背景环境与分析处理后,能为组织带来真正的价值。

虽然在实际工作中,我们很难也可能没有必须区分哪个是信息,哪个是数据,经常混用这两个概念。但是,从定义上可以看出,两者还是有区别的。

单个数据可能没有什么用,但是,我们可以从一批数据中提取出有用的信息,通过对一批数据和信息的处理,就可能获得知识。

2)汽车维修信息

根据信息与知识的定义,可以知道,汽车维修信息与汽车维修数据应当是完全不同的概念,前者是指关于汽车维修的知识,而后者则是与维修相关的各种数据。但是,出于习惯,本书中的汽车维修信息包括维修数据与信息,如无特殊说明,不再做区分。

汽车维修信息是指汽车维修工作中使用、产生和处理的各种数据与信息,包括专门的知识。

在汽车维修的全过程中,始终贯穿着信息管理工作。搞好维修的信息收集、整理、分析、储存、传递和利用,是掌握维修规律,提高维修效益,保证生产各环节高效运转不可缺少的依据,是实现科学管理,提高维修质量和效益的重要基础。

2. 维修信息分类

1)产品标识数据

产品类型、规格型号、制造厂家、出厂日期、编号等。

2)产品性能数据

油耗、功率、扭矩、设计寿命、平均故障间隔里程($MTBF$)、平均修复时间($MTTR$)、温度、压力、间隙尺寸、振动数据等。

3)产品状况信息

产品的维修次数、最近一次维修日期、总工作时间(行驶里程)、技术状况等。

4)运行数据

包括运行小时数(或里程)、停车时间等。

5)故障与维修数据

(1)故障数据。

故障时间、故障特征、故障部位、故障原因、故障模式、故障类别等。

(2)修理数据。

修理单位、修理类别、修理内容、修理时间、修理里程等。

(3)维护数据。

维护单位、维护级别、维护里程、维护时间等。

(4)维修费用数据。

工时费、器材费、油料费、维修设备折旧费、维修工时和材料定额、工时单价等。

(5)维修人员数据。

参与维修的人员数、工种、技术水平、技术等级、特殊技能要求等。

6)维修器材数据

零备件需求量、库存量、定期入库量、发放和周转情况、消耗性器材的品种和数量、物质流通渠道和运输路线等。

7）维修设备数据

维修设备的类型、数量、规格、特殊设备需求情况、设备的技术状况。

8）安全工作数据

事故性质、特征、事故等级、原因、时间、责任者、后果及处理情况等。

9）维修工艺数据

以使用维修说明书、维修工艺规程、技术标准等为载体的各种技术数据。

3. 汽车维修信息管理的内涵

像任何其他业务一样，维修信息管理是维修企业、汽车行业都必须认真对待的问题。主要涉及汽车维修信息的分类与编码、维修信息的收集、整理、分析和传播，以及维修决策相关模型的制订等。

像业务信息管理一样，维修信息管理大致经历了三个阶段：面向数据的管理、面向业务的管理和面向用户的管理。

早期信息管理基本上都是面向数据的管理，当时的信息管理系统（IMS）注重信息和数据本身。对业务和用户普遍不太重视。

面向业务的管理以业务为中心，数据管理被隐含到业务管理系统中，此时管理信息系统（MIS）使信息管理成为业务系统的一部分。其主要业务包括如下方面。

①前台项目管理：前台接待、实施、结算流程清晰，可以准备查询客户信息及当前维修状况。通过打印单据展示给客户详细的维修信息，让客户清楚的了解自己的消费情况。

②配件进销存管理：配件信息精确登记配件名称、编码、规格，为查询配件提供基础。针对汽车维修行业即进即出的特点，准确的登记客户配件进出库信息。

③财务管理：针对汽车维修行业单位客户多的特点，通过客户应付查询可以准确地查询单位客户旗下的车辆维修欠款，亦可准备查询供应商应付。

④项目提醒管理：针对汽车维修行业年检、维护、机油更换等需循环实施的特点开发的项目提醒功能能即时提醒联系客户，更好地服务客户，自定义提醒更可灵活的针对不同项目做不同的提醒。

面向用户的管理，目前正成为主流。像其他行业一样，汽车维修行业正在受到大数据的严重挑战，互联网巨头和导航业巨头都开始利用其巨量用户和信息优势，逐步向汽车维修服务领域扩张，为未来汽车维修行业发展带来了很多不确定性。汽车维修行业应及早行动，避免沦落为这些外部行业巨头的代工厂。

5.5 维修质量管理

5.5.1 质量管理基础知识

1. 质量管理基本术语

1）质量

质量是一个我们天天见却很难解释清楚的概念，内容十分丰富，随着社会经济和科学技术的发展,也在不断充实、完善和深化。

美国著名的质量管理专家朱兰(J. M. Juran)从顾客的角度出发,提出了产品质量就是产品的适用性,即产品在使用时能成功地满足用户需要的程度。用户对产品的基本要求就是适用,适用性恰如其分地表达了质量的内涵。

2)质量管理

质量管理包括制订质量方针和质量目标,以及通过质量策划、质量保证、质量控制和质量改进实现这些质量目标的过程。质量管理是一项复杂的工作,涉及多个概念。

(1)质量策划。

质量管理的一部分,致力于制定质量目标并规定必要的运行过程和相关资源以实现目标。编制质量计划是质量策划的一部分。

(2)质量保证。

质量管理的一部分,致力于提供质量要求会得到满足的信任。

(3)质量控制。

质量管理的一部分,致力于满足质量要求。

(4)质量改进。

质量管理的一部分,致力于增强满足质量要求的能力。

3)质量管理原则

GB/T 19000/ISO 9000 质量管理体系的基础包含的原则有:以顾客为关注焦点、领导作用、全员积极参与、过程方法、改进(以前称持续改进)、循环决策、关系管理。

2. 质量控制与质量保证

如前所述,质量控制致力于满足质量要求,质量保证致力于提供质量要求会得到满足的信任。显然,质量保证比质量控制要困难得多,其工作也更加复杂。一般来说,质量控制的操作层次要低一些,通常可限制在车间、班组,甚至个体操作人员层面,但是,质量保证则完全不同,是在整个企业的层面,要获得外界的质量认可。

5.5.2 质量控制工具

1. PDCA 循环

早期质量控制比较常见,通常是先制订质量标准,主要依靠操作人员自查互查,以及监督人员的把关或上级监督人员的抽查等。进入全面质量管理阶段,质量控制有了新手段,即 PDCA 循环。

PDCA 循环也称戴明环,或休哈特环,或控制环,是一个由四个阶段组成的用于控制与持续改进工艺与产品或服务的迭代方法。

PDCA 循环将质量管理分为四个阶段,即计划、执行、检查和处理。在质量管理活动中,要求把各项工作按照制定计划、计划实施、检查实施效果,然后将成功的纳入标准,不成功的留待下一循环去解决。经过不断循环,使产品或服务质量得到不断提升,如图 5-3 所示。

第一个阶段称为计划阶段,又叫 P 阶段(Plan)。这个阶段的主要内容是通过市场调查、用户访问、相关标准、规范、政策法规研究等，摸清用户对产品质量的要求，确定质量政策、质量目标和质量计划等。

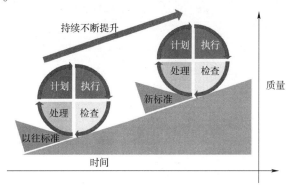

图 5-3　PDCA 循环与持续改进

第二个阶段为执行阶段，又称 D 阶段(Do)。实施计划，此阶段允许对计划做出小的改进，并评估其效果。

第三个阶段为检查阶段，又称 C 阶段(Check)。收集执行阶段的数据与结果，并与预期结果比较分析，也可做出小的改进，并通过试验验证。

第四个阶段为处理阶段，又称 A 阶段(Action)。根据检查结果，采取相应的措施，巩固成绩，把成功的经验尽可能纳入标准，进行标准化，遗留问题则转入下一个 PDCA 循环去解决。

注意：虽然大家都愿意将 PDCA 循环称作戴明环，不过，戴明还是比较谦虚，称之为休哈特环，后来，戴明将 PDCA 循环改为 PDSA 循环，其中，将 Check 改成了 Study。

很多人曾经对 PDCA 循环做过改进，如增加一个第五阶段，调整，即不让遗留问题进入下一个循环，而是直接调整，也有对第三阶段进行扩充的。

PDCA 循环作为质量管理的基本方法，不仅适用于整个项目，也适应于整个企业和企业内的科室、工段、班组以至个人。各级部门根据企业的方针目标，都有自己的 PDCA 循环，层层循环，形成大环套小环，小环里面又套更小的环。大环是小环的母体和依据，小环是大环的分解和保证。各级部门的小环都围绕着企业的总目标朝着同一方向转动。通过循环把企业上下或工程项目的各项工作有机地联系起来，彼此协同，互相促进。

2. 质量管理的常用工具

质量管理可用的工具，通常称质量控制(QC)工具，比较有代表性的是旧七件。旧七件也称质量控制(QC)的七个基本工具，包括因果图、检查表、控制图、直方图、帕累托图、散点图和分层图。

1) 因果图

其也称鱼骨图或石川馨图，是一种从结果出发，寻找问题根本原因的分析方法，基本原理是：从结果出发，寻找原因并将他们分类，这些分类就成为因果图的分支。因果图形状如图 5-4 所示。

使用因果图的时机：在需要确定一个问题的原因时，特别是当团队的想法墨守成规时。基本程序如下。

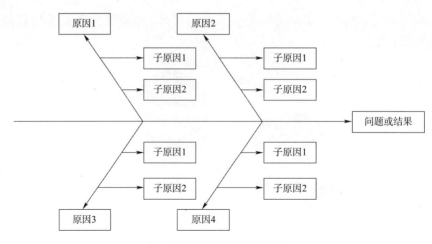

图 5-4 因果图示意图

①准备材料:黑板或图板、笔。

②确定问题或结果。团队必须首先就问题陈述(结果)达到,将结果写到图板中央,画一个圈并沿水平位置画一个箭头线,作为主箭头。

③第一轮头脑风暴,找出原因分类。如果比较困难,则使用一些通用标题,如:方法、设备、人员、材料、测量、环境。将这些原因分类作为主箭头的分支箭头。

④第二轮头脑风暴,针对结果找出所有可能原因。针对结果,围绕为什么会发生?开展头脑风暴,想出发生此问题的所有可能的原因,每提出一个,就将其写到相应分支,如果一个原因与多个分类有关,应将其写到多个位置。

⑤第三轮头脑风暴,针对每一个原因找出所有可能子原因。针对每一个原因,围绕为什么会发生?开展头脑风暴,找出分支上每个原因的子原因。

⑥针对每一个子原因,重复上述活动,找出子原因的原因,循环往复,直到团队的想法枯竭,因果图构建完毕。

⑦团队将注意力集中到因果图,为每一个原因、子原因寻找对策。

注意:因果图法的关键在于头脑风暴,团队应充分发挥技术民主、集思广益,别人发言时,不准打断,不开展争论,各种意见都要记录下来。

2)检查表

其也称缺陷集中图,是一种结构化用于收集与分析缺陷数据的表格,是一种通用分析工具。当数据由同样的人或在同样的位置重复收集时,或收集的数据以事件、问题、缺陷、缺陷位置、缺陷原因的频率或模式等形式收集时,或收集的数据来自于生产过程时,可采用此方法。

基本程序与方法如下。

①确定准备处理的事件或问题。

②确定收集什么数据以及收集时间期限。

③设计数据收集表,决定检查记录的符号,可采用图形或表格的形式,记录可采用＋、－、△、＊、○等多种符号。

④每次事件或问题发生时,将结果记录到表中。

表 5-1 为专门针对故障判断出现失误的检查表。班组通过按月统计汽车故障判断遇到的问题,为改进故障判排作业质量提供依据。

汽车故障判断出现失误事件检查表　　　　　　表 5-1

统计区间:　　　　年　　月　　　　统计班组:

日期/事件	出错原因				未出错
	维修人员判断出错	车主描述不正确	诊断仪器出错	其他原因	
1					
2					
3					
4					
…					
合计					

注:上述事件每发生 1 次,在当天对应栏目打一个 + 号。

3) 控制图

其也称质量管理图、质量评估图。用于研究过程随时间的变化情况,是对过程质量特性进行测定、记录和评估,从而监视过程是否处于控制状态的一种用统计方法设计的图。

使用控制图的主要目的是,通过观察控制图上产品质量特性值的分布状况,分析和判断生产过程是否发生了异常,一旦发现异常就要及时采取必要的措施加以消除,使生产过程恢复稳定状态,也可以应用控制图来使生产过程达到统计控制的状态。

控制图的基本形式如图 5-5 所示。有三条平行于横轴的直线:中心线(CL,Central Line)、上控制线(UCL,Upper Control Line)和下控制线(LCL,Lower Control Line),并有按时间顺序抽取的样本统计量数值的描点序列。UCL、CL、LCL 统称为控制线,通常控制界限设定在 $\pm 3\sigma$ 的位置。

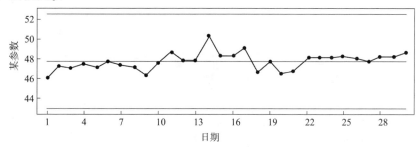

图 5-5　控制图示意图

中心线是所控制的统计量的平均值,上下控制界限与中心线相距数倍标准差。若控制图中的描点落在 UCL 与 LCL 之外或描点在 UCL 和 LCL 之间的排列不随机,则表明过程异常。

常用计数值控制图有:不合格品数控值图、不合格品率控制图和单位缺陷控制图等。

4) 直方图

其也称质量分布图,是一种几何形图表,能根据从生产过程中收集来的质量数据分布情况,画成以组距为底边、以频数为高度的一系列连接起来的直方型矩形图,如图 5-6 所示。

制作直方图的步骤如下。

①明确分析对象。根据分析对象,收集、整理相关数据。

②计算每类问题在总问题中的百分比,或累计次数。

③作排列图。根据计算结果作图。

Excel 表格提供了绘制直方图的手段,建立一个直方图的方法是:插入一个图表,类型为统计图——柱状图。

【例 5-2】 表 5-2 为一段时间以来,汽车维修后发现油底壳漏油问题统计结果,试做排列图并予以分析。

汽车发动机油底壳漏油问题统计表　　　　　表 5-2

序　号	漏油原因	次　数	频　次　比
1	密封垫质量不合格	5	25.00%
2	表面清洁度不合格	2	10.00%
3	涂胶质量差	4	20.00%
4	密封胶的固化时间不合理	3	15.00%
5	油底壳平面度超差	2	10.00%
6	油底壳固定螺栓固定不牢	2	10.00%
7	放油螺栓固定不牢	1	5.00%
8	放油螺栓损坏	1	5.00%
	合计	20	100.00%

解:

计算频次比,并以第 2 栏和第 4 栏作为原始数据,用 excel 表格,做出柱状图,如图 5-6 所示。

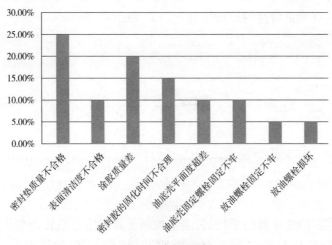

图 5-6　直方图示例

由图可知,对于此维修问题,密封垫质量问题等 8 个方面都会引发,通过适当的方法加以控制,就可能解决该问题。

5)帕累托图(Pareto chart)

其也称排列图,是找出影响产品质量主要因素的一种有效方法。其基本表现形式是直方图(histogram)。所不同的是,帕累托图是基于意大利经济学家维尔弗雷多·帕累托(Vilfredo Pareto)的帕累托原理:80%的问题源于20%的原因。因此,帕累托图中各因素是按主次顺序排列的,如图5-7所示。

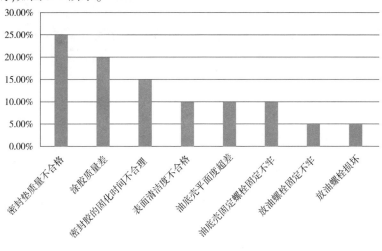

图5-7 帕累托图示例

由图5-7可知,密封垫质量和密封胶问题比较突出,70%的问题由此引发,如果针对这两个原因采取针对性措施,消除产生问题的根源,可大大减少此问题发生的概率。

6) 散点图

画一组数据,一个变量在X轴,另一个在Y轴,以便发现两者之间的关系。如果两者相关,则各点会服从一条直线或曲线,相关性越好,各点越接近这条直线或曲线。

当试图确定两个变量是否相关时,使用散点图,如:试图确定问题的潜在原因;当采用鱼骨图确定了原因后客观确定具体原因是否与结果相关联;确定两个结果(问题)是否与同一个原因有关;在构建控制图前确定两个变量是否自相关等。

构造散点图的程序如下。

①收集可能相关的一组数据。

②绘制散点图,通常可用点或类似符号表示一对数据。

③查看散点图的形状,以确定其相关性,如果能直观确定其相关性,则结束。如果不能直观确定,则需要进入下一步分析。

④将点按上下左右分为四个象限:假设共有n个点,从上到下找出$n/2$个点,画一条水平线,从左到右找出$n/2$个点,画一条垂直线;如果n为奇数,则取最中间的点分割。统计每个象限中的点数(不计通过两条直线的点)。统计对角象限的点数之和,有:

$$N = A + B$$
$$Q = \min(A, B)$$

式中:A——左上和右下象限点数之和;

B——右上和左下象限点数之和。

根据N查χ^2趋势检验表,获得其临界值N_L,按以下方法判断:$Q < N_L$两者相关;$Q \geq N_L$两者不相关。

【例5-3】 某工厂团队怀疑产品纯度(%)与某种原材料的比例(%)有关,通过统计获得了一组纯度与比例的数据,并制作了散点图,如图5-8所示。

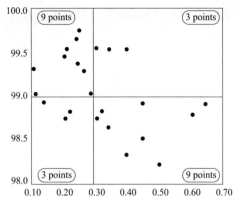

图 5-8　产品纯度与原材料关系散点图

此图中,共有 24 个点,分割成四个象限后,上、下各有 12 个点,经统计得:

$$A = 9 + 9 = 18$$
$$B = 3 + 4 = 6$$
$$Q = \min(A,B) = 6$$
$$N = A + B = 24$$

查 χ^2 趋势检验表,当 $N = 24$ 时,其临界值 $N_L = 6$,显然,有 $Q = N_L$ 两者不相关。

7）分层法

其又叫分类法,是分析影响质量(问题)原因的一种方法。通常与其他数据分析工具一起使用,当来自不同来源和分类的数据放到一起时,数据的含义通常很难清楚,该方法就可以分离这些数据并明白其中的含义。

基本程序与方法如下。

①收集数据前,分析数据资源的哪种信息对结果有影响,将该信息纳入数据收集范围。

②在使用散点图、控制图、直方图或其他分析工具作图时,用不同的标记或颜色,区分来自不同来源的数据,用这种方法区分数据称分层。

③独立分析分层数据,如在散点图中,对来自来源 1 和来源 2 的数据分别用不同的标志或颜色,然后分别按来源 1 和来源 2 独立进行相关性分析。

分层可按以下常用来源:装备、轮班、部门、材料、供应商、人员、每周的第几天、每天的第几个小时、产品等。

对于例 5-2,经过分析纯度与原材料比例不相关,但是,有分析人员认为,数据源自 3 个不同的生产线,他采用分层方法重新作散点图,结果如图 5-9 所示,图中标志●、△和□分别标志 1#、2# 和 3# 来源。

由图 5-9 可见,对于 2# 和 3# 来源,纯度与材料比例是明显相关的,而 1# 来源则完全不相关,

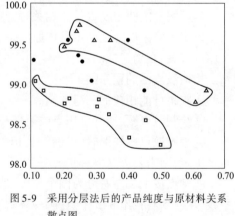

图 5-9　采用分层法后的产品纯度与原材料关系散点图

5.5.3　维修质量评价与质量保证

1. 维修质量标准

维修质量标准是维修质量管理的主要依据,维修机构应针对每项具体的维修作业、工艺、工序制订的质量标准,包括质量检查和或验收标准。

汽车维修行业制订了一系列与汽车维修质量相关的标准,如:GB/T 17546—2011《汽车修理质量检查评定标准》;GB/T 3798.1—2005《汽车大修竣工出厂技术条件载客汽车》;GB/T 3798.2—2005《汽车大修竣工出厂技术条件载货汽车》;GB/T 3799.1—2005《商用汽车发

动机大修竣工出厂技术条件汽油发动机》;GB/T 3799.2—2005《商用汽车发动机大修竣工出厂技术条件柴油发动机》;GB/T 18344—2016《汽车维护、检测、诊断技术规范》。

这些标准对有关汽车维修的质量检查、评定要求、评定规则作出了要求,可以作为汽车维修质量评价的依据。通常,企业可以直接按照这些标准开展质量检查评定工作,也可根据实际情况,对此进行裁剪和扩充。

2. 维修质量评价的内容

1)竣工评价

汽车产品修理竣工后交车前的检查评定。

(1)整车修理质量评定。

可参考 GB/T 17546—2011 附录 A 汽车整车修理质量评定的有关内容。主要包括汽车整车修理档案的评定、汽车整车修理竣工质量的评定。

(2)汽车发动机修理质量评定。

可参考 GB/T 17546—2011 附录 B 汽车发动机修理质量评定的有关内容。主要包括汽车发动机修理档案的评定、汽车发动机修理竣工质量的评定。

(3)汽车车身修理质量评定。

可参考 GB/T 17546—2011 附录 C 汽车车身修理质量评定的有关内容。主要包括汽车车身修理档案的评定、汽车车身修理竣工质量的评定。

2)过程评价

实践表明,随着全面质量管理理念的流行,传统的仅依赖竣工检验保证维修质量的做法已经过时,因此,在维修作业过程中采取各种办法进行检验和评定变得非常重要。通常应在制订维修工艺规程时,合理设置检验点,并正确设置检验对象和参数,以保证维修质量在维修过程中得到保证,减少维修返工和返修的概率。

3. 维修质量保证期

维修机构应采用各种有效方法,确保维修质量,相关国家政策或法规也对维修做出了保质期要求。《机动车维修管理规定》(交通运输部令 2015 年第 17 号)对汽车维修质量保证期做出了明确规定。

汽车和危险货物运输车辆整车修理或总成修理质量保证期为车辆行驶 20000km 或者 100 日;二级维护质量保证期为车辆行驶 5000km 或者 30 日;一级维护、小修及专项修理质量保证期为车辆行驶 2000km 或者 10 日。

摩托车整车修理或者总成修理质量保证期为摩托车行驶 7000km 或者 80 日;维护、小修及专项修理质量保证期为摩托车行驶 800km 或者 10 日。

其他机动车整车修理或者总成修理质量保证期为机动车行驶 6000km 或者 60 日;维护、小修及专项修理质量保证期为机动车行驶 700km 或者 7 日。

质量保证期中行驶里程和日期指标,以先达到者为准。机动车维修质量保证期,从维修竣工出厂之日起计算。返修项目的质量保证期,应从返修竣工出厂之日起,重新计算质量保证期。

在质量保证期和承诺的质量保证期内,因维修质量原因造成机动车无法正常使用,且承修方在3日内不能或者无法提供因非维修原因而造成机动车无法使用的相关证据的,机动车维修经营者应当及时无偿返修,不得故意拖延或者无理拒绝。

在质量保证期内,机动车因同一故障或维修项目经两次修理仍不能正常使用的,机动车维修经营者应当负责联系其他机动车维修经营者,并承担相应修理费用。

4. 维修质量常用的评价指标

1) 返工率

返工率是指花费在返工活动中时间的比例,由返工工时除以生产劳动工时计算。其计算公式为:

$$返工率(\%) = \frac{返工工时}{总生产劳动工时} \times 100$$

返工率强调那些在质量检查中需要改进的操作。按照目前工业标准,返工率通常应低于1.0%。

2) 返修率

返修率是指统计时间内回厂返修辆次占修竣出厂辆次的百分比。其计算公式为:

$$返修率(\%) = \frac{返修辆次}{修竣辆次} \times 100$$

其中:返修车次是指由于修理质量问题而引起返修的汽车辆次;修竣辆次不包含返修辆次。

3) 车主满意度

车主满意度是一个综合性参数,不仅限于维修质量,是指车主对维修质量、在修时间、费用、服务态度、维修方便性等的综合评价,通常采用抽样方法获得。

4) 可靠性指标

汽车修理后,很难做到"修旧如新",产品的可靠性水平有可能下降,因此,汽车修理后的可靠性水平,是评价汽车维修质量的重要指标。通过新车与修复车可靠性水平的对比,更能体现修理质量。

常用的可靠性评价指标包括平均故障间隔时间($MTBF$)、大修后汽车大修前工作里程(大修周期)等。

本章小结

本章主要内容包括汽车维修管理的基本概念、维修生产管理、维修计划管理、维修资源管理和维修质量管理等内容。

1. 汽车维修管理的基本概念

介绍了管理的基本概念和基本职能;企业管理的定义与分类、企业组织与控制和现代企业管理技术;汽车维修管理的概念与内涵。

2. 维修生产管理

介绍了生产系统与生产过程的概念、维修生产系统的特点;汽车维修方法、维修生产组织方法。

3. 维修计划管理

介绍了计划的定义与分类、生产计划的定义与分类;维修计划的定义与分类、维修计划的制订程序、常用的计划制订模型。

4. 汽车维修资源管理

介绍了库存的定义与分类,库存控制的定义,常见的库存模型;维修人员需求确定方法、维修人员可用度和可用率计算方法;维修信息的概念与分类。

5. 汽车维修质量管理

介绍了质量管理基础知识;质量控制工具;维修质量评价与质量保证。

自测题

一、选择题(在每小题的备选答案中,选出一个或多个正确答案,并将其序号填在括号内)

1. 以下不属于质量控制工具(旧七件)的是(　　)。
   A. 因果图　　　　　　　　B. 检查表
   C. 直方图　　　　　　　　D. 帕累托图
   E. 决策树　　　　　　　　F. 散点图
2. 以下不属于维修作业的组织形式的是(　　)。
   A. 定位作业法　　　　　　B. 流水作业方式
   C. 就车修理法　　　　　　D. 总成互换修理法
3. 以下不属于计划的内容的是(　　)。
   A. 工作目标　　　　　　　B. 工作内容
   C. 人员分工　　　　　　　D. 工作场所
   E. 进度安排　　　　　　　F. 质量评价
   G. 工艺规程

二、判断题(在括号内,正确打√、错误打×)

1. 计划管理就是对计划的管理。　　　　　　　　　　　　　　　(　　)
2. 计划是管理的一项重要职能。　　　　　　　　　　　　　　　(　　)
3. 质量保证比质量控制更容易实现。　　　　　　　　　　　　　(　　)

三、简答题

1. 简述管理的基本职能。
2. 简述现代企业常见的组织形式及特点。
3. 简述什么是控制?
4. 简述生产过程的空间组织和时间组织的基本形式。
5. 简述计划的基本内容。

第6章 汽车维修救援与事故维修

导言

本章主要介绍了汽车维修救援与汽车事故维修的基本概念与内涵。本章的学习内容力求使学生了解汽车维修救援与事故维修的基本概念,了解其现状,为开展此类业务奠定基础。

学习目标

1. 认知目标
(1) 了解汽车维修救援的基本概念与内涵。
(2) 了解汽车事故维修的基本概念与内涵。
(3) 理解汽车事故分级标准。
2. 技能目标
掌握汽车事故分级的能力。
3. 情感目标
(1) 初步养成系统观点解决汽车维修救援与汽车事故维修中的实际问题的习惯。
(2) 提高学习兴趣,培养学习主动性。

6.1 汽车维修救援服务

6.1.1 汽车维修救援的基本概念

1. 汽车维修救援的定义

汽车维修救援是指当汽车发生故障或事故造成车辆不能继续行驶时,需要的现场维修或拖车服务。

2. 汽车维修救援的需求分析

汽车维修救援属突发性服务需求,发生意外时驾驶人往往措手不及,引发救援服务的意外事件包括以下几类。

汽车产品固有的突发性故障,如汽车突然失去动力、制动失灵、转向失灵、变速器无法挂上挡等,此类故障会随着汽车工业水平的提高和及时维修而减少,但无法完全避免。

使用维护不当引发的车辆无法使用事件,如蓄电池缺电、燃油耗尽、缺润滑油(油温不正常)、冷却温度不正常等,可通过日常维护和及时维护避免。

事故或意外引发的无法行驶事件,如汽车车轮意外损坏、汽车陷入井口、沟壑、河水等,汽车意外相撞等。

3.汽车维修救援的业务范围

汽车维修救援的基本目标是尽快现场恢复车辆安全行驶能力,使车辆摆脱困境或进厂维修。基本业务包括如下方面。

远程维修指导:利用通信网络,通过语音、视频交互等形式,指导、帮助驾驶员实施自救、排除故障等工作。

现场维修:出动维修人员,到现场恢复汽车技术状况。现场维修也包括提供燃油、润滑油、备件等基本服务。

拖救:出动拖车,将汽车拖到附近的维修机构,在维修机构完成汽车修复作业。

6.1.2 汽车维修救援服务工作流程

汽车维修救援服务工作流程,如图 6-1 所示。

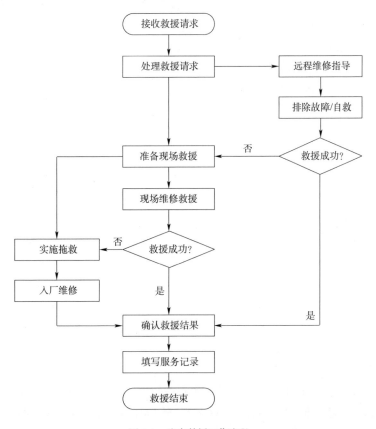

图 6-1　汽车救援工作流程

6.1.3 救援设备与技术

1. 救援装备

承担维修救援企业,除有一定数量的有汽车修理经验、故障诊断能力及熟悉服务区域交通环境等基本素质的人力资源外,还必须有一定数量的专业救援车并配备相应的设备与工具,包括通信设备、故障诊断电脑、各种修理工具、起动蓄电池和搭接电缆等。此外,还要有一定数量的专业拖车,具备两轮拖、四轮拖、背负式拖车的能力。事实上,汽车救援行业的活动本质是"技术+装备+服务"的综合型服务行业。

汽车维修救援需要形成专业化的体系,只有这样才能积极的采用新技术、新装备、新工艺,不断提高服务质量和装备水平,有利于促进汽车维修救援工作的现代化。

2. 汽车维修救援保障系统

为了及时帮助驾驶人在故障现场恢复行驶,应建立有效的救援保障系统。车辆救援保障系统应满足以下要求。

①呼救通畅。呼救通畅就是要有便捷可靠呼救平台,如统一的呼救号码、兼容的通信终端、简便的呼叫过程、无故障的通信线路等。

②服务快捷。要在尽可能短的时间内到达现场,救援应该不受地域限制,并在约定时间内到达现场,而且救援人员与设备须同时到达等。

③施救可靠。现场救援人员与设备应具备专业水平。

④费用合理。合理的收费标准;合法的收费程序等。

⑤质量保障。要有统一的服务规范、技术标准和现场作业程序等。

⑥注重现场恢复行驶能力,60%以上的路面恢复行驶能力,是国际最低的服务指标。过多的拖车服务,会质疑救援机构的服务目的和技术能力。

⑦投诉处理及时。管理部门或救援机构应该向用户明示投诉渠道,实施公正的、第三方的投诉处理并及时地反馈给客户等。对服务质量与收费等的投诉,应及时处理和反馈。

3. 汽车维修救援技术

救援服务涉及网络、救援等多方面的技术,对于救援作业本身,包括三方面的技术:自救、拖救技术和现场修理。

1) 自救

车辆陷入沟壑、泥泞、河水等情况下,尤其是远离市区或维修机构的情况下,汽车自救变得相当重要,可借鉴军事装备系统中的自救作业程序与技术,如应急处理方法、自救互救等,通过远程技术指导等形式,引导驾驶员完成自救。

2) 拖救技术

拖救作业不仅指汽车在拖车上的顺利装卸和运输作业,还包括更为复杂、危险的作业,如从泥泞中拖拽、吊起作业、翻车后的抢救作业、破拆作业等,应制订规范的作业程序与方法,指导此类作业的顺利实施。

3）现场修理技术

原则上，现场修理应采用换件修理为主的修理方式，在特殊情况下，可考虑采用非标准修理方法，如应急修理方法。应开展专门研究，以提高现场修理技术水平。

6.2 汽车事故维修服务

6.2.1 汽车事故维修的特点与规律

1. 事故车辆维修的特点

随着汽车保有量的增加，事故汽车维修量也在增加。资料表明，每年我国事故汽车的修理量已占汽车维修总量的40%左右。

事故汽车的损伤程度较大、损伤机理复杂，造成零部件损伤的不确定因素很多，事故汽车的修复方法和过程不仅具有特殊性，而且质量检验标准还与一般维修的差异性。针对实际问题，交通运输部颁布了《事故汽车修复技术规范》（JT/T 795—2011），目的是通过规范事故汽车修复的工艺过程、配件换修等要求，以控制对事故车辆修复过程每个环节的质量，达到规定的质量保证期。

2. 事故车辆损伤规律

造成事故汽车损伤的主要原因是碰撞，有正面碰撞、侧面碰撞及后面碰撞之分，也有因倾覆、坠崖、水淹和火灾等造成的车辆损伤。不同原因会引起不同的损伤部位、模式，随机性比较高。

根据造成事故汽车损伤的过程和性质，损伤形式分为直接损伤和间接损伤。直接损伤是汽车直接与其他车辆或物体发生碰撞产生的车身及其他部件的损坏，其特征为两物体直接碰撞时，在接触点造成零部件的破碎、擦伤、撞痕、裂痕或脱落。间接损伤是在碰撞冲击力的作用下，碰撞接触点之外零部件的间接损坏，其特征为构件的弯曲、扭拉、断裂、折叠、移位以及装配关系的破坏等。造成间接损伤的原因可分为相连性、相邻性和惯性损伤等形式。

相连性损伤是碰撞冲击力作用于碰触点后，通过相连零部件对力的传递作用所造成的损伤。根据力的传递特性，除传力零部件自身吸收部分能量外，撞击力通过可传力的相连接零部件依次传递，造成相连接构件不同程度的损伤，形成以变形、压碎、扭曲、折叠、剪断或撕裂等为主要形态的损伤。

相邻性损伤是部分零部件发生较大变形损伤后，造成对相邻零部件的破坏。与相连性损伤的区别是，造成损伤的零部件并不直接承受冲击载荷，而是受到相邻零部件变形造成的挤压破坏，以压溃、刺穿或变形等为主要特征。惯性损伤是汽车发生碰撞时，由于惯性的作用使人或物被抛起，与车身或部件发生二次碰撞造成的损坏，主要损伤形态是击碎和局部变形等为主要特征。

汽车发生碰撞事故时，撞击能量可被障碍物、彼此车身变形及零部件损坏所吸收。因此，基于力的传递特性和能量衰减规律，正面碰撞损伤强度大，其次为侧面碰撞和后面碰撞。

根据对事故形态、损伤部位、维修项目、修换的零部件及其他相关信息的统计分析,正面碰撞事故占总数的 63.8%,侧面碰撞占 25.5%,后面碰撞和倾覆、坠崖、火灾事故等的比例相对较少。车辆碰撞后,车身部件损伤概率最大,电器部件和系统次之,最小的是行驶系统、转向系统、制动系统和发动机总成。按照车辆类型分别对损伤部位的统计分布情况,见表 6-1。

各类汽车损伤部位统计　　　　　　　　　　表 6-1

项 目	货 车		轿 车		客 车	
	调查数	比例(%)	调查数	比例(%)	调查数	比例(%)
车身及附属设备	187	67	486	91	210	82
发动机系统	94	34	274	51	36	14
转向系统	121	43	163	30	94	37
行驶系统	144	51	211	39	128	50
传动系统	42	15	70	13	29	11
制动系统	100	36	127	24	107	42
电气系统	172	61	264	49	145	57

6.2.2　事故汽车修复要求及工艺过程

1. 事故车修复要求

1)技术可靠

(1)零部件应达到原有的技术性能。

(2)修复方法不得改变原零部件应有的属性和特点。

(3)技术标准及其检验方法应保证原有的使用性能。

2)经济合理

(1)在保证技术可行性的前提下,对损伤零部件应"以修为主,换件为辅"。

(2)在保证修复质量的基础上,合理降低修复成本,提高作业效率。

(3)在保证安全性的前提下,达到车辆正常使用性能要求。

3)权益公平

(1)保持公正性,对事故车辆定损正确。

(2)兼顾各方利益,合理制订修复方案。

(3)遵守法规标准,修复质量应有保障。

2. 事故车辆修复工艺流程

事故车辆的修理流程包括进厂检验、修理作业和竣工检验三个基本过程。

1)进厂检验

进厂检验是事故汽车修复工作的重要环节,主要有损伤诊断、损伤等级评定和确定修复作业项目三项主要内容。

(1) 损伤诊断。

通过对事故车辆系统、深入的拆检,以确定修理工作量、预算修理成本和计划修竣时间。因此,应对车辆零部件、总成或系统的损伤状况进行充分分析,根据损伤部位确定受损件范围及损伤程度,划分损伤等级并确定作业项目。

事故车辆损伤诊断记录单可参考 JT/T 795—2011 附录 A 的形式和内容。

(2) 损伤等级评定。

损伤等级是表征事故汽车整车损伤程度的重要指标,其评定是确定事故汽车损伤程度的过程。承修单位可以根据损伤等级确定修复方案、作业项目,并根据损伤等级确定质量保证期和签发合格证。

依据《事故汽车修复技术规范》(JT/T 795—2011)中 4.1.2 款的规定,损伤等级评定的原则主要是以车身(含驾驶室)总成、发动机总成、变速器总成、驱动桥总成、非驱动桥总成、车架(承载式车身)总成、制动系统及转向系统等总成或系统损伤的数量为界定依据,并应充分分析事故造成的零部件损伤状况以及对功能的影响程度。对事故汽车整车损伤等级划分方法应按 JT/T 795—2011 附录 B 的规定进行。

对可修复的损伤车辆,根据损伤程度的大小、修复作业难度及工作量的大小分为:Ⅰ级损伤、Ⅱ级损伤和Ⅲ级损伤三个等级。

Ⅰ级损伤:指车架(或承载式车身)和发动机总成之一损坏的或非承载式车身总成、变速器总成、驱动桥总成、非驱动桥总成、制动系统及转向系统中 3 个(含)以上总成(或系统)损坏的。

Ⅱ级损伤:指非承载式车身总成、变速器总成、驱动桥总成、非驱动桥总成、制动系统及转向系统中 1 个(含)以上总成(或系统)损坏的。

Ⅲ级损伤:指未构成总成(或系统)损坏的。

(3) 确定维修项目。

根据损伤诊断结果,确定维修项目、修换配件项目。根据受损等级制订修复计划,确定修复工艺。

2) 修理作业

修理作业主要包括车辆拆解、零件清洗、检验分类、车架/车身校正、车身板件更换、焊接/黏结、喷漆涂装及装配等作业,修理作业过程应符合 JT/T 795—2011 中 5 款中的各项要求。按照相关标准要求及车型维修技术手册进行修理,对涉及安全、节能、环保的关键工序建立质量控制点;对各总成及零部件技术参数进行检测,填写过程检验单。

过程检验合格的可根据标准要求及车型维修技术手册进行整车装配;对过程检验不合格的作业,应重新进行修理。过程检验内容应依据 JT/T 795—2011 附录 C 的规定进行。

事故汽车特别是Ⅰ级损伤事故汽车,修复过程相当于汽车的"再造",对修复工艺有很高的要求。因此,修复过程的质量管理对恢复整车性能具有重要的作用。对涉及车辆运行安全的零部件检测、修理和装配过程应有更严格的要求,如车架、车身、安全带、安全气囊、转向机构、制动系统以及电子控制系统等,应是事故汽车修理过程检验的重点。对发动机、转向机构、传动机构、行走机构、制动机构、车身及附件、电气系统等技术状况的恢复程度,要及时进行过程检验。

3) 出厂检验

(1) 竣工检验。

应从外形尺寸和整车性能恢复的程度,对事故汽车修复质量进行综合评价。几何尺寸是对车架、车身修复质量的评价指标,超差将直接影响整车装配质量和车辆行驶性能。因此,对车辆外廓尺寸参数(长、宽、高)、整备质量、轴距左右差、对称部位离地高度差等参数应进行严格检测,确保车辆外观、外形恢复完好。竣工检验内容应依据 JT/T 795—2011 附录 D 的规定进行。

对于整车性能,应对汽车的安全性(制动、侧滑、转向、前照灯等)、可靠性(异响、紧固、焊接等)、动力性、经济性、排放性能及噪声和密封性进行评价。检验方法可根据维修企业的实际条件选择路试或台架试验,对于不具备检验能力的承修单位可以委托有资质的维修企业、综合性能检测机构进行检测。

(2) 路试后检查。

进行路试后应进行车辆静态检查,主要包括液压元件、管路及线路的泄漏、摩擦副的发热、紧固件的松紧等,要求各连接部件无漏水、漏油、漏气现象,变速器、分动器、驱动桥润滑的油温度以及发动机机油温度正常,制动鼓、轮毂和传动轴中间支撑轴承等处不得有过热现象(相对大气温度小于20℃为宜);再次检查并拧紧转向机构各部螺栓、传动轴万向节凸缘连接螺栓、前后钢板弹簧 U 形螺栓、半轴螺母及轮胎螺母,各种螺栓、螺母拧紧力矩均应符合原设计要求。

3. 损伤件的修复与更换配件要求

事故车辆修理所需零部件的品质,特别是涉及安全性的部件,是事故车辆修复质量的重要影响因素。为了使汽车性能得到最大程度的有效恢复,JT/T 795—2011 中第 6 款中,提出的配件修换要求如下。

(1) 整车生产厂有明确规定要求更换的,应予以更换。

(2) 附录 E 中规定的相关零部件损坏后,应予以更换。

(3) 车身结构件损坏以弯曲变形为主应进行修理,折曲变形为主应进行更换。

(4) 车身板件有严重折曲变形或撕裂的,应予以更换。

(5) 车门防撞杆、防撞梁、中柱加强板和前后保险杠加强梁等超高强度车身板件,损坏后在冷态下不能校正的,应予以更换。

(6) 连接车身与车架、车身板件之间的车身紧固件损坏后,应予以更换。

(7) 电子元件、控制单元撞击损伤、烧蚀的,或经检测功能失效的,应予以更换。

(8) 因事故造成线束破损、烧蚀、断裂的,应更换相应的线束总成。

(9) 在事故中发生作用的安全气囊,涉及的相关安全部件应予以更换;未发生作用的安全气囊,应按整车生产厂的要求检验合格后方可使用。

(10) 因事故功能失效的安全带应予以更换;未发生作用的安全带,根据 GB 14166 规定的相关方法检验合格后方可使用。

(11) 所更换的零部件均应符合原设计要求。

其中,第(2)项是 JT/T 795—2011 中附录 E 中规定的相关零部件,见表 6-2。

关键零部件列表　　　　　　　　　表 6-2

总成或系统		关键零部件名称
发动机总成	柴油机	缸体、缸盖、喷油泵、曲轴、凸轮轴、轴瓦、连杆、起动机、发电机、散热器
	汽油机	缸体、缸盖、曲轴、凸轮轴、轴瓦、连杆、起动机、发电机、散热器
变速器总成	手动变速器	壳体、齿轮、轴、离合器、同步器
	自动变速器	壳体、齿轮、轴、离合器(自动变速器用液体耦合器)、油泵
驱动桥总成		半轴、减振器、悬架弹性元件、差速器、轴承、主减速器
非驱动桥总成		悬架弹性元件、减振器、轴承
制动系统	液压制动	制动主缸、制动轮缸、助力器、ABS控制单元、制动鼓(盘)、制动摩擦片、制动软管
	气压制动	制动阀、制动气室、助力器、ABS控制单元、制动鼓(盘)、制动摩擦片、制动软管
转向系统		转向器、转向器摇臂、转向助力器、转向管柱、转向节、转向节臂、拉杆球头(销)

6.2.3　事故汽车质量保证期

事故汽车承修企业应严格执行维修质量保证期制度,加强进厂检验、损伤诊断、过程检验和竣工检验工作,认真记录与分析检验数据及结果,并归档备查。对一级损伤和二级损伤的事故,汽车检验合格后,应签发竣工出厂合格证。

由于事故汽车损伤的特殊性和修复项目的复杂性,应根据损伤等级确定质量保证期。

按照 JT/T 795—2011 第 7 款质量保证要求,事故汽车修复质量保证期自维修竣工出厂之日起开始计算,以质量保证期中行驶里程或日期先达到者为准。一级损伤、二级损伤和涉及漆面部件的三级损伤的事故汽车:20000km 或者 100 日。三级损伤(漆面部件除外)的事故汽车:2000km 或者 10 日。

本章小结

本章主要内容包括汽车维修救援服务和汽车事故维修服务。

1. 汽车维修救援服务

主要介绍了汽车事故维修的特点与规律、汽车维修救援服务工作流程和救援设备与技术。

2. 汽车事故维修服务

主要介绍了汽车事故维修的特点与规律、事故汽车修复要求及工艺过程、事故汽车质量保证期。

自测题

一、选择题(在每小题的备选答案中,选出一个或多个正确答案,并将其序号填在括号内)

1. 以下不属于汽车维修救援业务的是(　　)。
   A. 远程维修指导　　　　　　　　B. 伤员救治
   C. 拖救作业　　　　　　　　　　D. 道路疏导
   E. 现场加注燃料　　　　　　　　F. 现场修理

2. 汽车的变速器总成、分动器总成、驱动桥总成、非驱动桥总成、制动系统和转向系统中,有3个(含)以上总成(或系统)损坏的,为(　　)。
   A. 一级损伤　　　　　　　　　　B. 二级损伤
   C. 三级损伤　　　　　　　　　　D. 无法确定损伤等级

3. 以下不属于事故汽车进厂检验内容的是(　　)。
   A. 评定损伤等级　　　　　　　　B. 确定作业项目
   C. 准备场地和人员　　　　　　　D. 预算修理成本
   E. 洗车　　　　　　　　　　　　F. 制订修复作业计划

二、判断题(在括号内,正确打√、错误打×)

1. 事故车修复对车身和零件修复的技术要求与正常修理没有区别。　　　　(　　)
2. 事故汽车修复质量保证期与正常维修不同,要求保修的时间更长。　　　(　　)
3. 汽车维修救援的基本目标是使车辆摆脱困境。　　　　　　　　　　　　(　　)

三、简答题

1. 简述汽车维修救援服务的定义与业务范围。
2. 简述汽车维修救援服务的工作程序与方法,并举例说明。
3. 简述事故车辆的损伤原因。
4. 简述事故车辆及其零部件修复与更换的要求。
5. 事故车辆的损伤等级是如何划分的?

参考文献

[1] GB/T 2900.99—2016/IEC 60050—192:2015,电工术语 可信性[S].北京:中国标准出版社,2016.

[2] GB/T 19000—2016/ISO9000:2015,质量管理体系 基础和术语[S].北京:中国标准出版社,2016.

[3] 甘茂治,康建设,高崎.军用装备维修工程学[M].2版.北京:国防工业出版社,2005.

[4] 储江伟.汽车维修工程[M].2版.北京:人民交通出版社,2008.

[5] 王耀斌,宋年秀.汽车维修工程[M].北京:北京理工大学出版社,2007.

[6] 唐彦峰.军用车辆运用工程[M].北京:国防工业出版社,2011.

[7] 戴冠军.汽车维修工程[M].北京:人民交通出版社,1999.

[8] 周斌,封会娟,杨万成,等.军用车辆维修工程(第二分册 零部件修复技术)[M].北京:兵器工业出版社,2016.

[9] R. Keith Mobley, Lindley R. Higgins and Darrin J. Wikoff. Maintenance Engineering Handbook (Seventh Edition)[M]. New York:McGraw-HillCompanies, Inc,2008.

[10] 温诗铸,黄平.摩擦学[M].2版.北京:清华大学出版社,2002.

[11] M. J. Neale. The tribology handbook (Second Edition)[M]. Oxford:Butterworth-Heinemann,2001.

[12] GB/T 17754—2012,摩擦学术语[S].北京:中国标准出版社,2013.

[13] 崔海霞,陈建敏,周惠娣.奇妙的摩擦世界[M].北京:科学出版社,2010.

[14] GB/T 4863—2008,机械制造工艺基本术语[S].北京:中国标准出版社,2009.

[15] GB/T 24737.1—2012,工艺管理导则 第1部分:总则[S].北京:中国标准出版社,2012.

[16] GB/T 24737.2—2012,工艺管理导则 第2部分:产品工艺工作程序[S].北京:中国标准出版社,2012.

[17] GB/T 24737.5—2012,工艺管理导则 第5部分:产品工艺规程设计[S].北京:中国标准出版社,2010.

[18] GB/T 24742—2009,技术产品文件工艺流程图表用图形符号的表示法[S].北京:中国标准出版社,2010.

[19] 洪生伟.汽车维修服务质量体系[M].北京:中国标准出版社,2003.

[20] 美国汽车撞伤修理协会(I-CAR).汽车撞伤修复技术[M].北京:高等教育出版社,1997.

[21] 刘元鹏,许书权.事故汽车修复技术规范的研究[J].交通标准化,2011(15).